乡村旅游与后乡村治理

主　编 / 马德富
副主编 / 李静萍　蔡　玲

长江出版传媒｜湖北人民出版社

图书在版编目(CIP)数据

乡村旅游与后乡村治理/马德富主编.
武汉:湖北人民出版社,2018.5
ISBN 978-7-216-09474-0

Ⅰ.乡… Ⅱ.马… Ⅲ.①乡村旅游—旅游业发展—案例—郧县 ②农村—群众自治—案例—郧县 Ⅳ.①F592.763.4 ②D638

中国版本图书馆CIP数据核字(2018)第112996号

责任编辑:刘天闻
封面设计:刘舒扬
责任校对:范承勇
责任印制:王铁兵

出版发行:湖北人民出版社	地址:武汉市雄楚大道268号
印刷:武汉市天星美润设计印务有限公司	邮编:430070
开本:710毫米×1010毫米 1/16	印张:13.25
字数:236千字	插页:2
版次:2018年5月第1版	印次:2019年10月第2次印刷
书号:ISBN 978-7-216-09474-0	定价:38.00元

本社网址:http://www.hbpp.com.cn
本社旗舰店:http://hbrmcbs.tmall.com
读者服务部电话:027-87679656
投诉举报电话:027-87679757
(图书如出现印装质量问题,由本社负责调换)

总 序
新时代社会治理体系的坐标原点
—— 城乡基层组织

党的十九大明确了我国新时代社会治理现代化的方向和任务,就是"打造共建共治共享的社会治理格局","完善党委领导、政府负责、社会协同、公众参与、法治保障的社会治理体制,提高社会治理社会化、法治化、智能化、专业化水平"。如果从社会治理现代化组织结构和体制角度出发,我们就会发现,其内涵就是要回答三个核心问题,即如何在坚持中国共产党长期执政的基础上推进社会治理体系现代化,如何在国家治理顶层战略思想指导下实现社会治理现代化,如何在新的历史背景下正确引导公众主动、积极、有序地参与社会治理实践。这三个重要问题存在着若干方面共同点,但最具基础性、广泛性和根本性的坐标原点还是城乡社区基层组织。因此,对于中国社会结构与社会形态的判断把握,无论是历史观视角,还是现实社会观察,我们都必须认同和强化城乡基层组织的理念与行动。虽然"基层"这个概念带有鲜明的历史时代性和社会阶层性色彩,并具有一定程度的社会群体边界模糊性特征,但是它在近代中国社会历史演进过程中却又异常地表现出坚强的稳定性。尽管我国不同历史社会形态对于它的称呼不同,但是作为以地域人文特征为主体的社会细胞却自然形成了中国社会结构的基本单元。这说明,城乡社会基层组织是中国社会孕育和沉积的自然基本结构,是中国社会运行重要生命力所在。历史走进了新时代,我们党和国家面对纷繁复杂的科技迅猛发展、文化演变多元、治理模式转型等元素冲击背景下的社会现象与社会事实,依然十分清醒而坚定地把社会治理体系现代化建设落脚点定位在"基层",正如《中共中央 国务院关于加强和完善城乡社区治理的意见》(中发〔2017〕13号)文件开宗明义地指出:"城乡社区是社会治理的基本单元。城乡社区治理事关党和国家大政方针贯彻落实，事关居民群众切身利益，事关城乡基层和谐稳定。"党的十九大报告进一步明确指出："加强社区治理体系建设，推动社会治理重心向基层下移，发挥社会组织作用，实现政府治理和社会调节、居民自治良性互动。"这更加充分证明，城乡基层组织是我国现代化社会治理体系的重要原点。

城乡基层组织是现代化国家治理体系的基础。现代化社会治理体系首先是由治理主体按照共建共治共享原则所构建的组织体系。在组织体系建构中，以政府为主导、基层组织为基础，从而构成共建共治共享格局的支撑骨架，其中作为国家治理体系基础的城乡基层组织，主要指城乡社区和农村村级组织，核心是基层党组织与居民（村民）自治组织。中国社会千百年演变的历史证明，无论社会形态如何变迁，城乡社区和农村基层社会组织结构都是最基本、最稳定的社会细胞，这是中华民族社会、政治、经济、文化基因和中国国情所决定的。城乡基层组织具有群体认同的兼容性、沟通与协同社会治理主体间联系的传导性、贴近社会时代变化的灵活性、社会动态运行的标识性、社会风险防范的警示性、社会治理绩效评价的代表性、落实综合治理的主体性和辖区经济、政治、社会、文化与环境相关领域的统领性等重要特征，这一系列内在本质特征决定了城乡基层组织对于国家治理体系和治理能力现代化的基础性功能。

城乡基层组织是中国共产党长期执政的基石。由于城乡基层组织在密切党同人民群众联系中发挥着特殊的纽带、桥梁作用，所以，对于以"为人民服务"为根本宗旨的中国共产党长期执政来说，城乡基层组织是党的执政之基、力量之源。党的十九大提出社会治理"四化"，第一位的就是"社会化"。"社会化"的重心在基层，基层治理核心力量在党组织。党的十九大从理论上进一步阐释了党的基层组织与基层社会治理的关系及其新时代功能："党的基层组织是确保党的路线方针政策和决策部署贯彻落实的基础。要以提升组织力为重点，突出政治功能，把企业、农村、机关、学校、科研院所、街道社区、社会组织等基层党组织建设成为宣传党的主张、贯彻党的决定、领导基层治理、团结动员群众、推动改革发展的坚强战斗堡垒。"加强党的基层组织建设，其根本目的就是坚持党的群众路线，发挥基层党组织在社会治理运行过程中直接联系群众、服务群众、组织群众，实现社会善治的政治功能。因此，我们无论是从坚持党长期执政的战略高度，还是从实现社会治理体系和治理能力现代化目标的历史角度，城乡基层组织的基石地位不可撼动。

城乡基层组织是新时代中国特色社会自治的基体。近代社会运行规律证明，社会治理现代化的主要标志之一在于公民参与社会治理的深度，而公民参与社会治理的深度又取决于社会自治制度成熟的程度，因此，与中国国情相适的基层社会自治制度与运行，毫无疑问是我国社会治理现代化的重要特色和基本组成。在我国基层社会自治体系中，城乡社区和农村自治组织是核心，并在社会文化演变中固化成为我国基层社会自治的基体。基体，一般意义指由群体、地域等特定文明共识积淀而构成的相对独立的社会共同体。它有两层含义：其一为社会文化基因传承的载体，其二指个体参与社会活动的时空区域平台。从此意义推演开来，城乡社区和农村基层组织的功能就是自组织治理，其主要目的就是由居民（村民）直接参与自我管理、自我教育、自我服务、自我监督，有条件的地方实现自我发展。我国社会演进历史与实践表明，不管社会如何变化，城乡基层组织是我国目前汇聚人口最多、兼容性最鲜明、活动内容范围最宽泛、人民群众直接参与程度最深、与社会变化脉动最贴近的社会治理组织主体。所以，如果我们从主动引领公民积极有序地参与社会治理的现代理念出发，必须始终不渝地坚持推进基层社会组织自治制度建设，更好更快地构建体现地域群体文化特色，凸显德治、法治、自治有机结合和实现政府与社会良性互动的现代化基层社会治理体系。

对于城乡基层组织，我们党和国家不可谓不重视。自我党取得执政地位和新中国成立以来，党和国家以各种各样的渠道方式投入了无限的力量、资源进行基层组织建设，为巩固党的执政地位、实现国家长治久安奠定了坚实的政治社会基础。但同时我们必须清醒地看到，当前城乡基层组织随着经济、社会、文化的剧烈转型，其性质功能、组织建构、运行方式、制度机制、治理能力、基本保障等方面与社会治理体系和治理能力现代化的要求还相去甚远。其根本原因，还是在于理论上需要从国家治理现代化维度、我党长期执政维度、公民参与社会自治维度，将视角集中到城乡基层组织这个坐标原点，从顶层战略设计、微观原点着力，统筹党的基层组织建设、城乡基层政权建设、社会治安综合治理、经济社会文化发展以及地方政府治理等资源力量，尊重经济、社会、政治、文化发展规律，尊重基层广大人民群众意愿和创造，因地制宜、深化改革、统筹谋划、整合资源、协同推进。

基于上述理论逻辑，湖北社会治理体系研究中心、湖北省社会科学院社会学所在推进"社会治理双基工程"第二期工作中，选取了武汉市发展社区、谷城县堰河村和郧阳区樱桃沟村为样本点，进行了为期一年多的实证跟踪研究，并从不同的角度深入探索城乡社区基层组织在社会治理实践中所折射出来的基本经验和规律。堰河村立足村情，坚持以经济发展为中心、以致富群众为根本、以基层党组织为统领、以村民自治为支撑、以共建共治共享为构架，走出了一条贫困山村发展与自治协同之路；樱桃沟村转变治村理念、善抓市场机遇、发掘本地资源、立足致富共享、凸显城乡融合，不断探索乡村振兴的新模式；武汉市发展社区红色党建引领、社会组织深度融合、辖区居民广泛参与、智能服务不断延伸，拓展了城市社区不同时期的治理内涵。凡此等等，不仅充分彰显了城乡社区在新时代社会治理体系中的重要地位与功能，更加显现了新时代城乡社区治理在新时代所体现出的新规律。

诚如本人在"双基工程"第一辑总序中所言："社会治理'双基工程'既是一项系统的理论研究，更是指导社会治理实践的具体工作，与过去研究和指导基层社会工作的方法比较，存在诸多方面的不同，体现许多方面的创新：在研究理念上，坚持共性个性的统一，通过系统、全面和深入的个性积累，揭示共性。所以，'双基工程'在坚持全面、深入、大量的个别实证研究的基础上，始终将每一个实证研究，都贯穿在基层社会治理基本规律这条主线上，始终体现着形散神聚的原则。在研究对象上，突破传统的典型研究和指导工作方法。坚持突出具有一般性特征的对象研究，关注全面指导意义，强调共性主体原则，避免一叶障目；坚持突出具有特别性特征的对象研究，做到分类指导，因地制宜，增强社会实践的指导性；坚持突出具有典型性的对象研究，提升理性成果，指导社会实践。同时，坚持城乡社区同步推进，充分体现城乡一体的社会发展趋势，把握我国社会整体变动规律。在研究内容上，既注重研究对象的全面性，又注重其个别特殊性，更加突出特殊性。始终在总结分析、研究提升和指导工作的基础上，把每一个研究对象在社会治理实践中所体现的特殊性，尤其是所面临的重要问题的破解作为研究的重中之重，力求做到一个实证研究就是一个鲜活的社会样本的剖析。在研究方法上，特别注重专题研究、追踪研究和开放研究。在问题导向的引导下，以解决好我国当前社会治理实践中所面临的突出问题为目的，按照轻重缓急、分类研究的原则，确定重点内容和领域，分阶段、分类别地集中力量展开专题研究。"这一系列基本观点和原则同样在第二辑的编著中得到充分体现，也因此而成为"双基工程"一定时期的核心内涵并将持续坚持。

"双基工程"已经推进两年了，第二辑著作出版应该是该工程迈出的第二步。尽管前面两步脚印还很轻浅，但是只要我们一步一步坚定地走下去，一定会走出一条具有我院自己特色的探索之路。祝愿社会学所课题组的同仁们一年一大步，诚恳地欢迎各方面专家学者和社会工作实践者们不吝赐教！

是为序。

2018年2月10日

前　言

近年来，郧阳区樱桃沟村乡村旅游业快速发展，城镇化工业化推动的农村青壮年劳动力、资金等发展要素长期单向流向城镇的趋势在樱桃沟村开始出现逆转：以乡村旅游休闲、避暑养老、创新创业、就业居住等为目的，城镇人口、资本、物资、技术和管理等要素开始向农村回流，与之相适应的乡村治理开始出现一些新的特征，我们谓之"后乡村治理"。

所谓"后乡村治理"，至少有三层含义：其一，是指因旅游产业等而实现"先"发展的村，在经济社会转型中出现了一些具有代表性的新的发展趋势；其二，是指在这些村出现了一系列与这种发展趋势对应的"新"的发展特征，而这些特征与过去有着质的差别，标志率先进入新的发展阶段，也是未来广大农村发展的必由之路；其三，是指这些村在新阶段同时也面临一系列新的契机，需要超越现有的治理思路，推进治理体系的创新与重构。从本质上讲，这是我国城乡发展一体化进入特定阶段后的乡村治理时态。关于如何应对因发展乡村旅游而出现的"后乡村治理"问题，樱桃沟村给我们带来如下四点启示。

第一，经济发展的新常态：乡村旅游推动农村经济快速步入一二三产业融合发展新阶段。

近年来，根植于乡土的乡村旅游作为旅游业的一个分支，呈现出超越一般旅游业态的蓬勃活力，发展速度和规模进入前所未有的历史阶段。2016年，全国休闲农业和乡村旅游接待游客近21亿人次，营业收入超过5700亿元，带动672万户农民受益。由于乡村旅游以农业为基础、以旅游为目的、以服务为手段、以城市居民为服务对象，集农业生产、观光、参与、体验、品尝、购物、娱乐、度假等功能于一体，包含"吃住行游购娱"六大环节，因此在促进农村第一产业和第三产业融合，推动农产品加工业快速发展，并将农产品变为旅游商品等方面具有不可替代的作用。

正因为蓬勃发展的乡村旅游等有力地推动了农村一二三产业融合发展，所以农村三产融合发展开始受到了国家的重视。2015年中央一号文件首次明确提出"推进农村一二三产业融合发展";2015年12月30日,国务院出台了《国务院办公厅关于推进农村一二三产业融合发展的指导意见》,全面拉开了我国农村一二三产业融合发展的序幕。以此为标志,我国农村经济发展快速步入一二三产业融合发展的新常态,农村社会转型因此也步入加速期。一方面,农村经济业态和主体更加多元化;另一方面,城乡之间的人员交往比以往任何时期都更加密切,要素流动也比以往任何时期都更加高效。作为农村社会生产关系的调节阀、稳定器,乡村治理所处阶段,最终是由农村经济社会发展水平决定的。随着乡村治理赖以存在和发挥作用的农村经济社会结构的转型,乡村治理必然要主动适应并进入新的发展阶段。

第二,城乡关系的新境界:乡村旅游助推城乡发展步入渐进式的中国特色逆城镇化阶段。

关于中国是否真的存在逆城镇化?是否已经进入逆城镇化发展阶段?理论界一直有争议。例如,中国社会科学院副院长李培林认为,我国"逆城镇化"现象已经开始大量产生,并预示着未来的发展潮流;与之形成鲜明对比的是,有的学者认为,逆城镇化在中国不会成主流,更有甚者则认为,中国不存在所谓的特殊逆城镇化。对此,笔者认为,中国特色的逆城镇化不但存在,而且在乡村旅游等产业发展的推动下,我国已经进入新型城镇化持续、稳步推进和中国特色逆城镇化同步发展的阶段。今年两会期间,习近平总书记在参加全国人大广东代表团审议时强调:"城镇化、逆城镇化两个方面都要致力推动。城镇化进程中农村也不能衰落,要相得益彰,相辅相成。"①

首先,从世界范围看,逆城镇化是城镇化发展到一定阶段后的必然产物。因此,中国逆城镇化现象的出现,符合城镇化发展规律,只是基于人多地少的特殊国情,不能走国外城市人口到农村买地建房的"居住导向型"的逆城镇化道路,需要探索符合中国国情的中国特色逆城镇化道路。

其次,中国逆城镇化现象的出现,符合城镇居民对更加美好生活的期待。与大量农业人口因城镇更多的就业机会、更优质的教育医疗资源、更便捷的生活、更丰富的文化生活而向往城镇并成为城镇化的推动者一样,一些城镇人口因越来越严重的人口膨胀、交通拥堵、环境恶化、住房紧张、就业困难等城市病,开始向往农村良好的生态、舒适安逸的生活和看重农村一二

---

① 《专家解读习近平重视"逆城镇化":促进城乡同发展共繁荣》,2018年3月19日,见www.china.com.cn/lianghui/news/2018-03/19/ntent_50723344.shtml。

三产业融合发展带来的创新创业机会而成为逆城镇化的推动者。

另外，中国逆城镇化现象的出现，乡村旅游等产业的发展是重要推动力量。如前所述，中国逆城镇化不能走"居住导向型"的发展模式，但中国乡村旅游市场广阔、消费需求旺盛、综合带动效果显著，除了游客逐年增加外，还带动了大量城镇人口到农村租赁农村空闲农房从事季节性避暑养老，带动了越来越多的城镇人口加入到农村一二三产业融合发展相关的创新创业活动中来：一条乡村旅游等产业驱动型的城镇人口下乡（休闲旅游等）、要素下乡（创新创业投资等）、季节性居住下乡（挖掘大量农村空闲农房存量资源，发展避暑、养老等），乡村就业和居住常态化（产业发展创造大量新的就业岗位，带动就业和居住常态化）的渐进式中国特色逆城镇化道路初现雏形。

第三，转型发展的新契机：乡村旅游给乡村经济社会发展提供了系统性的解决路径。

目前乡村治理研究成果所聚焦的研究对象和具体任务，主要包括三个层面：一是社会转型中的乡村，即指城镇化工业化背景下农村青壮年劳动力、资金等发展要素长期单向流向城镇后而出现的空心村，以及空心村状态下的农业劳动力老龄化、农村荒芜、传统农业衰落以及乡土文化断层等社会转型现象。二是经济转型中的乡村，即指适应不断深化的农村经营体制改革、土地资源非农化、村庄社区化等，如何提高农民参与乡村发展的组织化程度、协调不同利益诉求主体的关系、降低集体发展运营成本、保障村民利益和增强获得感等。三是统筹城乡发展中的乡村，即指如何破除城乡二元结构、缩小城乡差距，加快推动建立城乡一体的乡村公共服务体系等。

上述三个层面的研究，已经把当前乡村治理问题都覆盖到了，但多停留在直接、静止和就事论事的研究，对于有效破解所涉问题仍旧是理论意义大于实践意义、政策作用大于市场作用。相反，快速发展的乡村旅游，在推动农村一二三产业融合发展的同时，进一步推动了"产业导向型"的渐进式中国特色逆城镇化的发展，从而为跳出乡村、依靠市场力量解决乡村问题提供了现实可行路径：高效吸引城镇人员、资金、科技、文化等发展要素下乡，有助于乡村新型业态和多元化新型经营主体的培育，从而形成农村经济社会转型发展的新动能；有助于盘活农村空闲农房、山水林田等闲置资源，既满足城里人到农村休闲、养老、创业的需求，又增加村集体和农民的产业经济和财产性收入；有助于乡土文化的传承创新，让广大农村焕发新的生机与活力。

因此，随着乡村旅游的快速发展及农村三产融合发展，出现在我们面前的将是一个城乡要素快速流动、农村居住生活和生产经营主体更加多元化、农业业态和功能更加多样化、农村资源得以高效配置和充分利用、农村精神文化生活更加丰富多彩的"后乡村"时代。"后乡村"时代的到来，无疑给乡村转型发展提供了新契机，即通过完善建立适应城乡要素高效流动、农村业态和主体更加多元、农村经济社会全面发展的新型治理体系，来系统性地解决所面临的问题。

第四，后乡村治理的新思路：治理理念、治理结构、治理路径和治理手段的创新与重构。

首先，树立新的治理理念。乡村旅游的发展让原本封闭的乡村快速、全面走向开放，乡村与城镇成为一条脐带上的生命共同体。因此，要探索从传统的村民治理向现代公民治理转型：治理对象从原来封闭、静止、单一的乡村一元主体转向城乡互动的开放、动态、多元的城乡公民混合主体，要建立维护城乡公民在乡村共生、和谐相处的社会结构维护体系；治理的经济制度基础从两权分离到三权分置，要建立维护农村土地集体所有者、农户承包经营权者和非村籍土地实际经营者共生并存制度环境的权益维护体系；治理的经济物质基础从一产主打到三产融合发展，要建立维护城乡多元主体参与、共建共享的经济社会场域的利益调节体系。

其次，建立新的治理结构。要按照十八大提出的社会治理总目标，尤其是十九大提出实施乡村振兴战略所提出"治理有效"要求，积极探索建立与"后乡村"经济社会结构相适应的政府、市场与基层"分工合理、权责明确、多元共治"的乡村治理新格局。其中，政府要加快完善建立逆城镇化时代的城乡发展一体化体制，更好地发挥政府作用，为城乡要素流动、多元主体培育、产业融合发展等营造良好的市场环境，以充分发挥市场在"后乡村"经济社会发展中优化配置资源的决定性作用。同时，要在政府的主导下，积极探索乡村生产、生活的城乡多元主体共建、共享、多元共治的新型乡村基层治理机制。此外，要在乡村社会治理中广泛引入社会力量，鼓励和引导各类社会组织和团体参与乡村社会治理。

另外，找准有效治理路径。要对应治理结构，探索推进有效治理的突破口。一是自上而下的政府引导。在整个社会治理结构中，政府发挥着组织主导作用，尤其是社会公共事务更离不开政府的参与。因此，要建立和畅通政府发挥相应作用的渠道。二是市场主体和社会组织的横向参与。"后乡村"经济社会发展显著特点之一，就是市场的充分参与，因此，要为市场包括社会组织的参与提供便捷渠道，尤其是为参与社会公共事务提供可能。三是村级组织自治体系的再构。"后乡村"阶段，由于乡村经济社会体系结构更加复杂，生产生活的组织程度更高，村级组织在整个治理体系中的重要性愈显突出。因此，要围绕村民"自治"这个核心，推动村级组织自治体系再造，以畅通村级组织参与后乡村治理的渠道。

最后，丰富治理手段。一是政策手段。"后乡村"阶段，融合城乡区域的业态更加丰富、主体更加多元、生产生活活动更加活跃，因此，需要站在城乡融合发展的高度，进一步建立完善的政策体系，夯实治理的制度基石，并通过基层政府保障政策的落实实施。二是经济手段。由于"后乡村"阶段，乡村经济的市场化程度越来越高，因此，在治理实践中，要充分尊重市场对优化资源配置的决定性作用，通过培育市场契约精神，来引导和规范多元主体的行为。三是礼法手段。从乡村发展的历史看，"礼俗"力量在维系村落秩序方面具有不可替代的功能；同时，随着城乡一体化发展，法制观念会更深更广地融入乡村生产生活中去。因此，建立"法礼秩序"是"后乡村"治理的有效方式和方法。四是信息技术手段。信息技术的发展，使跨越城乡区域的治理行为更加方便快捷和实用高效；提高了治理的透明度，便于适时监督、检验和纠正治理行为，提升治理的有效性；打破了原来治理中的等级化隔膜，民主、平等、对话、协商的气氛加速形成。因此，信息技术是"后乡村"治理的重要手段之一。

综上所述，在众多推动农村一二三产业融合发展和中国特色逆城镇化进程的动力之中，乡村旅游是现阶段推动作用最突出、影响面最广的动力源。所以，需要以乡村旅游为重点，对城乡产业融合发展、要素流动背景下的"后乡村"经济社会特征及由此引起的乡村治理新思路进行探讨。可以预期，在城乡发展一体化趋势下，随着越来越多动力的推动，"后乡村治理"将由现在时变为将来时。这是中国特色乡村治理的必由之路。也是樱桃沟村的实践给我们带来的启示。

目 录

第一章　樱桃沟村乡村旅游资源概述 …………………………………… 1

第一节　乡村旅游资源的内涵及特性 …………………………………… 1
第二节　樱桃沟村乡村旅游资源介绍 …………………………………… 6
第三节　樱桃沟村乡村旅游资源开发经验 ……………………………… 11
小　结 ……………………………………………………………………… 13

第二章　樱桃沟村乡村旅游开发建设过程 ……………………………… 14

第一节　农村产业转型压力下的乡村旅游产业积淀 …………………… 14
第二节　农村三产融合发展要求下的乡村产业转型 …………………… 17
第三节　城乡融合发展趋势下的外资外智助力发展 …………………… 22
第四节　治理有效和可持续的后乡村发展阶段 ………………………… 26
小　结 ……………………………………………………………………… 29

第三章　樱桃沟村乡村旅游产业总体布局 ……………………………… 30

第一节　旅游产业空间开发与布局的理论基础 ………………………… 30
第二节　空间布局的原则 ………………………………………………… 36
第三节　找准空间布局的重点 …………………………………………… 38
第四节　精心制定总体布局方案 ………………………………………… 40
小　结 ……………………………………………………………………… 48

第四章　乡村经济与全国乡村旅游名村建设 …………………………… 49

第一节　樱桃沟村乡村经济发展现状分析 ……………………………… 49
第二节　樱桃沟村乡村经济发展存在的问题 …………………………… 57
第三节　促进樱桃沟村乡村经济发展的思路 …………………………… 60
小　结 ……………………………………………………………………… 64

第五章 社会事业与全国乡村旅游名村建设 …… 66

第一节 樱桃沟村社会事业发展的亮点 …… 66
第二节 樱桃沟村社会事业发展的短板 …… 75
第三节 关于樱桃沟村发展社会事业的思考 …… 78
小　结 …… 87

第六章 生态文明与全国乡村旅游名村建设 …… 88

第一节 生态文明建设视域下的乡村旅游生态化 …… 88
第二节 美丽乡村樱桃沟的生态文明建设探索 …… 92
第三节 推进生态文明建设　促进乡村旅游业发展的思考 …… 100
小　结 …… 105

第七章 基础设施与全国乡村旅游名村建设 …… 106

第一节 农村基础设施概述 …… 106
第二节 樱桃沟村基础设施建设现状 …… 108
第三节 樱桃沟村基础设施建设存在的问题 …… 116
第四节 促进樱桃沟村基础设施建设的对策建议 …… 122
小　结 …… 127

第八章 基层党建与全国乡村旅游名村建设 …… 128

第一节 党组织建设的实践探索 …… 128
第二节 党组织建设的主要成效 …… 135
第三节 基层党建面临的突出问题 …… 139
第四节 破解基层党建问题的有效途径 …… 143
小　结 …… 148

第九章 乡村精英与全国乡村旅游名村建设 …… 149

第一节 新老支书共奉献　带领乡亲不再穷 …… 149
第二节 汇聚群英齐发力　共建美丽樱桃沟 …… 155
第三节 贤达助力完善美丽樱桃沟 …… 161
第四节 樱桃沟乡村精英主导乡村治理的启示 …… 164
小　结 …… 166

目 录

第十章 樱桃沟村巨变折射出的后乡村治理特征 … 167
- 第一节 治理结构：从封闭静态转为开放包容 … 167
- 第二节 治理重心：从经济建设到乡村经营 … 170
- 第三节 治理技术基础：从传统转为信息化 … 173
- 小 结 … 175

第十一章 后乡村治理需要破解三大难题 … 176
- 第一节 大数据时代的风险治理 … 176
- 第二节 资源下乡背景下的乡村自治挑战 … 179
- 第三节 乡旅发展中治理新挑战 … 182
- 小 结 … 185

第十二章 破解后乡村治理困境的思考 … 186
- 第一节 建立乡村信息与大数据安全保障体系 … 186
- 第二节 利用大数据促进产业发展与乡村治理 … 188
- 第三节 建立法治与德治并举的乡村自治体系 … 189
- 第四节 建立需求导向的公共品供给决策机制 … 191
- 第五节 建立完善的市场机制与利益分配机制 … 192
- 第六节 提升产业规划与经营的规模和科学性 … 193
- 小 结 … 195

后 记 … 196

第一章　樱桃沟村乡村旅游资源概述

乡村旅游始于20世纪60年代的欧洲。在世界乡村旅游史上，中国乡村旅游起步较晚，但是发展比较快。20世纪90年代中后期，我国一些都市区域的旅游市场开始导入乡村旅游模式，并快速发展起来。党的十八大以来，"绿水青山就是金山银山"的生态文明建设理念深入人心，各级地方政府围绕城乡发展一体化的战略方针，推动乡村旅游产业蓬勃发展。国家农业部于2013年启动了"美丽乡村"创建活动，于2014年2月正式发布美丽乡村建设的10种模式，为全国的美丽乡村建设提供了范本和借鉴，规范了乡村旅游建设的模式。具有乡村特色的旅游资源是发展乡村旅游的物质基础，十堰市郧阳区樱桃沟村通过文化传承、产业积淀、规划建设等途径，不断丰富乡村旅游资源，为乡村旅游产业的发展奠定了坚实基础。

第一节　乡村旅游资源的内涵及特性

2015年2月3日，国务院新闻办公室举行发布会，解读《关于加大改革创新力度加快农业现代化建设的若干意见》时提到："近年来，乡村旅游业的发展速度十分迅速，截至2014年，乡村旅游的游客数量达12亿人次，占到全部游客数量的30%，乡村旅游收入合计3200亿元，带动了3300万农民致富。"乡村旅游业的快速发展带动了经济的发展，为解决"三农"问题提供了途径。乡村旅游业发展的背后离不开旅游资源的支持。

一、乡村旅游资源的内涵

旅游资源是旅游业发展的根本支持。旅游资源主要表现为两大类，一类是自然风景旅游资源，一类是人文景观旅游资源。① 自然风景旅游资源是大

---

① 雷晓蓉：《乡村旅游资源开发利用研究》，湖南大学出版社2012年版，第1页。

自然的馈赠，比如像河流山脉等天然形成的景观；人文景观旅游资源是由人创造的，它可以显示人类的生存状态和智慧，比如房屋、节日、农业、饮食等。

对旅游资源概念的定义方面，不同的组织或个人从不同的角度出发，做出了自己的解释。国家旅游局给旅游资源下定义认为："自然界和人类社会凡能对旅游者产生吸引力，可以为旅游业开发利用，并可产生经济效益、社会效益和环境效益的各种事物现象和因素，均称为旅游资源。"① 国家旅游局对旅游资源的定义偏重其效益方面发挥的作用。有的学者认为："旅游资源是指对旅游者具有吸引力的自然存在和历史文化遗产以及直接用于旅游目的的人工创造物。"② 综上所述，旅游资源是旅游的重要组成部分，因旅游项目而存在，能引起游客旅游兴趣的一切自然资源和人为资源的集合。

乡村旅游资源是旅游资源的一种，乡村旅游资源以乡村特有的乡土人情为基础，乡村能满足人们获取乡村知识、开阔视野的需要。它具有乡村特色，例如乡间村落的选址、发展演变、文化意蕴、乡村社会结构关系都具有一定的地域特色和科学文化内涵，从而形成了与其他地区尤其是城市有显著区别的乡村景观风貌。乡村旅游资源是指能吸引旅游者前来进行旅游活动，为旅游业所利用，并能产生经济、社会生态等综合效益的乡村景观客体。它是以自然环境为基础、人文因素为主导的人类文化与自然环境紧密结合的文化景观，是由自然环境、物质和非物质要素共同组成的和谐的乡村地域复合体。

乡村旅游资源具有独特的旅游功能和价值。一是可以满足人们身心放松的需要，城市的生活节奏比较快，长期处在快节奏的环境中，容易使人身心疲惫，乡村的生活相对比较悠闲，可以使人紧绷的神经得到舒缓，心神得到安宁，鸡犬相闻的世外桃源般的生态村落与现代都市景观中的高楼林立、人嚷车喧的景象形成鲜明的对比，换种环境换种心境，是人们对乡村旅游追捧的原因之一。二是带给人们美的享受，提高人的审美的水平，大自然的力量鬼斧神工，乡村的自然景观自然美不胜收；艺术来源于生活，村民的艺术创作自然与市民的不同，乡村里的人文资源环境都是村民艺术的表达。三是满足人们社会归属感的需要，寻根究底，现代都市居民大多与乡村居民有着这样那样的亲密关系，或是亲戚，或是朋友，对乡土、乡音、乡情存在"剪

---

① 国家旅游局：《旅游规划通则》（GB/T18971-2003）。
② 保继刚等：《旅游地理学》，高等教育出版社1993年版，第123~124页。

不断、理还乱"的情愫。到乡村寻亲、访友，抑或纯粹地休闲、度假，能满足人们对社会归属的心理需要。

二、乡村旅游资源的特性

乡村旅游资源应当具有自身的特征，表现在适合游客的需求和假日活动的特点上，即农村自然环境下的各种活动，如种植、养殖、收获、民间工艺、农村节事。因此，乡村地区的各种遗产、自然和文化都是农村旅游资源，包括当地语言、传说、音乐、舞蹈、戏剧、民俗等文化遗产等。[1]

一是乡村旅游资源的和谐性和不可再生性。和谐性即可持续发展性，就是村民活动以不损害自然环境为主，在保护好环境的同时，自然环境也会给予村民相应的馈赠。一方水土养一方人，就是人与自然环境和谐相处的结果。自然景观的形成过程是人与地理环境不断磨合的结果，乡村的人文景观就是乡村的人长期处于自然环境中所形成的与自然环境相适应的文化。乡村生态环境不仅是旅游活动的发生环境，也是广大农民赖以生存与发展的基础，因此开发利用时必须把保护乡村生态环境放在首位，始终坚持保护性开发原则。虽然乡村旅游资源数量庞大，但是如果缺少保护和继承，一旦破坏就较难恢复。[2]

二是乡村旅游资源类型的多样性和文化性。上文提到资源可分为两大类，两大类下还可以继续细分，像人文环境资源根据赖以生存的谋生方式不同，资源类型还可以分为农村、牧村、渔村、林区等，集镇、村落等不同特点的聚落景观，还有各地区丰富多彩的民族风情，所以乡村旅游资源具有多样性的特点。[3]乡土社会的"浓厚的区域本位主义和家乡观念特色的非规范性"特点，加上民间文化的历史悠久及内涵丰富，使其具有神秘性与淳朴性。

三是乡村旅游资源的地域性和民族性。因为地域的原因，我国南、北方旅游资源呈现出多样性和差异性。乡村旅游资源与自然环境、社会环境的关系十分密切，在不同的环境影响下，形成了不同的景观类型。即使同一种景观类型，在不同的自然条件下又有不同的特征，如不同气候带形成了相应的

---

[1] 李开宇、张传时著：《城市化进程中的城郊乡村旅游发展研究》，北京理工大学出版社2011年版，第4页。

[2][3] 高曾伟、高晖：《乡村旅游资源的特点、分类及开发利用》，《金陵职业大学学报》2002年第3期。

农业带。而由政治、宗教、民族、文化、人口、经济、历史等要素组成的社会环境的差异性又往往形成不同的乡村民俗文化，如民族服饰、信仰、礼仪、节日庆典等。由于自然环境和社会环境的地域差异性，导致了乡村旅游资源具有明显地域性的特点。① 我国有56个民族，每个民族各有其自己的文化特色，使得我国的乡村旅游资源具有民族性的特点。

四是乡村旅游资源的整体性和系统性。在人与自然环境长期作用下形成的乡村旅游资源，是自然环境和社会环境各要素组成的复杂而和谐的统一整体，任何要素的变化都会引起乡村旅游资源的变化。乡村旅游资源既受自然规律的支配（例如地震等自然自然灾害），也受社会规律的影响（例如战争或政策的改变），两者相互影响，形成了一个复杂的系统。故乡村旅游资源具有整体性和系统性的特点。

五是乡村旅游资源的季节性和时代性。乡村旅游资源的季节性既表现在人们一年内有规律的生产、生活，也表现在随四季的变化而形成的自然环境、农业生产和社会生活的季节变化和明显的周期性的特点。乡村文化景观是一定历史时期的产物，深深地反映了时代的特点。随着社会的进步、科学技术的发展和文化的交流，乡村景观也会发生相应的变化。从乡村景观的变化中可以清晰地看到时代发展的轨迹，所以说乡村旅游资源具有时代性的特点。②

六是乡村旅游资源的可实践性和体验性。乡村旅游不仅仅是单一的观光游览项目，它还包含观光、娱乐、民俗、科考、访祖等在内的多功能复合型旅游活动。游客可通过直接品尝农产品（蔬菜瓜果、畜禽蛋奶、水产品等）或直接参与农业生产与生活实践活动（耕地、播种、采摘、垂钓、烧烤等），从中体验农民的生产劳动和乡村的民风民俗，并获得相关的农业生产知识和乐趣。

三、乡村旅游资源的分类

很多学者根据自己对乡村旅游资源的理解，尝试对它进行分门别类的管理，分类依据不同但是分类的目的是一样的，为了找出两种资源间的异同，从而认识它们，利用它们。根据国家旅游局制定的《旅游资源分类、调查

---

① 周作明：《永远的朝阳：民族民俗旅游研究》，广东旅游出版社2002年版，第17页。

② 高曾伟、高晖：《乡村旅游资源的特点、分类及开发利用》。

与评价》(GB/T18972-2003),借鉴前人研究的成果,并结合乡村旅游资源的特点,将乡村旅游资源分为主类、亚类和基本类三个层次,(这三个层次结构分明,为包罗万象的乡旅游资源分类提供了一个参考。)进一步细分,主要包括:乡村自然生态景观、乡村田园景观、乡村遗产与建筑景观、乡村旅游商品、乡村人文活动与民俗文化和乡村景观意境8个主类。① ①乡村自然生态景观。它是非人为的旅游资源,以自然环境为主,受本区域的气候、地形等因素的影响。自然生态景观的力量比较薄弱,容易受到损害,受损后不易恢复。②乡村田园景观。自然田园风光是乡村旅游资源中最主要的构成部分,包括大规模连片的农田带、多种类型的经济果林与蔬菜园区,一定面积的天然或人工水面等。这类旅游资源和人们的生活息息相关,是人类食物的主要来源。③乡村遗产与建筑景观。主要指祖先们流传下来的智慧结晶,比如古墓、古建筑等,乡村遗产它归集体所有,不属于任何一个个人。④乡村聚落景观。聚落是人类活动的中心,它既是人们居住、生活、休息和进行社会活动的场所,也是人们进行生产劳动的场所。我国乡村聚落分为集聚型,即团状、带状和环状村落;散漫型,即点状村落;特殊型,表现为帐篷、水村、土楼和窑洞。这些旅游资源景观具有整体性、独特性和传统性等特点,反映了村民们的居住方式,往往成为区别于其他乡村的显著标志。② ⑤乡村旅游商品。指有地方特色的手工艺品或特色食品,具有鲜明的地域性。⑥乡村人文活动。乡村礼仪规范包括乡村日常礼仪与重大礼仪两部分,日常礼仪又包括饮食礼仪、婚丧嫁娶礼仪等方面。⑦民俗文化。乡风民俗反映出特定地域乡村居民的生活习惯、风土人情,是乡村民俗文化长期积淀的结果。⑧乡村景观意境。例如人们常说仁者乐山,智者乐水,就是看中了山和水的意境,意境需要用心感受。③

---

① 王敏、陈国忠、孙文秀:《乡村旅游资源分类与评价体系探讨:以山东临清市乡村旅游规划为例》,《齐鲁师范学院学报》2015年第4期。

② 陶玉霞主编:《乡村旅游建构与发展研究》,经济日报出版社2009年版,第115页。

③ 骆高远、吴攀升、马骏:《旅游资源学》,浙江大学出版社2006年版,第115~118页。

第二节　樱桃沟村乡村旅游资源介绍

春有山花烂漫，夏有樱桃、草莓、蜜桃满山，秋有蜜橘、柿满园，冬有银装素裹景观，构成了樱桃沟村丰富的乡村生态旅游资源。樱桃沟村更是充分发挥城郊接合部的独特区位优势，遵循"把农村建设得更像农村"的发展理念，确立"望得见山，看得到水，记得住乡愁"的乡村功能定位；教化村民，整治环境，通过发展小水果、农家乐、乡村游等特色产业，致力建设"风貌古朴、功能现代、产业有机、文明复归"的生态旅游新村。

一、樱桃沟村乡村旅游资源总体情况

樱桃沟村地处国家南水北调中线工程源头的核心生态环境保护地带，以漫山遍野的樱桃树而得名，村庄散落于茂盛的樱桃树之间，形成非常唯美的乡村田园风光。2012年，该村启动"美丽乡村"建设工程以来，通过环境整治、房屋改造、旅游策划、美食挖掘和生态修复等途径，突出乡村旅游特色，着力打造国家南水北调源头生态型乡村旅游典范。樱桃沟村坚持"把设施当景点，把产业当景观，把农村当景区"的科学理念，因地制宜发展乡村旅游产业，不仅吸引了海内外游客，带动了产业发展，更重要的是在产业发展的过程中实现了政府发挥职能引导推进、乡民生活生产就业创业、消费者游玩观赏寄托乡愁、当地经济社会可持续发展、生态永续发展等多维度的共享共赢。

近年来，樱桃沟秉承"外修生态、内修人文，把农村建设得更像农村"的先进理念，按照"风貌古朴、功能现代、产业有机、文明复归"的原则，通过生态修复、环境整治、荆楚派房屋建设改造、农家乐提档升级、美食挖掘和旅游开发等途径，突出乡村旅游产业，探索出了一条最适合自身发展的美丽乡村建设之路。

樱桃沟村抢抓湖北省着力打造"鄂西生态文化旅游圈"的契机，在村委会的领导下，在相关部门的鼎力支持下，樱桃沟村生态文明程度大幅提高，为樱桃沟村进一步发展乡村旅游业提供了良好的条件。樱桃沟村依托生态建设成果，逐步由农业、林果、农家乐等传统产业向高层次、多链条产业发展，开辟了大片的樱桃、草莓、桃、柿、石榴、蜜枣等采摘园，与农家乐、生态观光等旅游产业有机结合、互促共进；蔬菜、小水果等生态经济远

图 1-1 樱桃花烂漫的樱桃沟

近闻名；原种水稻种植、原种黑猪养殖等有机农业方兴未艾；传统手工作坊恢复开发，为游客提供了纯芝麻香油、柴锅豆腐、龙须草鞋、麦秸秆草帽及提兜、竹编容器及厨房用品、草编玩具等系列环保产品，调动了群众致富发展的积极性。

村委会整合了村集体山林、土地、房屋、塘堰等闲置资产从事旅游产业开发；引导农民成立了农家乐、蔬菜、小水果、养殖业等专业协会，形成了"协会+基地+农户"的新型农村产业发展模式，为樱桃沟村经济的发展起到了支柱作用。

二、樱桃沟村乡村旅游重点资源

（一）生态休闲农业资源

早在20世纪80年代，该村就着力调整种植业结构大力发展柑橘和桃。到了90年代又响应"发展庭院经济"号召广植樱桃和草莓。樱桃沟村先后投入绿化资金100余万元，实施大树进村工程，移栽樱桃、桃、垂柳、槐树、皂角等树木400棵；水塘放养鱼类10000尾。投资50余万元，新建荷花塘90亩。投资220余万元，新建高效樱桃采摘园200余亩，栽植新品种大樱桃5000余株，移植大树500余株，播撒波斯菊等花卉种子300余公斤。到2013年，全村2300亩土地，樱桃、柑橘、桃等小水果面积达到1600亩，蔬菜面积500亩，达到人均一亩小水果，户均一亩有机蔬菜的产业规模，形成了"山顶松杉戴帽，山腰果树缠绕，沟岔蔬菜铺地，庭院栽满樱桃"的绿色生态村。

樱桃沟的樱桃树，已有上百年的种植历史，近十几年更是得到了大力发展，每家每户都栽种了数量不等的樱桃树，形成了较大规模。借助于樱桃树的花果生长特点与产业特点，樱桃沟村大力发展生态旅游经济，打造生态旅游村，走出了乡村旅游的和谐发展之路。

樱桃沟村独特的地理环境和土壤气候条件，使得这里产出的樱桃粒大肉厚、色泽鲜艳、入口甘甜，故而享有盛名。散落于樱桃树之间的村落民居在樱桃树的映衬下，形成了非常唯美的乡村田园画卷，每逢节假日和星期天前来这里赏花、吃农家饭、尝健康菜、住农家院、体验乡村农事的游客络绎不绝。2013年赏花节期间，前来樱桃沟赴约的村外客人超过8万人次，2014年"五一"小长假期间，进村休闲的客人突破15万人次，游客火爆的场面仅次于附近的武当山风景区。

图1-2 摘樱桃

（二）民俗文化旅游资源——樱桃小镇

樱桃小镇是由北京绿十字创始人孙君精心设计，由十堰茂泽旅游开发有限公司倾力打造的鄂西北首席"民俗文化全景体验地"。位于"中国最美乡村"——十堰市郧阳区樱桃沟村，规划建筑面积约23000平方米。小镇总体开发建设风格按照风俗民情、楚风汉韵的功能定位，形成了古香古色的秦楚民俗文化古建筑群，樱桃小镇同时突出了民俗文化、生态果园和休闲旅游的特色，它配备有游客服务中心、生态停车场、亲子游乐场等功能特区，分民俗小吃区、民俗体验区、民俗娱乐区、民俗游乐区、休闲度假区五大板块。它以自然生态为基础，融合郧阳区多元民俗文化和特色餐饮、休闲茶馆、风情酒吧、文艺展示、民俗客栈、仿古戏台、养生会所等各类休闲文化业态于一体，着力打造成一条秦楚地方特色、高品质的文化长廊。

樱桃小镇建设探索了一条城市与乡村融合、传统与现代对接、市民与农民契合、乡村社会与自然生态和谐的"把农村建设得更像农村"的新农村建设之路。通过四条景观廊道，将建筑与林、田、路有机连接，通过景观性、舒适性与运营性统筹考虑，成为中国农村古民居博览园、秦巴山区特色建筑示范区和集"吃、住、行、游、购、娱"为一体的综合商业区，是樱桃沟生态旅游圈内唯一的大型商业体，也是鄂西北首席民俗文化全景体验地的旅游新街。

图1-3　建设中的樱桃小镇

（三）乡村文化休闲旅游资源——主题农家乐

樱桃沟村全村确立了发展乡村旅游这个主导产业，以每户4万元的以奖代补激励政策，调动了每户投入10万元左右的改造投入，在先后改造民居120多户，改造庭院200多户，使全村具备特色民宿经营条件的民居达100余家，出现了以"五零山居""六零院""七零黄酒坊""八零院""泉水大院""凤翔山庄""樱花小筑""老村部""快活林"等为代表的火爆民宿农家。

图 1-4 樱桃沟精品民宿"五零山居"

农家乐建设初衷主要为游客提供特色餐饮服务，主要以土鸡、生态蔬菜、山地野菜及散养鸡、鸭、牛、羊、猪为食材的农家菜。以吃农家饭、住农家屋、享农家乐、观农村山水为主要内容，以回归自然、放松身心为目标。随着游客需求的不断提高，打造星级农家乐标准，是乡村农家乐的出路，樱桃沟村按照农家乐星级标准，首先，对厨房、餐厅、客房、厕所及娱乐设施等进行改造，达到了安全、卫生的要求，能满足游客的消费需求；其次，按照农家乐星级标准，规范设置各种引导性指示标识牌，为游客提供完善的引导信息服务；再次，改造游客服务中心、排污系统、垃圾处理系统等等，达到农家乐创建标准；最后，按照星级农家乐的建设要求，为游客提供周到的服务。服务设施的不断完善使得乡村旅游逐渐受到市场和社会的广泛关注和认同。

表 1-1 樱桃沟村主题农家乐一览表

农家乐名称	始建时间	初始占地面积（平方米）	包厢数（个）	容纳人数（人）	农家师傅和服务人员数目
兄弟农家乐	2012年7月	300	6	大于200	1+2
快活林农家乐	2012年9月	1000	4	大于200	2+4
德粉农家乐	2013年4月	500	4	大于200	2+2
捌零院农家乐	2013年11月	800	5	大于200	1+2
凤翔山庄	2014年5月	1200	6	大于200	2+5

从表 1-1 中可以看出乡村农家乐已初具规模，形成了自己的一套配置规律，农家乐的目标就是让游客更好地参与到乡村生活中去。其中功能的不断丰富，项目的不断创新，越来越人性化的服务是乡村农家乐的发展趋势。

图 1-5　改造前后的"六零院"对照图

第三节　樱桃沟村乡村旅游资源开发经验

旅游资源开发是指人们为了发掘、改善和提高旅游资源的吸引力而致力从事的挖掘和建设活动，它是以发展旅游业为前提，以市场需求为导向，以旅游资源为核心，以发挥、改善和提高旅游资源对游客的吸引力为着眼点，有组织、有计划地对旅游资源加以利用的经济技术系统工程。[①] 旅游资源多种多样，因此旅游资源的开发方式也具有多样性。一是新建，即建立新的旅游景区、景点或主题公园，这种方式重在创新，贵在特色；二是利用，利用原有的未被认识的旅游资源，通过整合、组织和开发，使之成为旅游吸引物的一种开发方式；三是修复，即旅游资源经过整修、修复或重建，使之重新成为可供旅游者参观游览的景点；四是改造，投入一定数量的人力、物力、财力，对现有的、但利用率不高的旅游景观、设施等进行局部或全部的改造；五是挖掘提高，即在原有的旅游资源基础上重新发掘新的价值，完善升级与原有的旅游资源的相关产业，此方式重在发掘旅游资源的深层价值。[②] 旅游资源开发方式的选择要根据旅游资源的实际情况来决定，贵在突出特色，因地制宜地开发旅游资源，旅游资源的开发旨在追求"人无我有，人

---

①②　梁朝信主编：《旅游资源开发》，郑州大学出版社 2006 年版，第 131、135~154 页。

有我优"的开发宗旨。樱桃沟村旅游资源的成功开发具有可资借鉴的意义。

一、旅游资源开发过程较为规范

樱桃沟村重视旅游资源开发的规范性，集中表现在三个方面：一是樱桃沟旅游资源由北京绿十字文化传播中心、远方网、中国乡村规划设计院、河南天禾园林绿化有限公司、美食家协会等单位联合打造，充分体现了"专业的团队干专业的事"这一理念。二是有明确贴近实际的建设理念，按照风貌自然、功能现代、产业有机、文明质朴的原则，要把农村建设得更像农村，住起来更比城市。三是有具体的长远的建设目标。3~5 年内通过外修生态、内修人文，要把樱桃沟建成名副其实的宜居村庄。

樱桃沟在发掘旅游资源的前期先做好了基础性工作，樱桃沟村组织全村三个层次代表（干部、党员、群众）外出考察学习，先后参观了湖北谷城的堰河村、湖北枝江的问安镇、河南信阳的郝塘村、南京的高淳国际慢城旅游度假区、杭州的法云寺等地，借鉴别人的成功经验，杜绝了由领导临时拍脑袋的不良影响；然后又通过干部、党员、群众代表的示范作用，把群众的认识提上来，打开群众的眼界，解放群众的思想，群众的积极性提高了，各项工作能迅速推动。

二、注重资金投入和项目化运作

再好的规划没有资金支持就永远无法变成现实。樱桃沟村为此采取了多元化资金投入模式：一是整合全区农业、林业、旅游、扶贫、交通、城建、能源建设、财政、环保、卫生、水利、发改等部门项目资金 5000 余万元；二是按国家征地标准，流转土地 200 亩，先期出让 50 亩，筹措资金 2000 余万元；三是通过示范引导，调动群众积极性，群众自筹 2000 余万元；四是招商引资 1.2 亿元。

从 2008 年开始，樱桃沟村就凭借独特的区位优势，借助当地山花、樱桃、草莓的生态亮点和产业优势，大力发展当地生态旅游和乡村旅游，形成了"春赏花，夏品果，住农家小屋，吃健康饭菜"的良好乡村旅游氛围。

如今的樱桃沟村交通便利，农事景观特色明显、产业规模大、体验类型多、生态条件好、配套设施优，环境优美，景色迷人，在全国同类景观中具有一定的知名度和影响力，正逐步成为集休闲、度假、餐饮、娱乐和生态观光为一体的综合性生态旅游景区。樱桃沟村有丰富的水果资源，在一二三产业融合发展备受关注的当代社会，农村既提供初级农产品，又能对其农产品进行精深加工。延长产品产业链,提高产品价值,是发展乡村经济必走之路。面向未来,樱桃沟村正瞄准高端度假消费市场,通过加大培训力度提高服务质量,打造绿色有机产业,建设高端会议接待点、高端人群休闲点,让真正喜欢乡村文化的游客进来休闲度假。

三、利用互联网加强宣传

2013年3月,在郧阳区政府及郧阳区经济技术开发区领导的统一部署下,通过远方网前期精心策划和准备,首届樱桃沟赏花旅游节从3月18日到5月20日举行。3月上中旬远方网分批组织全国知名博主、摄影师、旅行家,来到美丽的樱桃沟进行采风活动,并在新浪、人民网等全国100余家大型网站发文(包括图片)1000余篇(幅),对樱桃沟进行了网络推广,希望通过推广樱桃沟旅游资源的同时能进行招商引资全力打造樱桃小镇,以扩大赏花旅游节的影响。在赏花旅游节上,特别策划了乡村摄影展、田野诗歌展、风筝联谊会、婚纱摄影秀、花田弹唱会、乡村老电影、农副产品展售等系列活动。通过这些活动开展,将樱桃沟原来单一的农家乐餐饮,拓展到了餐饮、住宿、游玩、娱乐、购物等旅游全方位环节,大幅度提升了樱桃沟的乡村旅游文化品位,扩大了樱桃沟村在全国的影响力,获得了游客的广泛认可,赢得了良好的口碑,带动了村民深入发展乡村旅游的积极性。赏花旅游节上先后可欣赏的有樱桃花、梅子花、桃花、山桃花、波斯菊、金鸡菊以及各种漫山遍野的野花。各种樱桃和草莓果实在5月成熟,让来到樱桃沟的游客充分享受视觉与味觉的双重盛宴。

小 结

本章第一节对乡村旅游资源的内涵进行了阐释,对乡村旅游资源的特性和分类进行了梳理,从而形成了对乡村旅游资源的整体理解。第二节着重介绍樱桃沟村旅游资源的总体情况,对樱桃沟村乡村旅游资源进行了介绍,通过农家乐、樱桃小镇等项目了解樱桃沟村乡村旅游资源开发状况。第三节着重介绍樱桃沟村旅游资源开发的重要成功经验,樱桃沟村乡村旅游依托优秀的区位因素结合自身特点,走出了一条新农村建设的特色道路。"农村要像农村"这一理念给乡村的发展指出一条新道路,值得其他地区借鉴学习。

第二章 樱桃沟村乡村旅游开发建设过程

樱桃沟村乡村旅游全面发展虽然是最近几年的事情，但"十年树木"恰如其分地反映了樱桃沟村樱桃产业的形成过程，以及由此引爆的乡村旅游产业的崛起。因此，需要从转型背景下的产业积淀、三产融合要求下的产业转型、城乡融合发展趋势下的外资参与以及后乡村阶段的治理有效等四个阶段来全面、深刻地回顾分析樱桃沟村乡村旅游产业的开发建设过程。

第一节 农村产业转型压力下的乡村旅游产业积淀

樱桃沟村地形呈典型的"八山半水分半田"格局。早在20世纪80年代，该村就着力调整种植业结构大力发展柑橘和桃。到了90年代又响应"发展庭院经济"号召广植樱桃和草莓。2003年，国家实施南水北调中线工程，将郧县（现郧阳区，下同）定为国家级清洁水源地。为了确保一江清水送北京，樱桃沟村两委会一班人再次响应县委号召，带领群众发展小水果和有机蔬菜产业。

近年来，该村紧紧抓住区位优势，大力发展乡村生态旅游经济。从2008年开始，樱桃沟村借助当地樱桃花、樱桃、草莓的生态亮点和产业优势，大力发展当地生态旅游和乡村旅游，形成了"春赏花，夏品果，农家饭菜喷喷香"的良好乡村旅游氛围。从过去的"提篮小卖"，到大批游客进园自己采摘，当地农民将"市场"搬到了田间地头，这不仅为当地农民开通了销售"快速通道"，也破解了水果销售的难题。

2012年以来，该村启动"美丽乡村"建设工程，通过环境整治、房屋改造、旅游策划、美食挖掘和生态修复等途径，突出乡村旅游特色，着力打造国家南水北调源头生态型乡村旅游典范，已经和正在实施的项目有7大类51个：以郧阳新街建设为代表的房屋和基础设施建设项目12个；以太极广场为代表的景观打造项目10个；以高标准樱桃采摘园为代表的产业升级建

图 2-1 在樱桃花浪漫的季节村民迎来赏花经济

设项目 7 个；以河道治理为代表的生态和环境治理项目 5 个；以 1×10 国际客栈为代表的绿色幸福村建设项目 11 个；以内深式乡村资金互助为代表的乡村金融项目 1 个；以十星级文明户创建为代表的文明创建工程 4 个。总投资达 12960 万元（其中整合县直部门资金 2110 万元，开发区"四化同步"项目资金 2200 万元，招商引资 5000 万元，农户及业主投资 3650 万元）。

> 链 接
>
> **2012 年樱桃沟村产业发展重点事项**
>
> 1. 产业基地建设：在一组王家堡、翁家沟实施土地治理项目，坡改梯 100 亩。
>
> 2. 主公路沿线绿化：引进栽植观赏樱花 200 株，移栽樱桃树 150 棵，枇杷树 200 棵。
>
> 3. 旅游生育工作：加强旅游生育知识宣传教育，狠抓落实旅游生育政策，集中整治违反旅游生育政策的行为，督促育龄妇女积极参加"三查四术"，三查率达到 98%，上环 20 人次，结扎 7 人，征收社会抚养费 6 万元。
>
> 4. 社会治安综合治理和安全生产工作：加强宣传教育，积极开展矛盾纠纷和事故隐患排查，先后排除安全生产隐患 2 起，解决矛盾纠纷 2 起，辖区内无一起上访事件和安全生产事故的发生，确保平安和谐的发展环境。
>
> 5. 积极配合项目建设：先后配合完成十堰北汽车工业园、中非、远大、

樱花大道等项目的实物指标调查、补偿兑现、拆迁等任务,为项目顺利推进奠定坚实基础。

6. 加强农村居民养老保险和新型农村合作医疗工作。新农合和农村居民养老保险参保率达到95%。

然而,"樱桃经济"毕竟只是季节性的。要想长期留住游客,就要有一年四季的观光风光。为此,樱桃沟村正着力打造一年四季都有风光带,即四五月份的樱桃、草莓,六七月份的桃、杏,八九月份的葡萄、柿,水果四季不断。樱桃沟村因樱桃树而声名鹊起。该村独特的地理环境和土壤气候条件,使得这里产出的樱桃粒大肉厚、色泽鲜艳、入口甘甜,故而享有盛名。散落于樱桃树之间的村落民居在樱桃树的映衬下,形成了非常唯美的乡村田园画卷。每逢节假日络绎不绝的城里人前来这里赏花、品果、吃农家饭、尝健康菜、住农家院、体验乡村农事。到2016年,全年游客达到50万人。

> 链 接
>
> ### 2013—2015年樱桃沟村产业发展重点事项
>
> 2013年:①农家乐提档升级,对原有农家乐进行提档升级,创建四星级农家乐,招商引资引进一批大规模的农家乐。②河道综合整治,治理河道3公里,修建石拱桥6座,拦水坝10处,建荷花塘4个。③旧房改造及示范户创建,改造旧房100户,创建示范户20户。④花草美化,种植波斯菊及其他草木5000平方米。⑤特色水果品种引进,引进优质柑橘、桃、柿等水果。
>
> 2014年:①在樱花大道右侧新建500个车位的森林停车场,投资250万元。②建设世界徒步协会赛道10公里,投资50万元。③小型水库建设,11组一座2.5万立方米、7组一座2万立方米;投资100万元。④电缆信息综合管网建设5公里,投资150万元。⑤游步道建设3公里,投资75万元。⑥新建樱桃沟小学1座,投资80万元。⑦新建樱桃沟卫生室1座,投资50万元。⑧村改居及养老中心建设,投资30万元。⑨庭院改造50户,投资50万元。⑩樱桃沟陶吧建设。⑪樱桃沟书吧建设。⑫樱桃沟博物馆建设。⑬一建三改180户,投资150万元。⑭污水处理50户,投资50万元。
>
> 2015年:①黑猪养殖200头,投资50万元。②农家乐提档升级20户,

投资30万元。③旧房改造50户、传统手工作坊建设7家,投资350万元(业主自投)。④六零院组团建设4栋,投资550万元。⑤游客接待中心的装修与信息化建设,投资200万元。⑥全面启动山庄建设17栋,投资3000万元(业主自投)。⑦1×10国际客栈(著名设计师),投资200万元。⑧全域网络景区化控制系统(梁军),投资80万元。⑨环境卫生整治。⑩景观打造及服务设施,包括全域网络服务体系一套,投资170万元;家庭度假式内装与管理公司;乡村景观营造7处,投资500万元;郧阳新街建设,投资5000万元(招商引资)。

如今的樱桃沟村交通便利,农事景观特色明显,产业规模大、体验类型多、生态条件好、配套设施优,环境优美,景色迷人,在全国同类景观中具有一定的知名度和影响力,正逐步成为集休闲、度假、餐饮、娱乐和生态观光为一体的综合性乡村生态旅游景区。该村2013年被国家农业部推介为"中国最美田园",2014年被推介为"中国最美休闲乡村"、入选《中国休闲农业与乡村旅游指南(2014版)》,2012年被省委、省政府授予"湖北旅游名村""湖北省文明村"等称号,被湖北省旅游局、湖北省农业厅和鄂西生态文化旅游圈办公室确定为"湖北省休闲农业示范点"、湖北省首批30个"绿色幸福村"之一,2014年3月被《长江日报》授予"中国旅游金奖"。目前,樱桃沟村正围绕"把农村建设得更像农村"的整体思路;抢抓全省"四化同步"项目、十堰市城郊生态休憩带建设等两大机遇;加大政策支持、项目支持、工作督导等三大力度;坚持"风貌古朴、功能现代、产业有机、文明复归"等四大特色;努力做到道路黑化、庭院美化、污水净化、生态绿化、产业规模化、设施景观化、村内运作公司化等"七化";正在按照国家级AAA级风景区、全国文明村、全国生态农业休闲示范点(村)、中国最美乡村、中国生态文化村、CCTV"魅力乡村"(金牛奖)、湖北省旅游名村、湖北省"绿色幸福村"等建设要求实施"八村联建"。

第二节 农村三产融合发展要求下的乡村产业转型

乡村旅游是利用乡村丰富的自然资源或人文资源开发的旅游产品,是旅游产业的重要组成部分,对于带动乡村就业、产业发展、农民增收具有重要的作用。数据显示,乡村旅游每增加1个就业机会,就能带动整个产业链增加5个就业机会。一个年接待10万人次的休闲农庄,可实现营业收入1000万元,直接和间接安置300名农民就业,可带动1000余户农民家庭增收。①乡村旅游逐渐上升为引领农村一二三产业融合发展的引擎产业。2015年中央一号文件首次明确提出推进农村一二三产业融合发展,并指出增加农民收入,必须延长农业产业链、提高农业附加值。2016年1月,国务院发布《国务院办公厅关于推进农村一二三产业融合发展的指导意见》(国办发〔2015〕93号),进一步明确了融合发展指导思想、融合方式和发展任务。2016年4月,国家发展改革委、财政部、农业部等部门联合印发了《农村产业融合发展试点示范实施方案》,要求全国各地积极探索和总结成功的做法,形成可复制、可推广的经验,推进农村产业融合加快发展。可见,农村三产融合发展已在国家层面全力推进。这是樱桃沟村加快推进农村一二三产业融合发展的历史性机遇。进入2015年,樱桃沟村按照挖潜农业多功能性,推动农村一二三产业融合发展的产业转型升级。

一、靠山吃山,山地林业资源出现乡村旅游价值

第一,"林业+乡村旅游"的发展模式表现出旺盛的生命力,表现在以下三个方面。一是林业产业的绿色发展为乡村旅游的发展提供了良好的生态环境。樱桃沟村坐落在三座山、两条山沟之间,林地资源丰富,成为高质量发展乡村旅游业发展的根本。近年来乡村旅游快速发展的一个重要原因是城市地区空气污染、交通拥堵等问题日益严重,快节奏、高压力的城市生活也让很多市民不堪其扰,承担了非常大的精神压力,因此会产生逃离城市、拥抱自然的冲动。而樱桃沟村的山地林业资源是"天然氧吧",空气清新,山清水秀,原生态的自然环境满足了城市居民内心的渴望,此外村里淳朴、原始的民风,慢节奏的生活方式对城市居民也有很大的吸引力。在樱桃沟村我们看到,林业产业为乡村旅游提供了优良的自然依托,充分诠释了为什么绿水青山就是金山银山的道理。

第二,各种林业产业的发展为乡村旅游提供了丰富的旅游商品。为进一步增强旅游竞争力,林业产业可以开发出多种旅游产品以吸引顾客。目前樱桃沟村兴起采摘农业,让游客亲身体验植物种植、水果采摘等活动,增强了活动的乐趣。例如通过农家乐、森林旅游人家等活动,游客们可以亲身体验

---

① 《海南加快发展乡村旅游》,2014年11月6日,见http://www.visithainan.gov.cn/government/redianzhuanti/2014zt/hainanjkxcfz/2014xcts/53482.htm。

林农生活，形成了夜宿农家、日游山川的格调。该村一些传统习俗活动是文化旅游开发的重要依据，现代化林业的高效发展也带来了研学旅游。

第三，乡村旅游的发展促进了林业产业的更好发展。乡村旅游与林业的融合发展可以形成一种良性循环。一方面，樱桃沟村以当地的天然生态、各色农林作物和乡土民俗吸引游客前往体验、消费，另一方面，乡村旅游发展给当地带来的经济效益既可以促使林农提升环境保护意识，更加注重环境的保护，也有助于改善当地的产业结构，使地区发展不再仅仅依托原材料的出售，从而实现产业的升级，提高生活水平和生活质量。目前，樱桃沟村村民保护山林的意识进一步增强。

二、挖潜农业多功能性，种植业快速发展

在樱桃沟村，乡村旅游极大地促进了种植业的发展，结构更加优化，效益更加显著。樱桃沟村的乡村旅游从供给和需求双向互动两个方面对种植业的带动作用，具体表现在以下三个方面。

一是通过技术进步推动现代种植业发展。现代种植业与传统种植业相比，具有更高的生产效率、更加环保的生产方式、更加优质安全的产品供应，具有明显的优势。然而高产、优质、高效、生态、安全的背后需要有先进的农业技术进行支撑，没有先进的农业技术，种植业很难有较高的单位产出率、劳动生产率、抗风险能力和竞争力。樱桃沟村发展乡村旅游对于这些问题的解决起到了明显的帮助。樱桃沟村的实践表明，乡村旅游的发展本身具有一定的技术门槛，发展休闲观光旅游的一些地区往往规模化经营程度较高。乡村旅游带来的收入会进一步刺激当地农户为了更好的市场前景而采用设施农业相关生产技术，会带动农户的培训和各项素养的提高，增强对先进农业技术的认同、吸收和运用能力，从而起到推动种植业发展的间接带动作用。另外，乡村旅游的发展会进一步增强村民发展多功能农业的组织性，单个农户很难形成乡村旅游的规模效应，因此该村开发的乡村旅游"公司+合作社+农户"模式，无疑有利于新型农业技术进一步推广。

二是通过需求数量及结构变化推动种植业发展。根据"马斯洛需求理论"，人的需求层次是由低到高的，对于农产品的需求，在满足了数量需求后，便会对农产品质量包括安全性、新鲜度、口感、营养价值等提出更高的需求。乡村旅游集体验、品尝、购物等环节于一体，对樱桃沟村农产品提出更高的数量需求，促使农户扩大种植面积以满足市场需要。更重要的是，对该村农产品质量的更高需求使农户有更强的动力去改进农产品品质，种植更

为优质的品种，推出了各种附加值高的有机食品、绿色食品，以健康、绿色、无毒的农产品为主要卖点吸引旅游者，这为种植业的升级带来了良好的机遇，无形中推动了农村种植业的质量升级，调整了农村农产品结构。

三是供给结构变化推动种植业发展。乡村旅游是一项劳动密集型产业，乡村旅游的发展给樱桃沟村农村劳动力结构优化带来的变化主要表现在两个方面：一是劳动力素质的提高，各种培训、与外界的接触对于提升劳动者素养大有裨益；另一方面，乡村旅游创造了大量新的工作岗位，促进了就业，吸引了农村劳动力大量从事相关服务工作，推动了农村剩余劳动力的转移，也有利于该村种植业发展的集约化、规模化发展。

三、樱桃村乡村服务业得到全面发展

樱桃沟村乡村旅游业的快速发展，不但促进了该村传统农业的转型、创新和绿色发展，也促进该村民俗文化的复兴，促进了乡村交通、休闲地产等乡村服务业的全面发展。

一是乡村文化的发展。乡村文化是乡村旅游的灵魂，悠久的文化历史、深厚的文化底蕴是樱桃沟村发展乡村旅游的主要依托之一。我们可以看到，樱桃村具有丰富的文化资源，其文化资源包括传统的社会组织关系、古老的建筑物、传统的节日、生活方式以及农作方式等。因此，乡村旅游的发展对于农村文化产业的发展具有显著的作用，突出表现在以下两个方面：一是发挥保护作用，以民俗文化旅游为主要吸引力的乡村地区会更加注重当地文化的传承与保护，注重民俗文化设施的建设与修复，对于樱桃沟村历史文化的保护具有重要的意义；二是可以起到促进创新与融合的作用。乡村旅游的发展有利于不同于本位文化的文化观念的引入，促使文化的交流融合，此外为增强吸引力，也会促使当地积极进行文化的创新发展。

图2-2中一幢具有20世纪50年代乡村风貌的乡间别墅别具一格。该楼曾经是一户村民家破败的牛棚，后经过艺术改造，才有此风貌。该栋复旧房屋紧邻"五零山居"。还有名为"六零院""七零黄酒坊"等不同年代的山村建筑。该村通过与中国乡村规划设计院等单位合作，对整个乡村建设统一规划，从山形地势出发，依山顺水，不开山、不填沟、不毁树，小到院子的围墙，大到房子的结构，都融入山村生态环境，让人徜徉村庄，如走进画中。村口有个依山而建的农家小院，院口"龙升酒庄"的幌子格外引人注目。小院内，53岁的主人刘龙升家正在忙着张罗午饭。一只小狗躺在院子里懒懒地晒着太阳。小院有300多平方米，院内除一栋平时用于开农家乐的

图 2-2　各个年代的民居经改造成为乡村文化符号

两层小楼外，还有几间可供游客喝茶、休闲的单层瓦房，很是气派。

二是乡村旅游与大健康产业的跨界融合。随着人们生活水平的日益提升，人们更加关注自己的休闲娱乐与身心健康，愿意在个人健康方面付出更多的时间、精力与成本。在樱桃沟村我们看到，近些年来到樱桃沟村的"自驾乡村游"日益火爆。樱桃沟村正在成为以健康为卖点的休闲度假区、旅游疗养区，将健康活动与旅游项目结合起来，鼓励游客参与农事体验，加强身心锻炼，从而构建起健康产业与乡村旅游的紧密联系。

三是"互联网+"开始扎根樱桃沟村。近年来我国互联网产业发展迅速，我国已经迈入了"互联网+"时代，人们的生产生活已经很难脱离互联网的影响，电商、互联网产品与应用深刻地影响到人的衣食住行等方方面面。樱桃沟村的乡村旅游也受此影响，开始出现"互联网+乡村旅游"发展模式。乡村旅游与互联网产业融合主要体现在：一是积极建立旅游数据平台、游客信息服务系统以及管理系统，以此来降低运营成本，加强信息公开，推广营销宣传；二是推动乡村旅游的智能化，打造智慧旅游。如积极建立门票预订系统、旅游高峰期的分流系统、旅游投诉建议系统等。

四是改变了乡村交通格局。交通运输业是第三产业内的重要部分，近年来樱桃沟村乡村旅游的"井喷式"发展带动了公共交通、自驾游的快速发展，打通了乡村旅游发展的"任督二脉"，打破了阻碍旅游客源地可进入性的瓶颈。交通运输格局的改变与乡村旅游相互促进，推动了乡村旅游的发展,四通八达的交通网给樱桃沟村乡村旅游带来的促进作用是直接、显著的,它极大地拓展了人们的活动空间,提供了更多的旅游目的地选项,缩短了旅途时间。

五是旅游地产快速发展。近年来,随着樱桃沟乡村旅游的兴起,休闲旅游与地产业相结合的趋势愈加明显。目前,休闲地产已经初步形成了五种模式:一是农家乐成为乡村旅游发展中的一个普遍模式,以农家乐为基础的地产开发。二是以农业观光园为依托的地产开发,表现形式有采摘篱园、休闲农庄、山水人家、养生山吧等系列农庄、酒庄、水庄、山庄。三是以古村落为依托的地产开发,通过改造各个年代的老旧房子,挖掘具有浓厚的历史文化积淀,形成了一种独特的乡村旅游地产模式。四是以景区为依托的地产开发,这种地产开发一般可以分为两种模式,"樱桃小镇"度假型地产,以新农村建设为基础的农业新村及农村房地产开发。

图 2-3 樱桃小镇

第三节 城乡融合发展趋势下的外资外智助力发展

2012年11月,通过与北京绿十字文化传播中心、中国乡村规划设计院、远方网、河南天禾园林有限公司等单位合作,明确了"风格古朴、功能现代、产业有机、文明复归,把农村建设得更像农村,住起来更比城市"的建设理念,把基础设施当景观打造,把房屋按年代风格当艺术品打造,先后启动了河道治理、景观修复、郧阳新街等建设项目。以此为标志,外部资金、智力参与樱桃沟村建设步入快速发展期,很好地适应了城乡融合发展的大趋势。适应城乡融合发展,发展乡村旅游,樱桃村的实践主要有以下几个方面。

一、在城乡融合过程中，把解决自身发展问题与满足城市需求结合起来

与全国农村一样，樱桃沟村农民老龄化、农村荒芜、传统农业衰落，是当前我国广大农村发展面临的普遍问题。由此引发了"明天谁来种田？""乡土文化传承出现危机"等现实担忧。对此，习近平总书记也强调指出："任何时候都不能忽视农业、忘记农民、淡漠农村。""必须坚持把解决好'三农'问题作为全党工作重中之重，始终把'三农'工作牢牢抓住、紧紧抓好。"樱桃沟村作为湖北旅游名村，对农村能人和年轻人的"磁场效应"开始明显。对此，樱桃沟村坚持改革引领，着眼研究怎么让城市居民到乡村激活农业农村内生发展动力，紧紧抓住"农村空闲农房"这个牛鼻子，一方面进行复旧改造，另一方面出台了优惠政策，吸引城市居民下乡居住和创业，吸引城市资金、智慧进村，带动农村山水林田等闲置资源的综合开发利用，既满足了部分城里人到农村休闲、养老、创业的需求，又推动了农村产业发展，让广大农村有了勃勃生机，盘活了农村闲置资源，增加了村集体和农民的收入，可谓一举两得，互利互惠。

二、大力实施市民下乡工程

樱桃沟村把开展城市居民到乡村活动作为一项系统工程来加以研究推进，同步探索深入推进农村改革发展的体制机制，找到了推进美丽乡村建设的有效途径，加速了城乡发展一体化进程。该村紧紧围绕推进农业供给侧结构性改革、增加农村改革发展新动能、探索美丽乡村建设新途径、建立农民稳定性财产性收入体制机制等，系统谋划推进城市居民到乡村旅游，为农村经济社会发展带来了先进的思想和理念，有效消除了城乡要素流动的体制壁垒，成功打造了城乡要素互动的有效平台和创新载体，为农村经济发展注入了新的活力，有力推动了城乡一体化进程。

三、激活了城市要素参与农村发展

重点针对能人回乡、企业家下乡、知识分子下乡、市民下乡、大学生下乡时，以租赁、合作方式利用农村空闲农房开展创业创意、休闲农业、电子商务、养老养生以及创建民间博物馆、农家书屋等城市居民到乡村的具体行为予以快捷便利审批、税费减免及奖励补贴。如以租赁、合作方式利用农村

空闲农房，营造良好环境，带动各类社会投资到樱桃沟村开展"乡村双创"。

樱桃沟发展乡村旅游，促进城乡融合发展取得了超乎预期、各方认可的成效。究其根本原因，还是顺应了中国农村改革发展的大趋势，并且结合樱桃沟村"三农"发展实际做了系统、超前的大胆探索。

一方面，契合了当前农村改革发展的新趋势。樱桃沟村发展乡村旅游，为农村、农业的发展引入了有效的城市资金、智力资源，使得农村新型经营主体更加多元，尤其是有力地推动了农村一二三产业的融合发展，是中国农村改革发展不断深入推进的一个缩影，也与当前我国农村改革发展的新趋势和新要求高度契合。1990年3月，邓小平在同中央负责同志谈话时明确指出："中国社会主义农业的改革和发展，从长远的观点看，要有两个飞跃。第一个飞跃，是废除人民公社，实行家庭联产承包为主的责任制。这是一个很大的前进，要长期坚持不变。第二个飞跃，是适应科学种田和生产社会化的需要，发展适度规模经营，发展集体经济。这是又一个很大的前进，当然这是很长的过程。"邓小平关于农业发展"两个飞跃"的思想，是站在农业改革发展自身角度提出的科学论断，内涵丰富，寓意深刻。事实上，站在城乡发展一体化角度，中国农业发展必将实现"第三个飞跃"，其基本前提是城乡要素的融合。这从习近平总书记一脉相承的城乡关系思想中可以充分看出。1983年7月，他担任正定县委书记，带领全县人民大胆改革，创造性地提出了走"半城郊型经济"（是指既有"城郊型经济"依托城市、商品生产比较发达、城乡关系比较密切、工农结合比较紧密的特点，又有"农村经济"的某些特点，是两类经济结合的中间型经济）的思想；2004年，时任浙江省委书记的习近平，亲自部署编制了《浙江省统筹城乡发展 推进城乡一体化纲要》，提出：顺应城乡经济不断融合和三次产业联动发展的趋势，统筹规划和整体推进城乡产业的发展；2015年4月30日，习近平在中央政治局第二十二次集体学习时说："要加快建立现代农业产业体系，延伸农业产业链、价值链，促进一二三产业交叉融合。"2015年12月30日，国务院出台了《国务院办公厅关于推进农村一二三产业融合发展的指导意见》，全面拉开了我国农村一二三产业融合发展的序幕。城市居民到樱桃沟村乡村旅游，有效促进了城乡各类要素的融合，用创新理念和实际行动积极践行新一届中央领导集体关于"农村一二三产业融合发展"的"三农"发展战略思想，在全国探索出了一条促进农村一二三产业融合发展的有效路径。所取得的显著成效表明，深入推进农村一二三产业融合发展，是中国未来农村改革发展不得不走的路。

另一方面，主动适应了逆城镇化发展趋势。所谓逆城镇化，是相对城市化而言的。从世界范围看，逆城镇化是城镇化发展到一定阶段后的必然产物，一般要经历四个阶段：萌芽阶段，城市富有阶层首先搬入城郊居住的阶段；形成阶段，大量中产阶级开始搬入城郊居住，但仍然每天到市中心工作、购物和娱乐；发展阶段，居住郊区化和产业郊区化；成熟阶段，郊区农村的自立程度越来越高，由单一的居住功能变成具有各种城市功能的就业中心，成为新型城镇的有机组成部分。近年来，随着城镇化水平的飞速提高，我国的逆城镇化已悄然涌现。但中国有其特殊的国情，显然不允许走国外城市人口到农村买地修房、居住的逆城镇化道路，必须探索具有中国特色的逆城镇化道路。对此，2014年1月，国土资源部部长、国家土地总督察姜大明在一次会议上明确表示，禁止城市人到农村买地建房所谓"逆城镇化"行为。综上所述，樱桃沟村承接城市居民到乡村旅游，显然是对中国特色逆城镇化道路的主动适应：目前我国农村5年以上闲置无人居住的房子高达25%（其中有近半的废弃老屋），樱桃沟村过去长期空闲农房占农房总数的17%；基于此，该村抓住市民下乡租赁农村闲置房产这个牛鼻子，把到农村居住与创新创业有机结合起来，把利用空闲农房等农村闲置资源与促进农村一二三产业融合发展有机结合起来，有效对接了逆城镇化的发展。

此外，走出了城乡融合发展之路。长期以来，我国走的是一条单向、数字化的城镇化道路，简单追求农村人进城和常住人口城镇化率的提高。虽然也适时实施了社会主义新农村建设行动，但仍然是着眼农村内部的新村建设，而忽视了城乡的联系、互动和融合发展。其结果是，城镇化率飞速提高了，而城乡发展一体化水平远远滞后，甚至加速了农业劳动力的老龄化、农村的荒芜和和传统农业的衰落。目前，全国农业从业人员中50岁以上的人所占比重已经超过50%，在很多农村留守的多是妇女、儿童、老人。对此，早在2013年7月，习近平总书记在湖北考察时指出：即使城镇化程度到了70%，也还有四五亿人在农村。农村绝不能成为荒芜的农村、留守的农村、记忆中的故园。城镇化要发展，农业现代化和新农村建设也要发展，同步发展才能相得益彰，要推进城乡一体化发展。他在中央政治局第二十二次集体学习上进一步指出：要继续推进新农村建设，使之与新型城镇化协调发展、互惠一体，形成双轮驱动；他在2014年中央农村工作会议强调指出："农村是我国传统文明的发源地，乡土文化的根不能断。"围绕落实习近平总书记上述系列讲话精神，樱桃沟村通过城市居民到乡村旅游，找到了解决老年人务农、农村荒芜、农业衰落的可行路径：通过乡村旅游，带动城市智慧、资金下乡，推动了城乡联系、互动和融合发展，培育了适应农村一二三产业融合发展要求的新型农业经营主体，探索出了农村经济、社会及城乡一体化发展的新模式，形成了双向互动的城乡发展一体化格局。

第四节 治理有效和可持续的后乡村发展阶段

经过过去近5年的发展，樱桃沟村的乡村经济、文化、社会和生态都发生了历史性的巨变，相对很多山区农村而言，总体上已经率先进入"后乡村"发展阶段。其显著特征便是乡村经济快速发展的同时，推动了乡村治理的被动式巨变。樱桃沟村因此进入了需要处理好发展与治理关系，从而实现可持续发展的新阶段。这是落实十九大报告提出的实施乡村振兴战略，实现乡村"治理有效"必须重视的一个现象。也只有如此，才能确保樱桃村实现可持续发展。从樱桃沟村发展实际看，要达到这一个目标，有三个方面的问题需要破解。

一、系列"三农"政策进一步跟进与落实

应该说，发展乡村经济的政策体系很完善，配套推动城市居民到乡村所涉及的一系列生产、生活和创新创业活动，离不开从国家到省里、再到市里的相关配套政策。目前，相关政策不少，但不少城市市民、社会企业、大学生和返乡创业者对能否、如何获得政策支持仍然持有疑虑。例如，房屋租赁、流转土地后的权益保障，各种强农惠农政策能否真正落实，各类风险防控等等，都是影响投资者意愿的重要因素。究其根本原因，我国已连续14年出台有关"三农"的一号文件，其他强农惠农政策也年年有、经常有，可真正在一线的农业经营者实际获得感往往是"雷声大、雨点小"，这已成为影响投资"三农"积极性的重要因素。例如，在樱桃村的土地整治项目、垃圾分类处理项目、污水处理项目等，实际都实施了，但如何更贴近乡村旅游发展和老百姓的实际需要，增强全体村民的获得感，是需要引起重视的问题。因此，樱桃沟村发展乡村旅游，深入推进城市居民到乡村旅游，迫切需要强化既有系列"三农"政策的落实，为城市居民到乡村创新创业保驾护航。

二、需防范乡村资源的"碎片化"

应该说,樱桃沟村发展乡村旅游,主动适应城乡融合发展,推进城市居民到乡村是顺应邓小平"农业改革和发展第二次飞跃"的科学选择,目的之一是要顺势推进农业的规模化经营。同时,也是实现习近平总书记重视并提出的农村一二三产业融合发展目标,进而实现"农业改革发展第三次飞跃"的超前作为。无论是进一步巩固"第二次飞跃"的成效,还是超前推动实现"第三次飞跃",基本前提就是保障资源的整体性和规模化开发利用。尤其是乡村旅游引领下的农村三产融合发展,更需要保持资源的整体性。但从实际调查看,目前樱桃村全村土地碎片化现象严重,集中表现在由于乡村旅游带动,土地分散经营的经济效益普遍较高,农户"惜地"情结强,流转土地进行集中招商、规模发展几乎不可能。结果导致村里产业创新、转型、升级发展无地可用。同时,分散的林地资源的经营权,如果不尽早整合,可能将来也会面临与耕地一样的情况。尤其是随着城乡融合发展进程加快,城市居民有可能成为乡村资源碎片化的加速剂。原本可以整体开发成为一个乡村旅游、休闲农业景点的资源可能在此轮城市居民到乡村活动中被人为碎片化。当前,因大量农民进城、农村荒芜、农业衰落,保持农村资源的整体性、实现规模化集约高效开发,正迎来一个难得的窗口期。对此,樱桃沟村在深入推动乡村旅游发展时,应由政府主导,同步加快开展规划编制,用规划引领资源的整体性开发,引领、规范乡村资源分配和开发行为。

三、防范投资行为"空虚化"

樱桃沟村发展乡村旅游,推动城乡融合发展得到市场认可和各方积极响应,呈现出新的"上山下乡"热。但面对这种"热情",政府也需要进行冷静思考:这种下乡热无疑是樱桃沟村发展产业、大力宣传、精心推动的必然结果,但也要注意到,社会资本总是倾向于投资到前景好、获利高的领域,在城市投资收益率降低(或风险增加)的情况下,不乏社会投资开始转向乡村资源投资。在过去几年,下乡投资的主体越来越多,但真实目的是投资自己开发,还是借机圈资源?如果是圈资源,就必然出现"圈而不用"的现象。这在过去各地的招商引资中已经屡见不鲜了,已成为各地发展,尤其是乡村旅游资源开发中令人头疼的问题。因此,需要防范。对此,最好办法是,在签订资源开发协议时,政府(或村集体)与投资方双方强化契约意识，用规范的资源开发契约来保障投资的时效性：一是双方要明确投资者开发的进度；二是双方要明确投资的强度（根据项目建设内容，科学测算并明确投资额）；三是双方要明确项目建设拟达到的高度（预期建设效果）。通过对"三度"的约束，来保障资源开发的时效性。

面对上述问题，表明樱桃沟村的发展走到了善治的前面，治理滞后问题凸显。由此可以判断，樱桃沟村乡村旅游进入协调处理好发展与治理关系的阶段，进入决定樱桃沟村能否更上一层楼的时期，也是协调处理好发展与治理关系，实现可持续发展的阶段。对此，面对"后乡村"治理的新阶段，即治理理念、治理结构、治理路径和治理手段的创新与重构。

首先，要树立新的治理理念。乡村旅游的发展让原本封闭的乡村快速、全面走向开放，乡村与城镇成为一条脐带上的生命共同体。因此，要探索从传统的村民治理向现代公民治理转型：治理对象从原来封闭、静止、单一的乡村一元主体转向城乡互动的开放、动态、多元的城乡公民混合主体，要建立维护城乡公民在乡村共生、和谐相处的社会结构维护体系；治理的经济制度基础从两权分离到三权分置，要建立维护农村土地集体所有者、农户承包经营权者和非村籍土地实际经营者共生并存制度环境的权益维护体系；治理的经济物质基础从一产主打到三产融合发展，要建立维护城乡多元主体参与、共建共享的经济社会场域的利益调节体系。

其次，要建立新的治理结构。要按照十八大提出的社会治理总目标和十九大提出的治理有效总要求，积极探索建立与"后乡村"经济社会结构相适应的政府、市场与基层"分工合理、权责明确、多元共治"的乡村治理新格局。其中，政府要加快完善建立逆城镇化时代的城乡发展一体化体制，更好地发挥政府作用，为城乡要素流动、多元主体培育、产业融合发展等营造良好的市场环境，以充分发挥市场在"后乡村"经济社会发展中优化配置资源的决定性作用。同时，要在政府的主导下，积极探索乡村生产、生活的城乡多元主体共建、共享、多元共治的新型乡村基层治理机制。此外，要在乡村社会治理中广泛引入社会力量，鼓励和引导各类社会组织和团体参与乡村社会治理。

另外，要找准有效治理路径。要对应治理结构，探索推进有效治理的突破口。一是自上而下的政府引导。在整个社会治理结构中，政府发挥着组织主导作用，尤其是社会公共事务中更离不开政府的参与。因此，要建立和畅通政府发挥相应作用的渠道。二是市场主体和社会组织的横向参与。"后乡村"经济社会发展显著特点之一，就是市场的充分参与，因此，要为市场包括社会组织的参与提供便捷渠道，尤其是为参与社会公共事务提供可能。三是村级组织自治体系的再构。"后乡村"阶段，由于乡村经济社会体系结构更加复杂，生产生活的组织程度更高，村级组织在整个治理体系中的重要性愈显突出。因此，要围绕村民自治这个核心，推动村级组织自治体系再造，以畅通村级组织参与"后乡村"治理的渠道。

最后，要丰富治理手段。一是政策手段。"后乡村"阶段，跨越城乡区域的业态更加丰富、主体更加多元、生产生活活动更加活跃，因此，需要着眼城乡发展一体化的高度，进一步完善建立的政策体系，夯实治理的制度基石，并通过基层政府保障政策的落实实施。二是经济手段。由于"后乡村"阶段，乡村经济的市场化程度越来越高，因此，在治理实践中，要充分尊重市场对优化资源配置的决定性作用，通过培育市场契约精神，来引导和规范多元主体的行为。三是礼法手段。从乡村发展的历史看，"礼俗"力量在维系村落秩序方面具有不可替代的功能；同时，随着城乡一体化发展，法制观念会更深更广地融入乡村生产生活中去。因此，建立"法礼秩序"是"后乡村"治理的有效方式和方法。四是信息技术手段。信息技术的发展，使跨越城乡区域的治理行为更加方便快捷和实用高效；提高了治理的透明度，便于适时监督、检验和纠正治理行为，提升治理的有效性；打破了原来治理中的等级化隔膜，民主、平等、对话、协商的气氛加速形成。因此，信息技术是"后乡村"治理的重要手段之一。

小　结

本章概述了樱桃沟村发展乡村旅游的产业积淀、产业转型、产业城乡融合发展以及实现可持续发展四个阶段。从中可以看出，樱桃沟村乡村旅游开发建设过程，实质上是用超前的实践探索，在践行十九大报告提出的促进城乡融合发展和促进农村一二三产业融合发展战略。该村的实践生动地表明，在众多推动城乡、产业融合发展的诸多动力中，乡村旅游具有不可替代的作用。对此，本章基于樱桃沟村的实践和作者自身的理论思考，大胆地提出了"后乡村治理""农村改革和发展第三次飞跃"、乡村资源碎片化等新理论。其目的在于，希望借此旗帜鲜明地指出樱桃沟村乡村旅游实践出现的种种经济社会结构转型现象，在我国乡村振兴进程中的标本意义，从而引起实践工作者和理论研究者的关注和讨论。

第三章 樱桃沟村乡村旅游产业总体布局

乡村旅游是以农业为基础，以旅游为目的，以服务为手段，以城市居民为客源，一产和三产融合发展的新型产业。[①] 乡村旅游空间布局是该地区旅游活动开发组织的总体蓝图，它是旅游发展方向和重要旅游资源的配置方案。乡村旅游的目标客源市场，多为邻近省市的城市居民，且以由城区向城市周边地区进行为期一两日短途旅游的城市居民为主。因此，乡村旅游的空间布局一般应以城市为中心，由中心区向边缘郊区、由内向外扩展。樱桃沟村高度重视产业总体布局对旅游产业发展的重要作用，他们精心进行旅游产业总体布局，提供了不少可供借鉴的宝贵经验。

第一节 旅游产业空间开发与布局的理论基础

旅游产业空间开发与布局的理论基础主要由区位理论、空间开发与布局理论、社区参与理论、产业集群理论、可持续发展与生态旅游理论等构成。这是指导樱桃沟村优化乡村旅游产业空间布局的理论依据。

一、区位理论

区位，是事物占有的空间或所处的场所。区位理论是研究人类经济活动空间选择和分布规律的科学，对区域产业发展布局有着普遍的适用性。旅游空间开发与规划中涉及的区位理论主要包括：地理区位、资源区位、经济区位、市场区位和交通区位等。

（1）地理区位。地理区位是旅游目的地所处的自然地理位置，是宏观的旅游产业分布格局的基础，地理区位较好，旅游产业空间开发的潜力就较

---

① 郭焕成、韩非：《中国乡村旅游发展综述》，《地理科学进展》，2010 年第 12 期，第 1597~1605 页。

大。一些临近大城市（区）的普通旅游资源开发可以获得良好的经济效益，而某些高质量的旅游资源，由于偏远，远离客源中心，开发后可能经济效益不佳。根据离城市距离的远近，乡村旅游空间布局可以划分为三个圈层：近郊区（第一圈层）、中郊区（第二圈层）、远郊区（第三圈层）。其中，近郊区是离市中心距离最近，交通方便，最接近目标客源群体的圈层。这个圈层的旅游一般应以观光游览、产品采摘、高档农业生产为主，可以重点发展园艺型农业等观光休闲农业项目。[①] 樱桃沟村坐落于十堰市城区与郧阳区连接处，有着"一村接两城"的城郊乡村区位优势，属于"第一圈层"。

（2）资源区位。资源区位包括两个层次的含义：一方面是旅游目的地资源本身的竞争优势，它决定了旅游目的地开发的规模和档次，也影响旅游目的地对客源的吸引力；另一方面是旅游目的地资源与周围一定距离其他目的地资源的竞争与合作的可能性。樱桃沟村地处十堰城区和郧阳区城区的接合部，距道教圣地武当山40公里，距青龙山国家地质公园8公里，樱桃沟村赏花摘果、武当山登山览胜、青龙国家地质公园领略地表景观，由于景区之间资源存在互补性，形成了较好的合作关系，可以融入共同的旅游线路中。

（3）市场区位。空间距离会直接影响到乡村旅游的火爆程度。乡村旅游产业布局必须考虑乡村与城市的空间距离，离城市较近，则乡村民俗旅游能吸引的游客会更多。樱桃沟村距离十堰仅10公里，对十堰本地游客有吸引力；该村与武汉距离较远，可沿汉十高速到十堰东出口出，往郧阳区方向走十堰大道到樱桃沟村，沿三条赏花线路进景区。就市场区位而言，樱桃沟村与周边主要城市的空间距离，决定了它适合发展城郊型乡村民俗旅游。

（4）交通区位。旅游目的地的繁盛离不开周边交通设施状况，四通八达的交通运输网也就是交通区位。旅游交通区位，主要是指旅游目的地本身对外交通条件（机场、铁路、高速公路），以及与周边重要客源地的交通连接关系。樱桃沟村具有良好的交通区位条件，十堰大道、209国道、土天路穿境而过，对外高速公路、铁路交通便利；铁路交通上，可从武汉搭乘武昌到十堰或者汉口到十堰的火车前往樱桃沟村览胜，樱桃沟村到周边客源地交通条件较好。樱桃沟村到荆门市昕泰采摘园，途经襄十高速、襄荆高速，不

[①] 卢亮、陶卓民：《农业旅游空间布局研究》，《商业研究》2005年第19期，第171～172页。

拥堵时仅需3个多小时，该村到湖北襄阳草莓采摘园，途经襄十高速、襄荆高速，不堵车时仅需2个多小时，该村由高速公路到武陵山风景区需6个多小时行程，该村到大别山风景区需7个多小时行程。由此可见，该村与周边重要客源地的公路网络通达，形成辐射周边的"线性"旅游产品优势显著。

二、空间开发与布局理论

空间开发与布局理论，是一定区域范围内社会经济各个组成部分及其组合类型的空间相互作用和空间位置关系，以及反映这种关系的空间集聚规模和集聚程度的理论。空间布局理论运用于旅游规划，主要包括据点式开发模式等。

据点式开发模式也称增长极开发模式。乡村旅游中的增长极就是需要重点建设的乡村旅游目的地，以某著名旅游景点为龙头，带动周边景点区域的旅游开发。这里的"点"是一定区域内的著名旅游景点，优先开发某个或几个交通枢纽或旅游资源的富集地，形成增长极，以此带动周边旅游发展，在对乡村旅游进行整体布局时，需把旅游资源丰富、区位条件好的旅游目的地作为乡村旅游增长极来培育，集中人力、物力、财力进行重点开发。[①]

樱桃沟村的"增长极"是樱桃，大量樱桃树与农家村舍交相辉映，形成诗情画意田园景观，让人仿佛走进"世外桃源"；樱桃粒大肉厚、形如玛瑙、酸中带甜、清香扑鼻，享有盛名，以樱桃树、花、果构成的旅游景观为开发据点，该村按"四步走"打造绿色增长极。第一步优化生态环境，实施了"一改三建"、四旁绿化、生活污水处理、垃圾资源分类、大树进村等工程，进一步美化环境景观；第二步，提升配套水平，建设了包括景区道路、指示牌、停车场等设施并对农舍进行重新改建，进一步提升了硬件设施水平；第三步，发展休闲采摘农业的绿色增长极，开辟了大片采摘园，与农家乐、生态观光等旅游产业有机结合、互促共进；第四步，形成了赏花节、樱桃草莓节、观灯节、消夏电影节等重点旅游节庆项目。依据增长极理论，樱桃沟村的旅游产业空间布局整合了乡村旅游资源，完善了旅游配套设施，重点开发了建设一批品质高的旅游产业，形成了带动周边发展能力强的旅游重点支撑项目。

[①] 崔剑生、赵承华、王峰：《城镇化进程下的辽宁省乡村旅游发展战略研究：以增长极理论为视角》，《农业经济》2012年第5期，第39~40页。

这些成功经验的启示是：现有重点支撑项目的旅游开发要加强旅游产品文化内涵、科技内涵、艺术内涵的特色。每一个增长极都要细分客源市场需求，突出产品差异价值，避免项目重复建设。中长期来看，由增长极开发型的布局转变为点轴型布局，离不开完善乡村基础设施建设，在中长期的乡村旅游产业空间布局规划中，要把与旅游目的地相互配套的村容村貌治理、住宿、餐饮、通信、交通、洗手间、停车场、特产商店等配套设施与农村基础设施再造结合起来，促进乡村旅游长期可持续的发展。

三、社区参与理论

社区参与理论，是指在乡村旅游发展中，社区居民通过各种方式和行为，参与乡村旅游发展的相关环节或相关层面，从事与当地旅游相关的生产、经营、管理，并且在发展中获取相应利益的理论。

社区参与是发展乡村旅游的出发点和落脚点。乡村旅游业是以乡村社区为活动场所，乡村社区的居民是乡村旅游业发展的主要参与者和主要受益群体。

通过社区参与，村民可以直接从事与当地旅游相关的生产、经营、管理，从而提高收入。促进村民参与可有效推动乡村旅游发展，旅游发展促进社区居民福利增进，从而进一步释放社区居民参与旅游的活力。例如，樱桃沟村创新了一系列促进社区居民参与的举措，包括：生产上，形成农户参与的农村产业发展模式，按"公司+协会+基地+农户"的模式引导居民成立了农家乐、蔬菜、小水果、养殖业等专业协会，居民成为农业生产发展主力军。经营上，创新党员引领农户经营电商的路径。通过党员电商业主与普通电商业主结成帮促对子，帮助拓展业务，促进农户改进电商经营策略。管理上，建立党员带动农户的管理长效机制。党员带头，激发群众踊跃参与乡村生态旅游建设。首先通过"十星级党员"活动激发党员生机活力，然后群众学"星"争先，为十堰生态新区建设提供保障。樱桃沟村居民通过参与，在旅游发展中获益，2011年该村人均纯收入4900元，2016年翻一番，达到1万元。可见，社区居民参与实现了旅游经济发展，增进了居民福利。

四、产业集群理论

产业集群是指在一定区域内，同一产业，具有竞争合作关系的关联企业、专业化供应商、服务供应商、相关厂商和其他机构所组成的群体在地理空间上不断汇聚的一个过程，以及由产业链延伸涉及的销售渠道、顾客、基础设施供应商、培训、研发、标准制定等机构、同业公会、其他相关民间团体在产业链上的不断汇聚的过程。

产业集群的核心是在一定空间范围内产业的高集中度,以利于降低企业的制度成本(包括生产成本、交换成本),提高规模经济效益,提高产业及区域企业的市场竞争力。

旅游业也具有集群发展的特点。特别是休闲度假产业,其集群发展的特点更加突出。产业集群理论下,旅游产业空间布局的发展可以采用产业集中的策略。在整个地区建立有影响力的市场形象或地位,使产业内众多小企业不必费力于市场营销和产品形象塑造,可以共享这个公共销售平台,产业内的众多小企业利用其关系紧密、相互信任的优势来促进产业发展,通过合作推出休闲产品组合,以获得规模经济和产品创新。产业内的众多小企业要充分细分,要专注于某个或某些有特色的专业化旅游休闲产品,使得休闲活动及其配套设施都得到高度专业化的分工。樱桃沟村以樱桃小镇作为区域文化地标,小镇形成了古香古色的秦楚民俗文化古建筑群,突出民俗文化、休闲旅游特色,是樱桃沟生态旅游圈内唯一的商业体。小镇由青年客栈、农产品交易中心、民俗表演、手工作坊、农特产品超市、乡村文艺传承中心、农民培训中心等厂商、机构组成紧密相关的群体。在樱桃小镇综合商业平台上,企业高度细分,包括特色餐饮、休闲茶馆、风情酒吧、文艺展示、民俗客栈、仿古戏台、养生会所等。政府通过法规、政策等手段,规范、支持和协助各类休闲活动和休闲配套企业的创立和发展。

五、可持续发展与生态旅游理论

可持续发展理论,是指按照既满足当代人的需要,又不影响后代人需要的发展理论。其关注的要素是人口、资源、环境与发展;核心是人类应协调人口、资源、环境与发展之间的关系,在不损害后代利益的前提下追求发展。根本目的在于保证当代人及其子孙后代同样拥有发展条件和机会。

国际生态旅游协会把生态旅游界定为:具有保护自然环境和维护当地人民生活双重责任的旅游活动。在生态旅游开发中,避免大兴土木等有损自然景观的做法,旅游交通以步行为主,旅游接待设施尽量融入当地生态环境,尽可能使旅游对旅游环境、资源等的影响降至最低。使生态旅游区成为提高人们环保意识的天然大课堂。

可持续旅游发展的实质,就是要使旅游与自然、人文和人类生存环境成为一体,旅游发展不能破坏这种脆弱的平衡关系。一是通过适度利用环境资源，实现环境创收，满足当地社区需要，改善当地居民的生活水平，再满足旅游者对更高生活质量的渴求。二是环境限制，这种限制体现在旅游业的环境承载力方面，在旅游人数增多不会给各方面带来负面影响前提下，可接受来访者的最大数量。可持续旅游的首要标志就是旅游开发与环境的协调，只有找到旅游承载力的一个最优值，并将旅游开发控制在这一范围内，才能保证环境系统自我调节功能的正常发挥，对于可再生资源，必须保证其利用与该资源的可持续生产一致，否则会使该物种灭绝。对于不可再生资源，强调资源的节约利用、再利用、再循环。

以可持续发展理论为指导，编制旅游规划，要做到经济、社会、生态三者的协调统一。经济上要保证旅游地的经济增长；不能破坏环境导致生态失衡；要兼顾社会文化因素，保证在外来人员进入的情况下不会造成本地区文化和民俗的消失。不能为了短期和局部利益不惜损耗那些不可再生、不可替代的旅游资源和人类文化遗产。要从旅游业可持续发展的原则出发，认真进行旅游规划，使旅游业以人类赖以生存的自然和社会环境所能承受的规模和速度来发展旅游。

秉承上述理念，樱桃沟村提出旅游开发、生态保护、民俗文化平衡发展的三路径。

路径一：维持旅游开发与生态保护的平衡。按"外修生态、内修人文、风貌古朴、功能现代、产业有机、文明复归，把农村建设得更像农村"的规划理念，利用农村自然材料和传统工艺，装饰打扮村庄，落实村庄规划理念的设计师们尽量保持樱桃沟村原有村容村貌，进行乡村文化修复、生态修复。例如"五零山居"改造，坚持差异化、生态化、艺术化特点，因山就势，合理布局，突出樱桃沟本土建筑文化，充分保留原始构造与周边生态自然结合，使"五零山居"成为具历史价值和文化内涵的生态建筑。通过改造，引导农民在新农村建设中切忌大拆大建，要尊重自然，顺应自然，保护自然。

路径二：在生态可承受前提下实现旅游创收。樱桃小镇达成了乡村社会与自然生态和谐对接。通过四条景观廊道，有机连接建筑、林、田、路，统筹考虑景观性、舒适性与运营性，适度利用环境资源，充分考虑环境承载力，实现环境创收。

路径三：维护生态保护与民俗文化的平衡。它以自然生态为基础，融合郧阳区多元民俗文化特点等各类休闲文化业态于一体，着力打造成一条秦楚地方特色、高品质的文化长廊，使区域社会文化和民俗因素与休闲旅游产业共生共荣。三条路径使樱桃沟村经济、社会、生态发展协调统一，在旅游发展中实现了可持续发展。

第二节 空间布局的原则

樱桃沟村在发展乡村旅游业的实践中，始终自觉坚持以下空间布局的原则，使本地旅游产业的发展成效显著。

一、立足资源，驱动生态优化，引领产业发展

樱桃沟村的乡村旅游产业空间布局以当地独具特色且规模较大的樱桃树生态群落旅游资源为基础，以市场为导向，统筹樱桃沟村规划，优化资源配置，将山花、樱桃、草莓等生态资源优化配置，统筹协调发展，形成了具有鲜明地域特色核优势的区域旅游经济，形成"一核两驱三主体"的樱桃沟村乡村旅游产业发展模式。

（1）一核。一核是指樱桃沟村生态景观资源优势，充分发挥樱桃沟村独特的生态景观的核心优势。樱桃沟，花开如轻云蔽月，花落若流风回雪。那些看多了名山大川的人们相约而来，来这里看樱桃沟的这份恬淡，尝樱桃沟的这份甜蜜，赴樱桃沟的这个约会。

走进樱桃沟村，放眼全是沁人心脾的翡翠绿，一抬头尽是晶莹剔透的玛瑙红。樱桃沟村，就这样轻盈地拥你入怀，走进樱桃沟村，你就走进了远离尘嚣的宁静，走进了陶渊明笔下的惬意旅程。一树一树白的樱桃花，粉的桃花，似云如霞，点缀在粉墙黛瓦的院落之间，镶嵌在碧绿青翠的群山之中。置身其间，使人仿佛融入到了现代版的"世外桃源"。

走进樱桃沟村，青山绿水的花样村庄，白墙黛瓦的各式小楼，还有那满树的大红樱桃，相映成趣。这里一年四季，樱桃花、杏花、桃花、油菜花、柑橘花、波斯菊、荷花、石榴花、野菊花、蔷薇花，还有一些叫不出名字的野花野草争奇斗艳，漫山遍野被点缀得生机盎然。这里古木参天，绿树成荫，梯田纵横好似花草园，藤藤蔓蔓，自由生长，荷花池水，碧波荡漾。一幅唯美的乡村田园水墨画，浑然天成。每年三月一过，天气转暖，村里村外，樱桃花竞相开放，花期过后一个月，果实开始成熟，五一前后，樱桃沟就成了樱桃和草莓的世界。鲜红的果子挂满枝头，晶莹剔透。

（2）两驱。外秀生态、内修人文的两个驱动力。在生态景观资源优势

的基础上，充分保护生态环境，并注重提高人们的环保意识。村口山顶高挂"外修生态、内修人文、打造中国最美乡村"的固定标语，随时提醒村民注重生态环境保护，提高村民生态意识、家园意识、现代文明意识。

一是外修生态。位于国家南水北调中线水源涵养保护区的樱桃沟村，保护生态环境，发展绿色经济，追求低碳生活，已成为共识。为使环境保护工作家喻户晓，樱桃沟村委会采用多种形式进行宣传，《村民公约》明确写上了"多栽树不砍树""要致富，少生孩子多栽树""脏水不乱泼、柴草不乱堆、垃圾不乱丢、畜禽不乱跑"等内容。

二是内修人文。村委会积极组织村民参加各种生态文化活动，努力丰富群众的文化生活，先后建起了文化活动室、休闲健身广场、农民锣鼓队，引入广场舞、太极拳、道德讲堂等健身健脑项目，利用农闲时间经常开展培训活动。

（3）三主体。产业协会、产业基地与农民相结合的三主体产业发展模式。樱桃沟村形成了产业协会牵头，充分发挥农业产业基地并积极动员当地农民参与的新型农村产业发展模式，为本村经济的发展起到了支柱作用，引导农户成片开发柑橘（橙）子、猕猴桃、大枣、石榴、柿等采摘园基地，通过网络媒体宣传造势，吸引周边游客前来采摘游玩，使乡村旅游产业发展势头良好。郧阳区樱桃（草莓）节自2008年成功举办以来已连续举办四届，规模与影响力逐步扩大，知名度不断提升。"樱桃花万树，春来想灼灼"的早春三月，樱桃花怒放，把樱桃沟村装扮成花的海洋，粉墙黛瓦的徽派特色民居掩映其中，宛如世外桃源一般，吸引了大批游客前来踏青、赏花。

二、重点突破，统筹兼顾

产业集群理论的视角下，一定空间范围内的产业要有高集中度。樱桃沟村旅游产业空间布局的发展适合采用产业集中的策略。樱桃沟村集中了有限的人力、物力和财力发展重点区域。以樱桃小镇作为生态旅游圈发展的重点，用四条景观廊道划分出三个功能分区，分别是中国农村古民居博览园、秦巴山区特色建筑示范区和集"吃、住、行、游、购、娱"为一体的综合商业区。三个功能分区辐射带动周边的樱花古宅、老宅旧居等观光休闲产业，促进区域协调发展。樱桃沟村的众多旅游相关企业通过合作可以推出有特色的生态旅游产品组合。

三、依托交通，环状串联

樱桃沟村主要依托区位地理优势和国道等陆上交通方式，充分地考虑了现有交通脉络和未来交通布局走向，陆上交通对外依托十堰大道、209国道、福银高速（G70）及呼北高速（G59）四大干线，以郧阳区为中心，构成南北贯穿纵横交织的旅游交往脉络。十堰大道东抵丹江口市，西至郧西县校场坡村，北至郧阳，南至十堰市竹山县；209国道北至马家坡，纵贯郧阳区，南至十堰市房县；银福高速联结十堰、襄阳、孝感、武汉；呼北高速环形串联武汉市东西湖区、硚口区、蔡甸区、汉阳区、武昌区、洪山区、江夏区等辖区；以点连线，纵横覆盖，形成四通八达的旅游交通网络。

第三节 找准空间布局的重点

樱桃沟村在发展乡村旅游业的实践中，根据自身的空间区位、自然环境、基础设施条件等，因地制宜，找准自己的空间布局重点。

一、樱桃沟村的空间条件

(1) 空间区位。樱桃沟村地处十堰城区和郧阳新区的接合部，具有城乡接合部的区位优势。樱桃沟村的可进入性良好，地处郧阳区最南端，与十堰市张湾区汉江街办柳家河村接壤，209国道与村西南出口相接，十堰大道与村东北出口的"樱花大道"相连，相距十漫高速公路柳陂入口仅有3公里，特别是城际公交开通，大大方便了游客前往樱桃沟。空间区位条件优越，交通便利。

(2) 自然环境。樱桃沟村地处汉江南岸，平均海拔250米左右，地势较为平坦，属亚热带季风气候区，年平均气温16℃左右，冬季平均气温3℃左右，夏季平均气温28℃左右，年温差较大。无霜期约250天。年平均降雨量700毫米，气候温和，雨量充沛，无霜期长。再加上土壤属于沙质，透水透气性较好，十分适宜樱桃等果树生长。樱桃成熟期早，有早春第一果的美誉，号称"百果第一枝"，深得广大群众的喜爱。群山环抱的樱桃沟村，地理位置特殊，村民多依山而居，走进村里，村舍被绿树环抱，给人一种清新愉悦的感受。农家小院依据原有布局，虽然分散，但在当地独有的自然风貌映衬下，却有移步换景之妙。这种美景与自然环境融合成一幅画，流淌出一首诗，渲染成一种意境。

（3）基础设施建设。公路网建设：2009年累计投资650多万元，建设通镇、通村、通组、通户公路共计25公里，配套机耕路10公里，2010年又对村级主公路进行了扩宽硬化，修建了两条环形路，两个停车场，如今村级主公路达到8米宽，双车道标准，通户公路硬化已经完成100%，村内道路畅通，停车方便，全村交通网基本形成，彻底解决了村民行路难、农产品运输、销售难及旅游旺季交通拥堵问题。水电设施建设：2009年，投资80余万元，建设旱地水窖（水井）150口，铺设饮水管道15万米，修建灌溉渠3公里，解决了全村生产生活用水问题；2011年初又投入300余万元启动实施了人畜安全饮水项目，确保全村群众可以吃上干净卫生的自来水；2009年，投入30万元对全村电网进行了改造升级。文化体育卫生设施：2009年以来，累计投入200余万元，新建文化活动室1个，配备了电脑、多媒体投影机等先进齐全的电教设备；2008年在全县率先建起了农家书屋，每户农家乐都建有图书室；新建体育广场一个，配有篮球场、乒乓球台、健身路径等体育设施，极大丰富了群众的精神文化生活。改造了村卫生室，配备了齐全的医疗卫生设备、药品和经验丰富的医务人员。其他基础设施：2011年投入50余万元修建了生态大门、对主公路沿线进行了绿化。投资35万余元，建设沼气池120口，初步解决了全村清洁能源问题，保护了生态环境；投资100余万元，启动50余户房屋结构（徽派）改造；投资50万元实现了集中居住区60余户污水集中排放和净化处理；在重点部位安装路灯10盏，安装道路指示牌20个，修建垃圾池7个，配备垃圾桶35个，垃圾清运车1辆，新建卫生公厕2个。村内邮政、通信、消防等公用设施齐全，布局合理，完全满足游客需要。

（4）乡村旅游产业发展历程。樱桃沟村具有得天独厚的生态旅游资源，交通便利，青山绿水，民风淳朴，村容美丽，景点众多，樱桃沟村自然林面积约占全村总面积的2/3；水面面积约1/5，周边5公里以内没有任何污染源。群山环抱，梯田纵横，绿树成荫，青松戴帽，果树缠腰，蔬菜满园，溪水潺潺，杨柳依依，荷叶田田，芳草萋萋，鲜花盛开，百鸟高飞，鱼虾戏水，水车翻转，风清气爽，良好的生态造就了美丽的风景，令人流连忘返。五零山居、六零院、七零黄酒坊、八零院、九零院等为代表的不同年份地方建筑和郧阳新街为代表的古典汉派建筑群等旅游景点独具特色，展现了地方建筑特色魅力。1992年始，樱桃沟就大力发展柑橘、桃、樱桃、草莓、蔬菜等高效农业。2008年开始，樱桃沟村发展当地生态旅游和乡村旅游，形成了"春赏花,夏品果,住农家小屋,吃健康饭菜"的良好乡村旅游氛围。2015年在十堰地区,樱桃沟村已成为仅次于武当山的旅游接待地,年游客接待量超过50万人。

二、空间布局重点：以"一主两翼一廊四圈"为主干

"一主",是指以南起209国道,北至樱桃源的主干道作为游览长廊,有机整合与延伸樱桃沟村的旅游文化带,沿线串联农家乐、樱桃沟广场、三棵松、龙腾山庄、惠风园、快活林雅香居、聚贤山庄、樱桃源等多个景点。全力打造樱桃沟这一主要的游览长廊,如同内河黄金水道一般,最终建成樱桃沟村的黄金旅游主干道。

"两翼",是指以西部五零山居、朱家黄酒坊为代表的旅游发展轴线和以东部龙腾山庄为代表的两条人文山水旅游发展轴线。两条发展轴线均始于主干道的游览长廊,分东西两翼由西南向东北纵深发展,西翼至刘家老屋后分为三条分支,串联了该村部分农家乐、朱家黄酒坊、五零山居、温馨酒家、龙升酒家等重要景点；东翼从龙腾山庄出发,经田园农家乐、清河山庄、杨家园、项家大院等,至村委会再次交会,融为一体。

"一廊",是指樱桃小镇这条秦楚地方特色、高品质的文化长廊,樱桃小镇是以自然生态为基础,融合郧阳区多元民俗文化特点,集特色餐饮、休闲茶馆、风情酒吧、文艺展示、民俗客栈、仿古戏台、养生会所等各类休闲文化业态于一体的文化长廊。

"四圈"是指北侧樱桃沟广场山水旅游圈,主干道西翼以五零山居等为代表的人文山水旅游圈,主干道东翼以清河山庄为代表的人文山水旅游圈,以及南部以赏樱阁、翠竹园为代表的山水旅游圈。上述旅游圈以乡土风情、樱桃花景观为主旋律,以多元民俗文化和休闲旅游文化为依托,形成了传统文化与现代休闲文化交相辉映的休闲游憩区。

第四节　精心制定总体布局方案

樱桃沟村着力从特色鲜明、布局结构合理、目标客源突出、产业链延伸优化、旅游功能分区明确等方面精心制定总体布局方案。

第三章 樱桃沟村乡村旅游产业总体布局

一、空间布局特色鲜明：突出乡土性、原生态、参与性、民俗性

樱桃沟村的旅游资源丰富，可以开发许多有特色、有个性的旅游产品。乡村旅游中的乡土气息是乡村旅游最显著的特色，村容村貌、田园风光、农民日常生活都是乡村旅游产品的有机组成部分，旅游者在旅游过程中被樱桃沟村的乡村美景所吸引，旅游者在樱桃沟村旅游，可以暂时将自己融入村里人的生活氛围中，体验到田间地头上的快感。樱桃沟村远离环境污染，保留着一种安然、宁静与惬意的田园式的生活方式，为都市人营造出截然不同的生活环境，远离污染的环境是一种重要的旅游吸引物。樱桃沟村旅游产品体验方便，参与性强。樱桃沟村的旅游项目大部分都是复合型的观光游览项目，包含观光、娱乐、民俗等多功能复合型的体验。樱桃沟村旅游具有很强的亲和力和参与性，游客可以直接品尝农产品，也可以直接参与农业生产实践——采摘活动，从中体验农民的生产劳动和樱桃沟村特有的乡土人情，从中获得相关的农业生产知识和乐趣。樱桃沟村接待服务设施独具特色。樱桃沟村发掘、修复、新建了一批具有浓厚地方特色、乡村特色的设施、建筑，体现出了当地特色，对游客具有很强的吸引力。樱桃沟村风俗节庆活动独具特色吸引游客。乡村居民传统服饰、民间工艺、节庆活动都对旅游者具有吸引力。

二、空间布局结构合理

以农业旅游、民俗风情与乡村建筑、文化旅游产品为主导。樱桃沟村在现有的观光旅游产品的基础上，重点开发农业旅游产品、民俗风情与乡村建筑以及文化旅游产品，提升旅游产品的内涵，包装形成一批具有冲击力和市场吸引力的旅游产品。

（1）发展农业旅游产品。樱桃沟的花卉景观、田园风光、蔬菜水果基地、湖区风光、河流景观可以提供丰富的观光、教育、参与和休闲等旅游产品。观光类旅游适宜以樱桃花、樱桃果、樱桃树原生态景点为主题，可以满足旅游者放松自我，回归自然的需要。教育型旅游以拓宽视野、增长见识和教育青少年为主题，增加城市居民对樱桃及其相关农业的种植、采摘、加工等的了解，给青少年提供教育示范。参与型旅游适宜发展包括采摘樱桃和品尝樱桃果类的旅游，使更多城市游客能够参与樱桃等水果的采摘，参与农作物的收割，参与特色食品品尝。休闲度假型旅游借助乡村原生环境美和安静、惬意的生活氛围满足都市居民放松自我、解除压力、健身休闲的需求，

可以舒缓都市紧张压力，提高人体机能和环境适应力，城市居民在乡村中从事适量的体育运动如乡村中爬山、散步、划船又可以使人们提高身心健康水平。应大力发展休闲观光、购物美食、文化娱乐、节日活动等为主体的旅游产品系列。充分挖掘樱桃沟村充沛的农业旅游产品，充实深化提升各类会展、节庆活动内涵。发掘核心节庆活动的龙头拉动效应，通过开发各类农业旅游产品，赋予设施现代化的理念，营造旅游整体氛围，引领乡村度假休闲新潮流。

（2）发展民俗风情旅游产品。根据樱桃沟的特色樱桃景观开发一系列樱桃节庆习俗，例如围绕樱桃开花的主题举办游艺竞技类的活动，放风筝大赛、武术比赛、歌唱大赛、猜灯谜大赛，开发相关联的服饰民俗、居住民俗、饮食民俗、生产习俗。向游客呈现各类织布、纺织、刺绣等传统工艺，展现各类民间手工艺品，出售各类独具特色的小吃等地方特产，展示浓郁的地方风情。举行吃樱桃大赛、樱桃王评比、文艺演出和招商引资等活动，通过文化搭台、旅游唱戏，吸引了大批游客前来采摘樱桃、草莓，品尝农家菜、体验农耕文化，观看"三句半""跑旱船""郧阳四六句"等健康向上、农民喜闻乐见的文艺节目。

（3）发展乡村建筑旅游产品。樱桃沟的五零山居、六零院、七零黄酒坊、八零院、九零院是具有独特景观意象的建筑形式，反映了当地居民生活的一个侧面，是乡村发展的历史见证。另外还应发掘有纪念意义的乡村博物馆、纪念馆。

（4）发展文化旅游产品。旅游业发展的新型增长点是文化。乡村旅游业的经济价值、经济效益和它内在的质量和文化品位是成正比的。文化底蕴构成了樱桃沟村持久的吸引力和核心竞争力。依托这些优质文化特色，以文化旅游为重点，突出樱桃沟村旅游的多元化特色，重点挖掘和提升旅游资源的文化内涵。文化旅游产品应该包括：食文化（特色小吃、农家饭）、商品文化（旅游纪念品、民间工艺品、特色商品、土特产）、农耕文化（如刀耕火种、水车灌溉、围湖造田、采藕摘茶），这些都能体现出独特的乡土气息，吸引大量游客前来。随着农业科普基地建设，新樱桃品种的引进，探索樱桃树矮化技术，实行规模化、科学化管理，继续围绕"樱桃"做大文章，丰富生态文化旅游内涵，增强生态休闲农业的参与性、互动性、教育性，营造浓厚的生态文化旅游氛围。

（5）发展乡村生态旅游产品。将生态环保理念融入旅游产品之中，已成为世界的潮流。樱桃沟村应该顺应把握这个趋势，大力发展生态旅游产

图 3-1 改造后的民俗馆内景

品。依托丰富的山水旅游资源,利用良好的生态环境,建设更多的高品质的山水休闲度假旅游产品。形成休闲、养生、度假、健身相互补充,文化资源和生态资源相互融合,各种特色乡村生态产品聚合的乡村休闲度假网络体系。这种天人合一、富含田园乐趣的旅游,将对省内外、国内外的游客产生极大的吸引力。

三、目标客源突出:周边城市为主

客源市场的开拓是实现旅游业持续发展的重要组成部分,目前在国家全面提升旅游战略的基础上,依据市场的发展潜力、增长速度和樱桃沟村旅游产品的竞争优势确定市场开发的方向。

(1) 突出开发周边城市市场。近年来,樱桃沟村依托生态建设成果,逐步由农业、林果、农家乐等传统产业向高层次、多链条产业发展。樱桃居生态旅游开发公司大力发展休闲采摘农业，与农户合作成片开发柑橘、橙、猕猴桃、大枣、石榴、柿等采摘园，通过网络媒体宣传造势，吸引周边城市游客前来采摘游玩。

（2）高效利用村里停车场、广场等设施资源。把村里占地80余亩的"森林停车场"建起了舞台设施，樱桃居公司积极寻求合作伙伴，着眼各类培训活动，举办"消夏"烧烤、露天电影、汽车影院、卡拉OK、聘请专业团队搞文娱节目演出活动，满足周边城市居民消夏需要。

四、樱桃产业链延伸优化，并与农业、工业、商业融合互动

根据增长极开发模式的理论，樱桃沟村以樱桃为主要特色和龙头，带动周边景点的旅游开发，采摘园、有机农业、农家乐、生态观光、手工作坊、商业等多产业链条融合发展。第一步，瞄准城市市场，以调整种植业结构为抓手，压缩粮食作物种植面积，围绕着樱桃产业，大力发展柑橘、桃、樱桃、草莓、菠菜等高效农业。逐步形成了结构层次分明、产品类别多元丰富的产业结构。这为樱桃沟村进一步发展乡村旅游业提供了良好的条件。第二步，在村容村貌改善的基础上，面向城市市场发展农家乐和生态观光产业。第三步，传统产业向高层次发展，多产业融合发展。利用樱桃景观、樱桃生态、樱桃文化发展樱桃乡村旅游休闲产业，目前全村开设有多家农家乐和旅店，农家乐的发展如火如荼。

樱桃产业带来连续产业链条，与农业、工业、商业充分融合互动，丰富了樱桃产业的内涵。

一是樱桃产业与农业融合发展。樱桃沟村抢抓湖北省着力打造"鄂西生态文化旅游圈"的契机，在三产领导小组的关心下，在相关部门的鼎力支持下，樱桃沟村生态文明程度大幅提高，农村经济得到快速发展。到2013年，全村2300亩土地，樱桃、柑橘、桃等小水果面积达到1600亩，蔬菜面积达到500亩，达到了"人均一亩果，户均一亩菜"的绿色产业态势。

二是樱桃产业与传统手工业融合发展。樱桃产业带动农业发展并激活了传统手工业的发展，传统手工作坊恢复开发为游客提供了纯芝麻香油、柴锅豆腐、龙须草鞋、麦秸秆草帽及提兜、竹编容器及厨房用品、草编玩具等系列环保产品。调动群众致富发展的积极性；产业纵深发展的基础逐渐巩固。

三是樱桃产业与商业、旅游业融合发展。樱桃产业的发展逐步由农业、

林果、农家乐等传统产业向高层次、多链条产业发展,大力推广配方施肥新技术,开辟了大片的樱桃、草莓、桃、柿、石榴、蜜枣等采摘园,引导农民成立了农家乐、蔬菜、小水果、养殖业等专业协会,形成了"协会+基地+农户"的新型农村产业发展模式;村委会整合了村集体山林、土地、房屋、塘堰等闲置资产从事旅游产业开发,为本村经济的发展起到了支柱作用。

五、旅游功能分区明确

1. "一心"引领:樱桃沟村旅游综合服务中心

(1) 空间范围。空间上覆盖以樱桃沟村为中心,涵盖罗家沟、周家院、郑家坡、朱家湾、陈家院、杨家园六大区域。

(2) 功能定位。功能定位为农业观光、文化体验、旅游综合服务。

(3) 发展思路。在旅游道路系统和旅游基础设施建设的基础上,实施景观再造,围绕樱桃小镇商业街建设开发旅游商品经营、土特产营销、地方特色农家乐餐饮经营、旅游住宿等项目,形成依托于旅游商贸和旅游休闲的服务接待体系,进一步强化樱桃小镇在当地的商贸中心地位。

2. "一轴"串联:樱桃沟主干道旅游发展轴线

(1) 空间范围。空间范围是以衔接209国道和十堰大道的南北走向的樱桃沟主干道为轴线,该主干道南起209国道,北至十堰大道,沿该轴线方向形成的带状区域内散布各个景点,主要有:翠竹园、老海酒家、双龙酒家、樱花源、飘香阁、赏樱阁、龙腾山庄、樱桃沟广场、三棵松景点、金谷园、水库、惠风园、外婆家景点、杨家俊农家乐、郑家坡的樱桃集中区域、新香园、快活林雅香居、刘家老屋的樱桃集中区域、朱家黄酒坊、五零山居、项家大院、聚贤山庄等。

(2) 功能定位。功能定位为交通干线、景观走廊。

(3) 发展思路。发展思路是以南北两侧完善的陆路交通为平台,促进樱桃沟主干道与其东西两翼景观融合,沿线种植各类景观花卉、苗木,形成到处缀满洁白胜雪的樱桃花,村庄散落樱桃树间为特色的景观节点,完善建设四通八达的游步道,提高整个景区内外通达性,外部交通建设方面,要进一步改善路面情况,旅游公交车的班次和客容量,景区周围应增多旅游解说标识;内部交通建设方面,增设游步道、小石子路和栈道,增加旅游环保车(如电瓶车、双人自行车)、特色交通,如竹筏、兽力交通,景区内部也应增添旅游解说标识。重点建设郑家坡、陈家院两个旅游中心区域,其中郑家坡的建设致力打造漫山遍野的樱桃花景观和掩映在樱桃花景观中的具有本地特色的乡村民居庭院；陈家院致力打造五零山居、朱家黄酒坊，使其具有旅游配套服务功能，整体形成樱桃沟村乡村旅游经济发展的生长轴线。

3. 西翼片区

（1）空间范围。空间范围主要包括周家院、罗家沟、陈家院3个区域。

（2）功能定位。功能定位于农家乐旅游。通过合理规划、精心设计，建设各类休闲农园、农家旅馆、品尝型观光农业，发展农家乐，使游客品尝当地生产的野菜、瓜果、奶制品、水产品。

（3）发展思路。西翼片区以发展农家乐旅游为主。樱桃沟村农民可利用家庭院落、自己加工制作的农产品和周围的花、果、林的田园风光作为旅游亮点，吸引游客前来吃、住、玩、游、购、娱。具体有6种途径：途径一，发展观光型农家乐，吸引游客来此赏花、休闲、摘果和体验农家生活乐趣。途径二，发展民俗文化农家乐，吸引游客融入樱桃沟村淳朴、大美、自然民风中。途径三，发展民居型农家乐，利用樱桃沟村历史上的民间居所住宅建筑，例如五零山居、六零院、七零黄酒坊、八零院、九零院，吸引游客前来游历观赏。途径四，发展休闲娱乐农家乐，提供宜人的环境、现代化的设备、以人为本的服务，为游客提供吃、住、玩等旅游接待服务。途径五，食宿接待型农家乐，按照现代化的住宿标准，提供安全卫生健康的住宿设施以及可口的特色食品，借鉴七零黄酒坊的做法，80%以上的食材是土菜，用自家种植的樱桃、桃、草莓酿酒。途径六，发展农活参与型农家乐，以采摘樱桃果实、草莓果实等农活为亮点，吸引都市游客前来体验回归自然、放松身心的农业生产生活。

4. 中部片区

（1）空间范围。空间范围主要为郑家坡，包括惠风园、外婆家、新香园的沿主干道的环状区域，此处为樱桃集中区域。

（2）功能定位。功能定位为度假休闲、田园观光、文化体验。观赏型观光农业、娱乐型观光农业。观赏型观光农业的功能类型包括花卉观赏、瓜果观赏、林木观赏、生态农业观赏、手工艺观赏等。娱乐型观光农业，具体包括的功能类型为野营地、避暑娱乐营地等。

（3）发展思路。中部片区可按照"一重点，三兼顾"的发展思路进行。一个重点是突出发展园林观光旅游，三兼顾是兼顾民俗风情旅游、村落乡镇旅游和休闲度假旅游。一是突出发展园林观光旅游，重点发展以樱桃花、樱桃果、樱桃林为重点，开发采摘、观景、赏花、踏青等园林观光旅游；开发农业科技游览，可让游客参访农业科技园区、温室大棚，观看园区高新农业技术和品种，满足游客对农业科技知识的好奇心。二是兼顾发展民俗风情旅游，围绕"樱桃花"主题开发民间技艺、樱桃花节庆活动，要创新和丰富樱桃草莓节、樱桃沟赏花旅游节等，发展乡土文化旅游，开发民间歌舞、民间戏剧、民间表演，可以在樱桃节期间向游客表演湖北省级稀有剧种郧阳二棚子戏和郧阳四六句，二棚子戏曲具有独特的声腔艺术和鲜明的地方风格，深受人民群众喜爱，郧阳四六句具有500多年的历史，保留锣鼓曲和灯歌的形式，是樱桃沟村独特的曲艺艺术，游客可在游览中部片区时了解这些省级非物质文化遗产，在乡村旅游中发扬本土特色文化。三是兼顾发展村落乡镇旅游。以古代民居、古人院落为特色，利用明代古老的建筑发展观光旅游。因为历史上，郧阳为商贾云集、四省交会之地，明成化十二年在郧阳区设郧阳府至今，已有几百年的历史，2016年郧阳新街的开设处处散发着气韵悠远的古韵，青砖雕梁、亭台轩榭，2016年以来，该区把挖掘郧阳厚重的历史文化内涵和乡村旅游开发结合，重新整合了郧阳历史文化资源，集明成化年间郧阳府建筑风格特征的历史文化街区，再现了郧阳府的气韵悠远。明清古宅、古人民居还有待进一步发掘，如郧阳抚台衙门和"察院巷"。四是兼顾休闲度假旅游。樱桃沟村自然环境诗情画意，空气清新宜人，民俗文化独特，可以兴建度假村、休闲农庄和乡村酒坊。现有的朱家黄酒坊、聚贤山庄应提供丰富的农产品，餐饮、住宿条件应更优惠、更充分地配合周围自然景观。

5. 东翼片区

（1）空间范围。空间范围主要包括杨家园和朱家湾2个区域，涵盖翠竹园、飘香阁、赏樱阁、樱花源在内的诸多景点。

（2）功能定位。以田园观光旅游和休闲度假游旅游圈发展为主。田园观光旅游以樱桃源为开发重点，让游客欣赏"武陵之桃源"，欣赏一束束樱桃花灿烂开放。樱桃源的樱桃花粉白明黄，像一条跳跃的旖旎丝带，令人震撼，游客亲近如此美好的花卉景观，游览中满眼花瓣，不知不觉忘记所有烦恼。

（3）发展思路。此区域面积较大，景点较为分散，生态环境保持较好，可在保证传统农耕的基础上，利用优美的自然景观，让游客感悟自然、亲近自然、回归自然，结合樱桃源发展露宿营地、自然保护区、博览园。根据可持续发展理论，景区空间布局可以采用"三区结构"，核心区为樱桃源自然保护区；围绕它的是娱乐区，配置野营设施、划船设备、观景台等设施，最外层建立服务区，为游客提供饭店、商店和其他娱乐设施，各类设施与核心景观樱桃源之间的交通联络道路构成"同心圆环",设施与核心景观樱桃源之间,通过游步道、车道连接起来,交通网络分布形成伞骨形式或者车轮形式。核心区可以用来种植耕地、发展园林,利用各种古树名木发展具有生产、科普、体验多重功能的休闲农业产业,围绕核心区可以发展城郊景区和周末休闲度假旅游。该区域内有一定数量的水塘等水域,可以打造垂钓、划船等项目,形成水上娱乐景点。

表3-1 樱桃沟村乡村旅游空间布局与分区一览表

总体布局	空间分区	功能定位	涵盖区域
一心	樱桃沟村旅游综合服务中心	农业观光、文化体验、旅游综合服务	罗家沟、周家院、郑家坡、朱家湾、陈家院、杨家园
一轴	樱桃沟主干道旅游发展轴线	交通干线、景观走廊	樱桃沟村南起209国道,北至十堰大道的沿线地区
三区	西翼片区	农家乐旅游	周家院、罗家沟、陈家院3个区域
	中部片区	度假休闲、田园观光、文化体验	郑家坡,包括惠风园、外婆家、新香园的沿主干道的环状区域
	东翼片区	田园观光旅游、休闲度假游	杨家园和朱家湾2个区域,涵盖翠竹园、飘香阁、赏樱阁、樱花源

小 结

樱桃沟村依据旅游产业空间开发与布局的理论,坚持立足资源引领产业发展、重点突破统筹兼顾、依托交通环状串联等空间布局原则,根据自身的空间区位、自然环境、基础设施建设状况等条件,因地制宜,找准自己"一主两翼一廊四圈"的空间布局重点,精心制定总体布局方案:空间布局特色鲜明、结构合理;目标客源突出;樱桃产业链延伸优化,并与农业、工业、商业融合互动。已形成"一心"引领、"一轴"串联、"三区"协调发展的明确旅游功能分区,旅游产业总体布局不断优化,发展态势良好。

第四章　乡村经济与全国乡村旅游名村建设

目前我国已进入大众化旅游时代,广大乡村正成为旅游新热点,乡村旅游发展进入快车道,并已具有较大产业规模。可以说,乡村旅游已经成为我国农村经济发展的一个新的增长点,对新农村建设具有强力推动作用。下面我们就具体以湖北省十堰郧阳区樱桃沟村为例来探讨乡村经济的发展问题与乡村旅游经济发展之间的互动关系。樱桃沟被评为中国生态文化村,获得了湖北省政府环境保护集体奖。一个鄂西贫穷山村,十年巨变,乡村旅游从无到有,从自发到有序,从农家乐到民宿……赢得越来越多游客的青睐,是湖北乡村经济发展中"先美后富"的典型。

第一节　樱桃沟村乡村经济发展现状分析

樱桃沟,因樱桃得名,也因樱桃出名,更因樱桃而富民。樱桃沟村,现在名为"樱桃沟生态旅游新村",位于十堰市和郧阳区的接合部,北距郧阳区城关4公里,南距车城十堰10公里,209国道穿境而过,出村2公里便可上汉十高速公路。这里地处鄂豫陕三省边界,南水北调中线工程源头汉江的核心水源区,秦岭巴山东延余脉,史称"五丁於蜀道,武陵之桃源"。近年来,该村紧紧抓住区位优势,大力发展乡村生态旅游经济。从2008年开始,樱桃沟村借助当地樱桃花、樱桃、草莓的生态亮点和产业优势,大力发展当地生态旅游和乡村旅游,形成了"春赏花,夏品果,农家饭菜喷喷香"的良好乡村旅游氛围。

一、走"先美后富"乡村经济发展之路

"假干净""尿刷锅""出风头"……曾经,湖北十堰市郧阳区茶店镇樱桃沟的村民,对正在清理自己门口垃圾的邻居风言风语。而如今,因为发展乡村旅游,建设绿色幸福村,樱桃沟村2012年实现农民人均纯收入7200

元，被评为"中国生态文化村""湖北省绿色示范村"，2016年还获得湖北省政府环境保护集体奖。鄂西贫穷山村，十年沧桑巨变。位于郧阳区最南端的樱桃沟，按照"外修生态、内修人文"的理念，避免大拆大建，靠村民自己的双手，让乡村旅游走过了一条从无到有，从自发到有序，从农家乐到民宿，从默默无闻到享誉全国的发展历程，成为社会主义新农村建设的样板，为农民增收和脱贫致富创造了更多机会和便利条件。

（一）百折不挠，发展冲动倒逼改革动力

樱桃沟人追求绿色和幸福的梦想，从未停下脚步。发展的冲动，让这个急于脱贫致富的小山村没少走弯路。2008年，樱桃沟村斥资编制了《乡村规划》。由于当时盛行"农民集中上楼"、连片建房、生产生活区间分隔等"先进经验"，房屋千篇一律地实施"徽派"改造，毫无美感而言。后来因为资金不足，受地域空间限制无法找到合适的建设用地，再加上当时房型单一，大部分农民不接受，最后，规划成了"鬼话"。

贫穷的小山村，搞大拆大建，注定没有出路，必须重新做规划！吃了苦头的樱桃沟村重新做了"接地气"的规划：能用的就用，就地取材，穿衣戴帽，避免了大拆大建，最大限度保留了村庄原貌。务实方案得到省市部门力挺和村民们拥护，改革之路豁然开朗。2012年，湖北省发展和改革委把樱桃沟村列入全省首批13家"绿色幸福村"，湖北省及十堰市旅游部门将樱桃沟列入"乡村旅游试点村"。

图4-1 樱桃沟村处处美如画

发展的冲动，倒逼改革的动力。村民工作做通了，释放出不竭的动力。如今的樱桃沟，干净整洁、古色古香，真正能做到望得见山、看得见水、记得住乡愁。以五零山居为代表的旧房改造、以六零院为代表的新房建设、以七零黄酒坊为代表的手工作坊建设、以郧阳新街为代表的古典汉派建筑群落,如今成了鄂西北乡村旅游的明珠。

(二) 明确路径,从各人扫清门前雪开始

"跟农民玩虚的没有用,你要明明白白地告诉他们,到底要怎样去做,而且他们要看到实实在在的变化,得到实实在在的实惠。"樱桃沟村党支部书记朱德永深有感触地说。

曾经的小山村,成为脏乱差和素质低下的代名词,在外打工的青壮年都不愿意回来,已经沦为"空心村"。再宏伟的规划,如何执行也是令人头疼的问题。改革的路径何在?从"扫清门前雪"开始。茶店镇镇长党郧生琢磨了半天,终于找到了突破口:先从污水处理和环境卫生开始,要求村干部和党员带头执行。有的老党员听说之后,想发挥一点余热。党郧生告诉他们:你们年纪大了,把自己家卫生做好,把子女家卫生督促做好,就是大功劳。

图 4-2 樱桃沟村随处可见的漂亮野花

村庄环境整治,从"厕所革命"开始。为了解决游客如厕难,村委会在全村主干道和循环路边新修"尿便分离"式厕所,在停车场新建四星级公厕 1 座,全面清理了露天粪坑式厕所,掀起了一场厕所革命。所谓垃圾,只是放错了位置的资源。樱桃沟村民们可以把废弃的电池、电筒送到村里换积分,兑换日常用品。村里成立了环境管理站,配备了 11 名专职人员参与和负责环境卫生管理保洁。有了这些措施,垃圾分类的思想慢慢地深入人心。曾经美丽的小村庄,慢慢找回来了。以水车、石拱桥为代表的河道治理，以垃圾分类为代表的环境保护，以无动力净化系统为代表的污水处理，以高效樱桃采摘园为代表的产业基地建设，以格桑花、荷花塘为代表的生态绿化、美化项目……系列组合拳下来，高举乡村旅游大旗的樱桃沟，完成一次生态修复的高难度动作，赢得多方喝彩。

（三）你争我赶，"穿衣戴帽"带火全产业链

樱桃沟也经历了粗放式增长的阵痛。2005年以前，樱桃沟漫山遍野的樱桃花开吸引了山外的城里人前来赏花品果。每逢周末或节假日，城里人纷纷到乡村山间休闲度假。当时的农家乐处于起步阶段，农户因陋就简上阵，主要靠低廉的价格吸引游客。虽然收入不多，也使世世代代务农为本的农民尝到了甜头。邻居的发家致富，让很多人坐不住了。"跟风"的农户在自己家门口挂上牌子，在没有什么经营经验的情况下，按照自己的特色做，把一个个农家乐办了起来。

据统计，到2008年底，村里的农家乐已经发展到40多家，渐成气候。年接待游客15万人次以上。然而，这些粗放式的农家乐没有什么品质感，在低层次恶性竞争之下，发展难以为继。粗放式的发展，距离梦想中的绿色和幸福，还相去甚远。2012年以来，樱桃沟抢抓湖北省"绿色幸福村"建设机遇，以省住建厅"荆楚派"民居试点村建设规范为指导，动员全村农家乐升级改造，先后改造民居120户，改造庭院200户，村里有改造意愿的农户房屋陆续改造到位。由于在农户老房子基础上进行改造，平均每户房屋改造控制在资金10万元左右，加上政府每户补助4万元，参与"穿衣戴帽"房屋改造，村民们没有"伤筋动骨"。

图 4-3　隐山小院生态农庄

"穿衣戴帽"带火了全产业联盟。郧阳新街建成后将以中国首家中式仿古建筑风格的乡村"奥特莱斯"风情小区的标准,进行装饰装修造景、招商经营,最终形成集"吃、住、行、游、购、娱"为一体的郧阳文化展示体验基地。该项目将新增就业岗位300个,每年可带动全村农户农副产品加工销售相关产值2000万元以上。

(四)旅游扶贫,农副产品递补升级为旅游产品

说起樱桃沟村最大的特点,地理上肩挑两城,更有"山顶松杉戴帽,山腰果树缠绕,沟岔蔬菜铺地,庭院栽满樱桃"的乡村特色景观。樱桃沟产业结构调整起步较早,蔬菜和小水果产业具有"人均一亩果,户均一亩菜"的种植规模。历史上的樱桃沟与千千万万的普通山村类似,是一处缺水靠天收的村子。村里没有发展大棚蔬菜的灌溉条件,时令蔬菜和水果成了村里支柱产业。

这些自然生长的蔬菜水果因为味道纯正成了城里人眼里的"宝贝"。吃腻了菜市场大水大肥蔬菜的城里游客来到田间果园,自己动手采摘,点名要吃土鸡蛋、土猪肉、土鸡、山野菜等地方土菜,离开时还要买一些带回去送给亲朋好友。农民们除了将自家责任田里种的农产品变钱,还将山上沟渠里野生的荠菜、黄花菜、槐花、水芹菜、苦菜、地衣、野蒜等都挖回家整理好卖给城里人。有些农户在以前废弃的水塘、堰渠放养了鸭子、黄鳝、鱼类和龙虾,在果园里放养土鸡,农户种养的农产品不出村就能卖上个好价钱,尝到了绿水青山变成"金山银山"的甜头。据统计,"十二五"期间,樱桃沟农副产品年均销售收入突破800万元,人均增收5300元,是农民人均纯收入增长最快的五年。

图4-4 老大爷拾掇好青菜等游客购买

随着市场的需求增加，樱桃沟采摘园发展进一步加快，每年新建柿、大枣、猕猴桃、樱桃、桃等小水果采摘园50亩以上，配套的道路全部修通并硬化，方便游客前来休闲度假。为了加大旅游扶贫力度，樱桃沟村大力恢复传统手工作坊，柴锅豆腐、木榨香油、自酿黄酒等旅游产品开发正在形成品牌，成为带富农民的新亮点。

图4-5 草莓园一角

二、走环保与乡村经济发展相结合的发展之路

（一）开展环保二十年，绿水青山变金山银山

自响应国家提倡"封山育林"近20年以来，樱桃沟村"七山半水分半田，一分道路和庄园"的自然格局得以保留。自然林面积约占全村总面积的2/3；水面面积约1/5，周边5公里以内没有任何污染源。从2008年开始，樱桃沟村就凭借独特的区位优势，借助当地山花、樱桃、草莓的生态亮点和产业优势，大力发展当地生态旅游和乡村旅游，形成了"春赏花，夏品果，住农家小屋，吃健康饭菜"的良好乡村旅游氛围。2012年9月至今，北京绿十字联合远方网、河南天禾园林绿化有限公司、中国乡村规划建设研究院入驻樱桃沟村，本着"把农村建设得更像农村"的理念，总投资3330余万元，完成了基础设施建设、生态修复、产业发展等重点项目22个，对樱桃沟村的乡村环境整治、房屋改建、景观修复、生态产业、美食提升等方面进行全方位的规划建设，强化生态概念，突出旅游主题，恢复和挖掘当地多种民俗文化，全力打造国家南水北调源头的生态型乡村旅游典范。樱桃沟村面貌焕然一新：梯田纵横，绿树成荫，青松戴帽，果树缠腰，蔬菜满园，

溪水潺潺,杨柳依依,荷叶田田,芳草萋萋,鲜花盛开,百鸟高飞,鱼虾戏水,水车翻转,风清气爽,良好的生态造就了美丽的风景,吸引八方来客,令人流连忘返。

图4-6　村民房屋掩映在绿树青山中

(二)宣传环境保护理念,环保意识深入人心

村口山顶高挂"外修生态、内修人文、打造中国最美乡村"的固定标语,随时提醒村民注重生态环境保护,提高村民生态意识、家园意识、现代文明意识。村委会逢会必讲环境保护的重大意义,告知村民生态环境是农村最大本钱的道理,绿水青山就是金山银山的道理,生态优势可以转化成经济优势的道理,同时,组织村民代表外出参观学习,请北京绿十字专家授课,使群众在思想上有了很大的触动,在农民脑海里形成了环境保护的概念,树立了"生态优先"的新理念。

(三)转化环境保护成果,实现农民增收致富

樱桃沟村抢抓湖北省着力打造"鄂西生态文化旅游圈"的契机,在三产领导小组的关心下,在相关部门的鼎力支持下,樱桃沟村生态文明程度大幅提高,农村经济得到快速发展。到2013年,全村2300亩土地,樱桃、柑橘、桃等小水果面积达到1600亩,蔬菜面积达到500亩,达到了"人均一亩果,户均一亩菜"的绿色产业态势。这为樱桃沟村进一步发展乡村旅游业提供了良好的条件。

为了提高农民收入,打破樱桃草莓季节性强的束缚,村委会大力发展休闲采摘农业,引导农户成片开发柑橘、橙、猕猴桃、大枣、石榴、柿等采摘

园，通过网络媒体宣传造势，吸引周边游客前来采摘游玩。为了高效利用村里停车场、广场等设施资源，村委会每年入夏举办系列"消夏"活动、聘请专业团队搞文娱节目演出，满足周边城市居民消夏需要，打造"绿色增长极"，乡村旅游产业发展势头良好。如今在十堰地区，樱桃沟村已经成为仅次于武当山的旅游接待地，年游客接待量超过50万人。2014年"五一"小长假期间，15万人涌入樱桃沟品尝樱桃草莓，日接待游客超过3万人。大量城里人涌入樱桃沟，拉动村内农家乐消费，乡村旅游的前景十分广阔。

通过多年的不懈努力，樱桃沟村村民植树造林的积极性提高，生态环境得到很好的维护，进行了禁牧围封，群众自我管护意识增强，人居环境日趋改善，适应了建设资源节约型社会的需求。无公害蔬菜、果树种植、原种农业的发展，给广大农民群众带来了实惠，增加了农民的收入，群众保护生态的意识逐年增强，植树造林积极性和保护环境意识逐渐提高，达到了生态效益、经济效益和社会效益互促互进，实现了人与自然和谐发展。

三、政府部门的大力扶持为乡村经济发展提供了有力支撑

随着经济的发展，国家颁布了大量的对旅游业的支持政策，包括对基础设施建设的资金扶持，税率减少等方面。而且随着人们生活水平的提高，对休闲娱乐的要求就更高，于是生态旅游就应运而生，樱桃沟村把握住这些机遇，在依照自己比较优势的基础上大力发展自己的第三产业，完善基础设施建设，形成独具特色优势的山区沟域经济。

为改善山区农民落后面貌，十堰市委、市政府相继推出了一系列扶持政策，为沟域经济发展提供了良好的外部环境和发展机会，对沟域经济发展进行扶持推动，打造"绿色幸福村""鄂西北生态旅游第一村"。郧阳区地区一直不断争取国家战略规划及重大项目，结合国家在秦巴山区"四规划一方案"（秦巴山区集中扶贫开发规划、规划的老工业基地、丹江口库区及上游地区经济社会发展规划、水污染防治和水土保持规划、同行合作方案）陆续实施，郧阳区面临国家重大政策叠加的发展形势，这是前所未有的机遇。近年来，十堰坚持"资源节约和环境友好型"两型发展道路，增加强度的生态环境保护和建设。区域生态安全模式，实现绿色低碳发展。加强生态环境建设，建立水生态、水利和水土保持工作，保障国家水安全。十堰城市建设适当细化不宜太大，而且应该突出特点、特色的发展道路。城镇提供完善的设施和服务的同时，它的建设应注意结合当地的景观环境，提供高质量的优质环境，构建生态城市的魅力。这些都为樱桃沟村旅游经济的快速发

展带来了机遇。

四、整合多方资金资源为乡村经济发展注入新的动力

近年来,郧阳区委、区政府抢抓湖北省着力打造"鄂西生态文化旅游圈"的契机,举全区之力打造樱桃沟。在区委、区政府的正确领导下,在相关部门的鼎力支持下,樱桃沟中国最美乡村工作取得了明显成效。

2012年至今,樱桃沟村完成了美丽乡村建设重点项目7大类43个,总投资34500万元,其中整合县直部门资金10250万元、开发区"四化同步"项目资金600万元、招商引资20000万元、农户及业主投资3650万元。整合部门资金具体情况是:整合区发改局绿色幸福村建设资金520万元,主要用于旧房改造、庭院改造、景观建设(村标)、环境卫生综合整治及游客服务中心建设等;整合区城投公司资金8000万元,主要用于修建入村樱花大道及樱花大道两侧土地、房屋附属物补偿等;整合扶贫部门资金80万元及林业部门资金100万元,主要用于樱桃沟小水果产业发展;整合水利部门资金900万元,主要用于河道治理项目;整合住建部门资金200万元,主要用于旧房改造以奖代补;整合"四化同步"资金600万元,主要用于樱桃沟主公路及循环路黑化工程;整合财政部门"一事一议"资金200万元,主要用于樱桃沟村停车场项目建设;整合旅游部门资金150万元,主要用于旅游厕所修建及村内小型停车场建设;整合环保部门资金100万元,主要用于农村家庭卫生厕所改造、污水处理及垃圾资源化再利用。通过整合资金启动的这批建设项目,使樱桃沟村面貌发生了较大变化,已由全省首批扶贫开发重点村发展成为集休闲度假、餐饮娱乐和生态观光为一体的城郊型生态旅游,2016年人均纯收入突破万元大关(2012年人均纯收入7200元)。樱桃沟村先后荣获"湖北省绿色示范乡村""中国旅游金奖""全国生态文化村""中国最美乡村""荆楚十大最美乡村""中国乡村旅游模范村""中国美丽休闲乡村""湖北省村党支部十面红旗""湖北省环境保护政府奖"等荣誉称号。

第二节 樱桃沟村乡村经济发展存在的问题

樱桃沟在走以乡村旅游带动经济发展,以经济发展促进乡村旅游发展之路的过程中取得了十分丰硕的成果,人民生活水平日益提高,乡村旅游成为新时期解决樱桃沟村"三农"问题的重要抓手，成为美丽乡村建设的重要载体，成为扶贫攻坚的重要渠道。但是笔者通过对樱桃沟村进行实地走访调研的过程中发现目前该村经济发展还存在着利益协调机制不健全、土地资源少且零散、旅游产品结构太单一、季节性强、乡村旅游基础配套设施相对落后、乡村旅游景区规划和开发力度不足、周边景区同质化竞争严重，难以形成合力等各种问题。

一、利益协调机制不健全

村集体组织是乡村旅游活动顺利开展的保障，通过制定符合当地旅游发展的政策和措施、加大旅游基础实施投入与建设、增强旅游地的宣传力度等措施来支持当地旅游业的发展。可以说没有村集体的支持与参与，旅游活动就不可能安全、稳定、有效地开展。通过对旅游地的招商引资和开发经营，可以促进旅游业的发展，加大投入配套基础设施建设，为游客提供便利的基础设施，优化景区大环境，增加景区对游客的吸引力，提高旅游收入，带动当地的经济和其他产业的提升，增加就业机会，缓解就业压力，提高财政收入，维持旅游资源的可持续利用，实现经济、文化、环境的和谐发展。但是我们通过对樱桃沟村乡村经济发展的基本现状进行调研过程中发现，目前"民富村穷"已经成为一个显著的问题，这主要是由于并没有建立相应的利益协调机制而造成的。樱桃沟村乡村旅游业带来村民收入增加（主要通过农家乐、樱桃、蔬菜水果采摘等），但是由于樱桃沟村不是景区制，诸如停车、卫生管理之类的公共服务均不能收费，更不能收取门票，村集体在没有得到相关收入的前提下，仍然要给游客和村民提供相关公共服务，因此村集体压力巨大，为了促进乡村旅游产业发展，村集体负债累累，入不敷出。

二、资金短缺问题较为严重

乡村旅游发展需要硬件条件支持，目前，樱桃沟村乡村旅游无论是必需的基本设施建设，还是产品深度开发，都因为资金瓶颈而受到阻碍。一方面，在产业范畴上，乡村旅游不是完全的农业范畴，它是农业与服务业耦合出的新型产业业态，因此，乡村旅游与中央系列惠农政策无缘，得不到惠农政策资金的支持，同时也接受不到中央服务业基建政策资金的辐射。虽说乡村旅游投资相对较少，见效较快，但并不是说不需要资金，尤其是建设上规模、上档次的乡村旅游区，既需完善基础设施建设，又需对外宣传促销，必须有一定的资金保证。但目前在我国兴办旅游景点的热潮中，人们的投资热点是开发规模较大、资源品位较高的景区以及建设主题公园，很少有人去投资城市周围乡村旅游，城郊乡村旅游的开发基本靠政府引导，私营开发为主，政府投入几乎没有。

三、乡村旅游基础配套设施相对落后

樱桃沟村乡村旅游经济发展过程中基础设施配套不健全主要表现在以下的两个方面：一是乡村旅游基础设施与现代旅游服务要求存在较大差距，制约樱桃沟村乡村旅游发展的最大问题之一是基础设施相对滞后。长期以来，樱桃沟村在生活方面与市区存在一定的差距，发展乡村旅游过程中，这些问题都已呈现出来，原有的基础设施主要是为当地居民生产生活服务的，而作为旅游目的地后，这些设施还应为游客提供舒适环境和体验经历。乡村地区的许多基础设施仍然适应不了游客的需要，例如，道路、停车场、洗手间、工具室、电话亭等公共设施简陋、设备不足；客房、餐厅、茶楼等主要宿舍设施条件差，卫生状况和设施设备条件让人难以接受，很难留住游客；安全问题令人担忧，游客的人身、财产、饮食等安全都得不到很好的保障，直接影响当地乡村旅游的发展。二是乡村旅游基础设置配套不足，在樱桃成熟的季节，樱桃沟村游客数量爆棚，多为家庭自驾游，相应的配套设施稀缺，村口樱花大道边的80亩森林停车场里爆满，后来的车子被迫沿樱花大道两边临时停靠；餐馆相对较少，远不能满足旺季游客的需求，容易出现因抢位置等小问题而产生的矛盾。

四、周边景区同质化竞争严重，难以形成合力

旅游产品是旅游业中心利益承载体，也是旅游市场核心竞争力的重要依托，一般而言，产品特色是彰显旅游产品品质与品位的主控元素，它直接决定着效用增量的多寡。如果特定旅游产品不具特色，则消费者产生的不满、抱怨等情绪在所难免，随之而来的便是各种利益冲突。多年来因为旅游产品特色不突出而形成林林总总的纠纷成为媒体焦点，直接印证了旅游产品特色性质的重要性。同类型旅游产业发展过剩，或拥有相似的旅游特点。如果产品辐射的区域小，消费群体的覆盖面就大体相同，则容易产生行业之间的竞争，阻碍旅游业的发展。十堰周边越来越多的地区开始开发旅游景点，都独具特色。毫无疑问，这些都将成为樱桃沟的竞争对手。仅樱桃沟周边，就有张湾区黄龙镇、茅坪镇、方滩乡、郧阳区城关镇、杨溪浦镇、青曲镇等多个竞争对手。而且竞争多为同质化竞争，由于缺乏有效引导，旅游产品互相抄

袭，难以形成合力。

五、旅游产品单一、季节性强

樱桃沟旅游的核心吸引物——樱桃，每年3月开花，4—5月结果，可游览时间仅为3个月。这种单一的旅游吸引物，游览季节性较强，总体上会形成较为明显的淡旺季分化。樱桃沟最主要的特色是樱桃，在樱桃没成熟的季节就没有其他可吸引游客的产品，所以经营季节性强。因此如何延长游览时间，挖掘现有资源，增强旅游吸引力，最终形成新的旅游卖点是樱桃沟村发展面临的主要难题，也就是如何在现有资源基础上挖掘提升形成新的卖点是樱桃沟村探索乡村旅游发展必须要首先考虑的问题。

六、农旅产业链衔接不足

旅游产业不仅是一种经济产业，而且具有社会综合协调能力，是带动区域产业综合发展的高效良性产业，能够快速形成本地化产业高效集聚。目前樱桃沟村产业单一，基础薄弱，第一产业发展较为分散，第三产业起步晚，第二产业尚属空白。三大产业间互动较少，农旅产业链尚未形成。因此樱桃沟在发展旅游产业的同时，如何更多地关注产业发展和促进产业互动，完善农旅产业链条，形成规模化、现代化的产业园区促进樱桃沟产业的发展，是今后需要解决的重要问题。

第三节 促进樱桃沟村乡村经济发展的思路

樱桃沟在乡村旅游经济发展过程中虽然取得了十分显著的成绩，但是也存在着许多问题，这些问题有些是我国乡村旅游经济发展过程中普遍存在的，也有一些是樱桃沟村自身特定的问题，下面我们就具体结合这些问题来探讨樱桃沟村乡村经济发展的对策和思考。

一、樱桃沟村乡村经济发展的指导思想与原则

（一）乡村旅游与新农村建设相结合

发展乡村旅游和新农村建设的目标和任务是一致的，均以构筑现代乡村田园社区和建设小康新农村为己任，充分发挥乡村旅游在促进农村经济结构调整、实现农村剩余劳动力就地转移、增加农民收入中的重要作用。通过乡

村旅游业的可持续发展，为全面构建和谐社会、建设小康社会作贡献。

（二）乡村旅游与生态文明建设相结合

乡村旅游的魅力在于乡村独特的自然风貌和风土人情。发展乡村旅游，生态环境是基础，乡村文化是灵魂。因此，乡村旅游发展应与生态文明建设相结合，在开发中要注意保护乡村的自然风貌和乡土文化，确保乡村旅游的可持续发展。

（三）乡村旅游与城乡统筹相结合

乡村旅游作为农村地区一种新兴的旅游形式，是农村发展与旅游活动的有机结合，是推动城乡融合发展的重要力量，其发展加速了城乡一体化的进程，推动了城乡经济的融合。随着城乡一体化进程的加速，又为乡村旅游的发展开拓了广阔的空间。因此，应大力推进乡村旅游在推进城乡协调发展中的重要作用。

（四）乡村旅游与一二三产业融合发展

乡村旅游发展与农村产业结构调整具有相互促进的作用，一方面乡村旅游可以带动农村一二三产业的融合发展，改变当前农村第一产业比重过大、农民增收缓慢的状况；另一方面农村产业结构调整可以改善农村生态环境，提供乡村旅游产品要素等。因此，在有发展条件的地区开发乡村旅游，将创出一条农村发展的新路子，成为解决"三农"问题的重要途径。

二、樱桃沟村乡村经济发展的战略思路

（一）用利益共享理念引领乡村旅游发展

乡村旅游发展中，需要解决共享发展这一主题，谁来参与、谁来共享开发成果，是眼前急需解决的问题。乡村旅游开发主要涉及四大主体，即当地村民（旅游资源、旅游文化拥有者）、地方政府、旅游开发企业、旅游者，这四大主体均有自己的利益诉求。我们通过对樱桃沟的实地调研中发现该地主要存在着民富村穷的情况，也就是说村集体在开发乡村旅游的过程中投入了大量的资金、进行了大量的基础设施建设，但是没法进行利益的共享，导致了村集体财政入不敷出。笔者认为需要构建利益协调机制，实现村民致富与村集体经济壮大发展目标的统一，具体来说可以做好以下几个工作：首先，清楚划分旅游资源的所有者权益，明确登记哪些是属于集体所有、哪些是个人所有；其次，根据旅游发展现状及前景、投资开发规模，组织开发商、村民代表进行协商，可按每三年或五年评估一次的方法进行估价，将村

民的旅游资源作价入股参与旅游发展，并按其在旅游开发中的股份比例享受成果分配；再次，对于活态的旅游文化资源载体的村民，尽可能吸纳他们参与到旅游发展中，使地方文化（民族文化）的价值得以体现，为文化传承起到示范性作用；最后，旅游者的利益也应该得到共享，政府通过协调与监督，保障旅游者能够买到真实体现乡村文化的旅游产品。

（二）推进农业现代化

以特色农副产品为核心，大力开发特色农产品，围绕特色农产品，发展生态农业、绿色农业和现代农业，创办和扶持农产品加工龙头企业。完善乡村布局和建设规划，继续实施重点村示范工程，以及通村路、安全饮水工程。大力发展劳务经济，建立村级劳务输出点，强化对农民的实用技术培训和就业技能培训，提高农村劳动力素质，增强农民就业能力，努力增加农民收入。

（三）着力发展文化旅游业

着眼于扩大总量、优化结构、拓展领域、提高水平，不断壮大第三产业的规模和实力。坚持走城郊休闲旅游业发展道路，加快山水生态旅游线建设，着力将郧阳区樱桃沟打造成国内知名、全省闻名的生态文化观光旅游胜地。稳步发展餐饮、文化娱乐、休闲度假旅游、交通运输等传统产业，主动融入十堰城区的经济圈。

（四）积极做好樱桃沟沟域经济的战略规划

依托城市空间布局的好坏，创新建设模式，加快十堰周边郊县经济建设，积极人为创造中心乡镇。郧阳区樱桃沟属于茶店组团，应当重点发展特色资源产业和休闲、养生等现代服务业，建设宜人宜居新农村。重点围绕"经济生态共同发展"的要求，突出环境建设与生态环保，注重产业布局规范、统筹谋划人口空间、生态空间、用地空间，建设出让游客流连忘返的"全国最美乡村"。首先，建设绿色产业聚集区。紧密结合以"樱桃"为中心的产业模块，发展现代农业及绿色食品加工产业集群，建设十堰农特产品精深加工园，打造十堰农产品集散地；依托山水、彰显特色、完善功能，发展生态文化旅游产业。其次，建设转型发展试验区。大力建设新工业新农业小城镇的建设，把节能降耗作为强制性要求，努力形成节能环保的产业结构。再次，建设文化创意产业融合区。深入挖掘历史和文化资源，把各种娱乐、体育、健康等元素充分融合到一起，吸引各类不同人群。

（五）创新樱桃沟村基础设施建设融资模式

鼓励民间闲散资金为基础设施建设做贡献。由郧阳区政府牵头和成立一批由政府信誉保障的有明确性质和职能的公办组织。作为城市基础设施的承办者，郧阳区政府通过基础设施资源的市场化整合和资本运作，由城市基础设施的建设者转型为购买服务的消费者，借助银行等其他社会关系，转换政府职能和拉动当地经济发展。由政府牵头，以政府信誉保障大力引入社会闲散资金和民间资本，创立基础设施建设专项资金。形成以政府担保、管理资金，企业承办的模式，使基础设施建设变为自负盈亏的企业型建设。政府出资利于管理和调控，利于发挥政府资金的先导作用，提高投资安全和效率。以前那种由政府出资，成立事业单位管理的模式，不适合现代建设和发展，缺乏竞争力和能动作用，不利于建设的完成。引入现代化企业管理机制后，利于调动企业积极性，盘活项目建设，达到省时省力优质高效完成基础设施建设的目的。

（六）创新人才引进方式

随着茶店镇樱桃沟新农村建设的稳步推进，乡村的条件也得到了改善，发展机遇也越来越多，乡镇政府要加大引导宣传力度，改变人们的传统观念，使有文化、懂技术、会经营的学生、村民返乡创业，保证他们回得来，可发展，能致富。在我国，农村教育资源的薄弱和观念的制约，使得农民早期教育先天不足，后期教育重视不够，且农村教育与农村经济发展实际脱节，使他们缺乏农业实用技术和谋生技能，这严重影响了农民发展集约农业的能力和脱贫致富的机会。这样在农村积极发展成人教育就显得尤为重要、十分迫切，通过开展成人教育，把普通农民转化为有一技之长的"专业农民""专业技工"，就能帮助他们增收致富，就会有更多的农民愿意留在农村，为新农村建设注入强大人力、财力支持。以良好的政策倾斜作为支撑，吸引外流的人才回乡创业，为他们创造良好的发展环境和辅助政策，让更多的优秀人才为樱桃沟新农村建设添砖加瓦，贡献自己的一分力量，同时带动更多人脱贫致富。

（七）发展乡村经济，构建农业循环经济产业链

乡村旅游发展中各种问题的出现，与落后的乡村经济有着密切的关系。乡村旅游发展的表象繁荣，使得我们对通过发展乡村旅游解决"三农"问题这一途径的有效性深信不疑，但是在过分强调旅游的经济性手段的过程中，出现了旅游活动破坏乡村自然和文化生态、旅游经济戕害乡村经济的负

面后果。真正意义上的乡村旅游的发展还要以乡村支柱产业经济的健康发展为强大后盾。要实现乡村经济的健康快速发展,就要构建科学的农业循环经济产业链,即以粮食及其他农副产品龙头加工企业为依托的加工企业循环经济链条,以畜牧、水产生产加工企业为依托的畜牧、水产加工循环经济链条,以林业及其加工业为依托的林业循环经济链条,以秸秆综合利用为重点的秸秆循环经济链条。

(八)发展乡村旅游,构建理想人居与和谐旅游环境

发展旅游不仅仅是发展旅游业,发展乡村旅游的长远目标是实现乡村振兴,构建理想的人居环境、人类理想的生命栖息地。在此基础上,进一步构筑和谐的旅游环境。而这一旅游环境不仅面向城市居民,同样要面向乡村居民,乡村居民预期中获得的不仅是经济收益,更重要的是现代旅游精神需求的满足。当旅游经济发展到一定程度,居民收入达到一定水平时,他们对宁静生活的偏好提高,并且高于对收入增长的需要,这时居民所期望的是宁静和谐的休憩环境而不再是旅游业环境,这是所有旅游目的地的最终发展趋势。

在构建人居环境和旅游环境的过程中,要坚持在科学发展观指导下建立控制和优化"大旅游"的系统旅游观,加强乡村旅游伦理教育,培养尊重乡土、爱护生态、保育环境的生态伦理观,树立基于生态链、遵循"3R"原则的旅游生产发展观,提倡文明化、减量化和无害化绿色旅游消费观。在乡村旅游发展的过程中,要树立人与自然的和谐发展理念,对旅游者开展社会公德教育、生态伦理教育和交往伦理教育,避免旅游"殖民主义"的产生,杜绝旅游活动中的不文明行为,减少对乡村原生态文化环境的冲击;要对旅游利益相关者开展职业道德教育、经济伦理教育等,为旅游者的旅游活动提供一个安全、友善的社会环境,为社区居民提供一个和睦而安宁的居住生活环境。通过旅游伦理教育可以建立起一个尊重乡土自然、尊重乡土文化、以人为本、包容差异的旅游新环境,进而促进乡村旅游向稳定、健康、繁荣与可持续的方向发展,实现乡村旅游的生态化、规范化、和谐化。

小 结

乡村旅游赋予了城乡一体化发展的新动力。乡村旅游以其独特的文化价值诠释了"绿水青山就是金山银山"的时代特征,正在赋予城乡一体化发

展新动力,让乡村建设得更像乡村,让游客真正享受到"看得见山、望得见水、记得住乡愁"美好景致。樱桃沟村在发展乡村旅游经济的过程中始终坚持"先美后富"的发展理念,在发展乡村旅游和推动村级经济发展中走出了一条适合自己的发展道路,取得了一系列丰硕的成就,但是笔者通过调研也发现樱桃沟村在发展乡村经济过程中存在着诸多的问题,有一些问题是普遍性的,有一些问题是个性化的,在此基础上本文提出了采取用利益共享理念引领乡村旅游发展、推进农业现代化、着力发展文化旅游业、积极做好樱桃沟沟域经济的战略规划、创新人才引进方式、创新樱桃沟村基础设施建设融资模式、发展乡村经济构建农业循环经济产业链、发展乡村旅游构建理想人居与和谐旅游环境等多个措施来有效地引导樱桃沟乡村旅游经济走向健康、持续的发展之路。

第五章　社会事业与全国乡村旅游名村建设

社会事业通常是指为确保社会团结、维护社会安全、促进社会发展、保障社会可持续发展，进而为促进人的全面发展所提供的各种公益性支持与服务活动的总和（洪大用，2006），它包括科教、文卫、就业、社保、环境等多个方面，是社会和谐、稳定、有序发展的基础。农村社会事业，就是指农村科技发展、义务教育、文体生活、文明风尚、养老保障、医疗保险、社会救助、基础设施、生态环境等事业。农村社会事业是民生事业，事关农民的幸福和生活质量。作为全国乡村旅游名村的樱桃沟村，近些年来，旅游经济发展了，农民的收入增加了，村庄的名气变大了，但相对于经济来说，尽管部分社会事业随之上了台阶，但社会事业整体发展步伐较慢，部分社会事业成为乡村振兴的瓶颈。

第一节　樱桃沟村社会事业发展的亮点

尽管樱桃沟村的社会事业与经济发展之间有不小差距，但也有吸引游客驻足和令居民引以为傲的亮点。

一、传统文化的转型升级

为推进区域经济社会协调可持续发展，湖北省委省政府于2008年颁布《关于建设鄂西生态文化旅游圈的决定》（鄂发〔2008〕16号）。鄂西生态文化旅游圈，包括襄阳、荆州、宜昌、十堰、荆门、随州、恩施、神农架等8市、州（林区），樱桃沟村属于这个范畴。2008年以前，村里几乎没有文化活动，仅在每年的文化下乡活动期间放几场电影。自全省开始打造鄂西生态文化旅游圈，特别是2012年樱桃沟村着手发展乡村旅游之后，为了增加旅游项目、提升景区的文化品位和丰富群众的文化生活，乡村文化得到挖掘、传承、发扬，逐步开始转型升级。

樱桃沟村在文化转型升级方面做了很多工作，出了不少成果。例如：2008年在全县率先建起了农家书屋，每户农家乐都建有图书室；新建体育广场一个，配有篮球场、乒乓球台、健身器材等体育设施。近两年来，累计投入200余万元，新建文化活动室1个，配备了电脑、多媒体投影机等先进的电教设备，极大丰富了群众的精神文化生活。又如：筹建乡村文艺表演队，安排专业老师，将群众喜闻乐见的"三句半""凤凰灯""跑旱船""郧阳四六句"等民间艺术形式发扬光大。

文化转型方面最成功、最有特色的案例是樱桃小镇。突出了民俗文化、生态果园和休闲旅游特色，由青年客栈、农产品交易中心、民俗表演、手工作坊、农特产品超市、乡村文艺传承中心、农民培训中心等39栋古香古色的秦楚民俗文化古建筑组合而成。是鄂西北首席民俗文化全景体验地，是区域性的文化地标，也是郧阳区文化旅游发展的龙头，成为游客来樱桃沟旅游的首选地。

图5-1　樱桃小镇

二、居住环境的日新月异

党的十八大报告第一次提出"建设美丽中国，实现中华民族永续发展"的奋斗目标和包括经济建设、政治建设、文化建设、社会建设、生态文明建设的"五位一体"总布局，这是党中央在充分考虑社情、国情、世情基础之上做出的顺应国人新期待的战略部署。然而，要建设美丽中国，光有美丽城市是不行的，还必须建设美丽乡村。于是，2013年中央一号文件提出建设"美丽乡村"的新理念。毫无疑问，要乡村美丽起来，首要任务是改善农民的居住环境，在这方面，樱桃沟村的干部具有先见之明，通过一系列开创性的举措，让本村环境美起来，成为美丽乡村建设的样板，成为城里人向往的乡村旅游景点。

（一）实施垃圾分类

以前，村民缺乏环境保护意识，垃圾随便丢、污水随处倒、柴草随意堆，这些习惯与发展乡村旅游是格格不入的，鉴于此，村"两委"会经过商议，决定在全村进行垃圾分类。首先，成立了环境管理站，组建了环卫队，由村委会主任任队长；设置公益岗位，在全村50岁以下的村民中公开招聘专职环卫队员，全天候负责垃圾清理工作。其次，村里投资10余万元购置一辆垃圾清运车、一辆洒水车、160个垃圾桶、500只垃圾篓，并修建2个垃圾分类中转站。接着，出台《樱桃沟垃圾分类处理操作规程》，根据农村垃圾的类型，将其分为干垃圾和湿垃圾两种，并对有害垃圾收集、干电池收集、厨房垃圾收集、无法处理的垃圾填埋均做出了详细规定；明确垃圾篓的摆放位置，比如：垃圾篓不能随意摆放，规定客厅1个、家门口2个、厕所1个、厨房1个。然后，指定一名大学生，每天负责检查垃圾分类、垃圾清运和环卫队员到岗情况。最后，进行定期抽查和定期大检查，对垃圾分类表现较好的农户给予物质奖励，对表现较差的给予批评教育，给表现好的村民小组发放流动红旗，并给村民小组长给予工资性补助。总体而言，樱桃沟的村垃圾处理通过"户分类，组收集，村清运，镇监管"模式，实现了村内垃圾100%无害化处理。

图5-2 环境管理站

（二）处理生活污水

樱桃沟村从2012年开始兴办农家乐，后来逐年增加，现在发展到了60余家。由于当年农家乐的经营模式粗放，缺少生活污水处理设施，污水被倒入沟渠、河流和房前屋后，导致餐馆附近出现一些卫生死角，臭不可闻，严重影响村容和村民的健康，也给游客留下不好的印象。为改变这一窘况，2014年6月，郧阳区环保局为樱桃沟村争取到100万元环保专项资金，着手建设生活污水处理站。具体而言，就是针对分散农家乐或农户，采取"小集中"方式，建设庭院式人工湿地；针对集中式农家乐或农户，建设集中式人工湿地。通过引进"KDL模块3格池化粪+2格人工湿地生物净化"污水处理系统，分解污水中有机污染物，去除悬浮物，利用生态小湿地植物根系的吸附、拦截、吸收、降解等功能，达到净化水质的目的，实现生活污水无害化处理达标排放。到2014年10月，樱桃沟村普及了污水处理设施，所有农家乐和靠近河边的农户都建设了庭院式人工湿地，总数达到58个，每个人工湿地投入资金5000元至1万元不等，成本不高，村民承担得起；效果较好，村民容易接受。

(三) 环保旧房改造

2012年，樱桃沟被湖北省列为首批"绿色幸福村"之一，为保护原生态村落环境和抢抓湖北省"绿色幸福村"建设机遇，樱桃沟村积极与北京绿十字生态文化传播中心、中国乡村规划设计院等单位合作，以省住建厅"荆楚派"民居试点村建设规范为指导，动员村民进行旧房改造。为真正促使旧房改造落地，樱桃沟村还为实施环保旧房改造（使用免烧砖和旧椽子旧瓦）的农户每户给予2万~4万元补助，这极大提高了村民改造旧房的积极性。经过科学的规划、部署与实施，大批的老旧房屋华丽蜕变，先后改造民居120户，改造庭院200户，并且平均每户房屋改造的成本都控制在10万元左右；一批批极具欣赏性、舒适性又兼顾了民俗民风的房屋闪亮登场，如五零山居、六零院、七零黄酒坊、八零院、九零院等成为旅客来村必去之地。

图5-3 改造前后的"五零山居"

(四) 开展"四化""四清""四改"

为改善环境,樱桃沟村不仅全面开展"四化"(即硬化、净化、绿化、美化)、"四清"(清垃圾、清污泥、清路障、清墙面),而且进行"四改"(即改厕、改路、改栏、改厨),还推行"猪—沼—果(菜)"生态农业模式,共修建沼气池150多口。

图5-4 粮食秸秆回收有机肥池

(五) 厕所革命

随着游客数量的增多,村庄变为景区,村容村貌也需要革新升级。为了从根本上整治村庄环境,解决居民家厕所简陋的问题,樱桃沟村掀起了一场"厕所革命"。在全村主干道和循环路边,彻底清除露天粪坑式厕所,新修22座"尿便分离"式厕所,在停车场新建1座四星级公厕,解决了游客的"如厕难"问题。

(六) 制定村规民约

为增强村民的环保意识,樱桃沟村还将生态环保写进《村民公约》,明确要求樱桃沟村范围内"一草一木不得乱伐,只许栽树,不许砍树;土地不得乱挖,脏水不得乱泼,柴草不得乱堆,垃圾不得乱丢,畜禽不得乱跑"。还规定每家每户的山林、耕地、房屋周围20米内为本户卫生责任区,每家门前贴有责任状,将责任区的范围、卫生标准、惩奖措施全部上墙。

(七) 开展考评活动

为让环保意识深入人心,防止走过场、走形式,樱桃沟村多年坚持每月进行环境卫生大检查,发放"最清洁、清洁、不清洁、脏乱差"等四个标准的检查标识。坚持每年开展"十星级文明农户"评选活动,并对"环保星"进行动态管理。给连续一年庭院卫生环境保持"最清洁""清洁"的农户发放"环保星",对获得"环保星"后一年内出现6次"不清洁""脏乱差"检查标识的农户收回"环保星"。除卫生大检查之外,还建立了奖惩分明的农户环境卫生考评打分机制,考评结果好的农户,可获得一定积分,凭借积分可兑换洗衣粉、抽纸等生活用品,并在旧房改造、新房建设等方面享有优先权;对考评结果差的农户,予以停办贷款担保等惩罚。此外,村民还可以用废弃的电池、电筒在村里换积分,兑换日常用品。平均每年奖品总开支约5万元,实践证明,这5万元的奖品能有效激发大家的参与积极性,有助于文明习惯的养成。

通过以上措施,垃圾分类思想、环境保护意识渐渐深入人心,变为村民的自觉行动。垃圾清理有序了、河水变得清澈了、房前屋后变美了,用村民的话说,那就是村庄"望得见山、看得见水、记得住乡愁","看起来更像农村,住起来更比城市"。

三、孝亲养老的互助合作

2012年11月党的十八大报告首次正式提出"全面建成小康社会"的目标,究其本质,小康社会是共同发展的社会和共同富裕的社会,一部分人发展和致富的社会不是小康社会。2015年10月,党的第十八届五中全会提出创新、协调、绿色、开放、共享五大发展理念。其中,共享理念意味着人人享有而不是少数人享有发展成果。在此背景下,樱桃沟村未雨绸缪,在年轻人发展前景看好和村民生活水平整体得以提升的时候,没有忘记为老年人的生活做好安排。

为了让60岁以上老年人的晚年生活有保障,在北京绿十字的积极倡议和上级领导精心指导下,樱桃沟村委会干部前往台湾、河南郝塘村、湖南高椅村等地考察民间养老合作组织,经过学习和深入讨论,决定创立"樱桃沟村孝亲养老互助合作社"。村民委员会邀请村里的老年人分别于2015年7月28日、7月30日、8月10日召开座谈会,研究讨论合作社成立的相关事宜。2015年8月15日,樱桃沟村孝亲养老互助合作社正式成立,并召开第一次社员大会,选举产生了第一届理事会、监事会,通过了《樱桃沟村孝亲养老互助合作社章程》(具体内容见链接)

目前,该合作社入社社员189名,每名社员的入社股本金为2000元,每年可领取不低于500元(含银行利息和合作社分红)养老金,股本金总额150余万元。取得合作社社员身份的老人入社后，如果在不满一年时间内中途要求退股的，只退还2000元股本金，不享受当年红利。社员去世后，由理事会成员把2000元本金连同当年500元红利退还给社员本人直系亲属（时间不够一年也按一年红利计算）。

合作社股本金总额由各位老人的入股资金、村公益人士的自愿赞助金、村集体入股资金、地方政府的扶助资金、北京绿十字等社会公益组织的自愿赞助资金等5部分组成。合作社股本金由理事会和监事会负责运营管理。

合作社社员代表大会由全体社员无记名投票选出，人数在15人左右。社员代表大会是合作社最高权力机关，每满3年主持修改合作社章程，选举或罢免理事会、监事会成员，就合作社重点事项的决定做出决议，集体行使权力。由社员代表大会、理事会和监事会共同制定、执行和监督合作社的发展计划、运营模式和运行风险。

孝亲养老互助合作社成立之后，效果逐渐显现。一是社员每年不低于500元的分红，增进了本村老年人的福利，减轻了子女的生活负担，使家庭生活更加和谐，促进了人们之间的互帮互助；二是能为本村群众在急用钱的情况下，提供小额贷款补助，可在一定程度上解决村民旧房改造、产业发展、农家乐经营的资金周转难、贷款难问题；三是为社会各界爱心人士奉献爱心提供了平台，有助于爱心传递；四是激发入社老年人关爱家庭生活、关心村委会工作、关注村集体发展的热情与动力；五是《章程》规定的权利、义务、原则，传承了传统文化，弘扬了家庭美德，提高了村民的幸福指数。

四、就业创业的多元选择

曾经的樱桃沟村，像其他普通山村一样，因缺水而靠天收、因无工业而致富无门，村民只有通过种植时令蔬菜和水果增加一些收入，在人不敷出的情况下，青壮年劳动力只好外出务工。前几年发展旅游业之后，樱桃沟村已经成为十堰市仅次于武当山的旅游接待地，年游客接待量超过50万人。仅仅"五一"小长假，就有8万人前来游玩。如今村里正在扩大蜡梅的种植面积，让冬季旅游也不寂寞，致力于打造"四季有花，四季有果"的最美乡村。旅游业发展起来之后，人流量攀升，市场需求上扬，随之带动村民的就业创业选择多元化。

（一）部分村民发展生态环保农业

较早以前，樱桃沟的村民就认识到传统种植业收益低、发展潜力小，逐步调整产业结构，形成"人均一亩菜，户均一亩果"的格局。旅游业形成气候之后，道路修通并硬化，游客来往方便，村民尝试发展采摘园，推广配方施肥新技术，大规模种植樱桃、柿、大枣、猕猴桃、草莓、石榴、蜜枣等水果。采摘园备受青睐，因为对村民来说，减少了舟车劳顿运输水果的麻烦，单价还有所提高；对顾客来说，水果更新鲜并且可在田间体验亲手采摘的快乐。樱桃沟发展生态环保农业的效果明显，与生态观光等旅游产业相得益彰，共同创造了"绿色增长极"，为此，2015年斩获我省环保领域最高级别奖项——第三届湖北省环境保护政府奖。如今，樱桃沟呈现"山顶松杉戴帽，山腰果树缠绕，沟岔蔬菜铺地，庭院栽满樱桃"的独特景观，村民从生态环保农业中获利颇丰。

图 5-5　蜜桃采摘园

（二）部分村民发展农副产品加工业

城里人吃腻了菜市场的反季节蔬菜和经过长途运输的蔬菜，他们去樱桃沟旅游时，对农村的土鸡、土鸡蛋、土猪肉、山野菜等表现出浓厚的兴趣。勤劳的村民从中看到了商机，将其他地道的农副产品进行加工、包装后销售，比如将樱桃加工成樱桃干，不仅如此，还恢复传统手工作坊，将柴锅豆腐、木榨香油、自酿黄酒等农产品开发升级为品牌旅游产品。除了将自家责任田里种的农产品变钱之外，村民们还将山上野生的荠菜、黄花菜、槐花、水芹菜、苦菜、地衣、野蒜等采摘回来，经过加工后卖给游客。不仅城里人对这些带有"野"味的原生态产品十分青睐，农民自身也从中增加了收入。据统计，"十二五"期间，樱桃沟农副产品年均销售收入突破800万元，人均增收5300元，是农民人均纯收入增长最快的五年。预计"十三五"时期，这方面的效益会更好。

(三)部分村民创办农家乐

看到村容旧貌换新颜、乡村生态观光旅游势头越来越好、樱桃节的名气越来越大、慕名前来的游客络绎不绝,一些外流的农民工开始回流,在家或者在村里觅地开办农家乐,接待四方来宾。普通餐馆,平时日均接待四五桌客人用餐,月收入万余元没问题。在旅游旺季,去农家乐吃饭还需排队,有的农家乐月收入超10万元。曾经常年外出务工年轻人的陆续回归,让乡村更热闹了,农家乐从当初的寥寥几家增加到现在的60多家,家家各具特色,不仅让游客流连忘返,也让村民在家门口实现了致富的梦想。

(四)部分村民发展特色养殖业

农家乐数量的增加,对食材的需求量增多,带动了养殖业的发展。一些农户在沟渠或堰塘养起了龙虾、黄鳝、鸭、鱼类,在院子或山上养了土鸡、土猪,这些产品既供应了农家乐,又方便游客捎带,在家门口就能卖上好价格,这不仅让本地村民的"腰包"鼓起来了,据说,还有外村人甚至城里人来此地做买卖。

图5-6 村民圈养的土鸡

五、文明乡风的精心营造

乡风文明是衡量乡村发展的一个重要指标。社会转型期,昔日淳朴的乡风受外来思想的侵蚀,一些不文明的风气和陋习抬头。再者,多年来,农村将重点放在"富口袋"上,"富脑袋"方面重视不够,致使精神文明没有与物质文明同步前进。无论是建设社会主义新农村,还是建设"美丽乡村",

都需要倡导现代文明理念，抵制和革除陋习，培育文明乡风，促使农民养成良好的精神风貌、提高思想觉悟和道德素质，进而推动农村科学发展。

为了树立文明乡风，助力乡村旅游发展，樱桃沟村常态化开展"十星级文明农户"和"孝老爱亲道德模范"的创建和评选活动。"十星级文明农户"包括法纪星、道德星、卫生星、致富星、诚信星、计生星、生态星、志愿星、科教星、文体星；"孝老爱亲道德模范"指的是孝顺老人、爱护亲人的先进典范。在创评过程中，通过召开动员会、明确创建内容及标准、部署创评程序、自评互评、张榜公示、审定表彰等环节，发掘身边的好人和乡贤，践行社会主义核心价值观，引领社会新风尚，传播社会正能量，为外修生态、内修人文、建设幸福乡村添砖加瓦！

第二节 樱桃沟村社会事业发展的短板

长期以来，受城乡二元社会结构的影响，我国农村公共服务严重不足。特别是农村税费改革之后，"三提五统"被取消，财政转移支付捉襟见肘，农村社会事业几乎成为"无米之炊"，是农民最不满意和反映问题最多的地方，可谓阻碍农民生活质量提升的"拦路虎"。就樱桃沟村来说，由于该村是乡村发展的新秀和农村脱贫致富的样本，与普通乡村相比，财政支持的力度较大，所以社会事业比一般乡村好，然而，尽管有如此多的优势和便利，也在教育、医疗、社保等方面存在一些亟待弥补的短板。

一、不容乐观的义务教育

目前，樱桃沟村有1所小学，位于村委会大楼一楼，20余名学生，学校里只有一年级和二年级，共两个班，仅有2名教师、2间教室。尽管新小学在建，但也不是中心小学或完全小学，最多3个年级。现在，学生从三年级开始就去茶店镇中心小学读书，待新小学建成之后，四年级的学生都必须离开本村去镇上的完全小学或者外地上学。据统计，现在全村有40多名学生需要每天前往16公里之外的茶店镇上学，距离较远，时间成本高，学生和家长十分辛苦。

事实上，作为一个全国乡村旅游名村，因为家乡的就业创业机会多，外流人口较少，所以需要在村小学上学的学生不少。就当前这个学校的规模和条件来看，显然无法满足新一代村民的就学需求。这种现象是多方面原因造成的：第一，农村教育投入太少。受经费所限，学校缺少正规的图书室、多媒体功能室、文体艺术类设施，不利于学生的全面发展，素质教育难以实现。第二，师资力量薄弱。由于农村小学的办学条件差、教师待遇低，优质老师留不住，年轻老师招不来，只有年龄大的老师勉强坚守。第三，教学资源配置不均。一些好的教学资源都向城镇集中，经济条件稍好的家庭都尽力把学生送到城镇上学，农村教育规模不断萎缩，一些农村学校逐渐被撤销或合并。这种情况下，村民左右为难，因为在本村上学，教学质量难以保证；舍近求远去集镇上学，家长需要陪读，徒增交通费和生活费，增加了村民的经济负担。

调研得知，由于本村发展势头好，不仅本村姑娘不愿意外嫁，外村的姑娘想嫁进来，而且还有不少其他外地人想来本村落户，这种兴旺的人口递增趋势更是给乡村义务教育提出了挑战，毕竟人口素质的提高是乡村可持续发展的重要前提。

二、供不应求的医疗条件

从医疗条件来看，樱桃沟村只有一个简陋的医务室，只能方便村民买点简单的感冒药之类，输液的设施都不具备，也就是说村民连患上感冒之类的小病都需要去茶店镇，这与村民就医需求之间的差距太大，给村民的生活带来极大不便。

不难看出，樱桃沟的医疗卫生问题较为突出。由于农村公共卫生投入严重不足，卫生室内的医疗设备匮乏、基本药物缺乏；由于农村环境艰苦、收入不高、职称晋升渠道不畅、培训机会不多等原因，农村医务人员流失严重，影响了农村医疗卫生队伍素质的提高。

当前这种医疗条件，已经落后于一些普通乡村，与"全国乡村旅游名村"这个称谓更不相符，因为游客数量的增多必然带来就医概率的增加，一旦发生事故，偌大一个景区连基本的急救能力都不具备，无形之中增加了游客的旅游风险，降低了游客的安全感。

此外，尽管已经推行新型农村合作医疗制度多年，农民的参保率比较高，在一定程度上确实减轻了农民的医疗负担，但由于报销比例不高，药物报销品种不广，村民"因病致贫、因病返贫"的现象普遍。

三、量少质低的社会保障

农村社会保障是农民生活的安全网，包括养老保障、医疗保障、最低生活保障等，对于缩小城乡差距、缓解社会矛盾、构建和谐社会和建成全面小康社会都具有十分重要的意义。就樱桃沟来说，当前社会保障的特点是量少质低，保障能力和保障水平与群众的期望值之间有很大落差。首先，保障类别少。城里人有养老保险、医疗保险、工伤保险、生育保险、失业保险，而农民因为没有稳定工作而只有养老保险和医疗保险，与工伤保险、失业保险和生育保险无缘。其次，保障水平低。按照国家养老金政策，60岁以上农民现在每月的养老金只有70元，在物价居高不下的今天，区区70元相对于农民的生活所需只是杯水车薪。尽管樱桃沟村创建了"孝亲养老互助社"，社员每年可领取500元养老金，但也不足以养老。三是救急难不到位。现实中因病因灾致贫的群众不少，尽管有的可以享受"最低生活保障"，但"低保"一般是一年评一次，对于有突发疾病或遭遇意外灾害的村民来说，"远水解不了近渴"；尽管农村有大病救助，但无论是保额还是涵盖的疾病种类都存在这样那样的不足，解决不了根本问题，因病因灾返贫的现象突出；尽管近几年精准扶贫的推进力度加大，但获得扶持的条件较多、争取贷款的难度较大，要真正帮困难群众走出困境，社会保障还有很多工作要做。

四、如履薄冰的社会安全

相对于城市而言，农村由于社会治安力量薄弱，社会安全形势尤为严峻。社会安全与群众的切身利益息息相关，对于一个全国乡村旅游名村尤为重要，因为旅游名村是开放性的村庄，人多、车多、隐患多，稍有不慎，就有可能引发事故，如果处理不当，群体事件一触即发，对此，村干部不敢有半点懈怠。

发展乡村旅游之后，樱桃沟村高度重视安全工作，牢固树立"游客至上，安全第一"的理念。建立健全规章制度；经常性地组织农家乐从业人员开展有关食品安全、消防安全、防灾减灾等相关专业知识技能培训；成立了治安联防队、民兵应急小分队负责重点设施、重点路段的巡查；村委会、村卫生室实行严格的值班制度，确保24小时通信畅通。危险路段、危险区域、危险设施的警示标志设置醒目。尽管做了这么多防患工作，但在以下四个方面仍然是"如履薄冰"。

一是公共安全，也就是社会治安。本地人和外来人混杂，人口结构复杂，个人素质良莠不齐，偷盗、宰客、斗殴等现象随时有可能发生，如何保护村民和游客的合法权益不受侵害，让乡村游成为安全游、舒心游，是一个不小的考验。二是交通安全。每逢旅游旺季，游客摩肩接踵，车流水泄不通,在村庄道路狭窄、弯道多、没有循环路的情况下,交通事故极易发生。三是食品安全。农家乐的数量与日俱增,由于其经营者都是分散的个体,没有统一的组织和经营标准,一旦监管不力,或者经营者缺乏自律和社会责任感,容易出现食品安全事故。虽然村委会联合镇卫生监督所定期对农家乐的卫生情况进行检查,但由于食品的来源太广泛,防不胜防,要百分之百保障村民和游客的食品安全,必须时刻紧绷一根神经。四是用水安全。尽管该村从2011年开始进行污水处理,但用村民的话说"只是蜻蜓点水式的",部分农民没有安装污水处理管道,私自将生活污水用管子排入山上的果树林,而该地属于南水北调水源地,污水处理不当会影响南水北调中线工程的水质,亟须引起重视。

第三节 关于樱桃沟村发展社会事业的思考

2017年7月11日,国家发改委、财政部、国土资源部、环境保护部等14个部门,联合制定出台《促进乡村旅游发展提质升级行动方案(2017年)》,目的是推动我国乡村旅游持续健康发展,进一步发挥乡村旅游在稳增长、促消费、减贫困、惠民生等方面的积极作用,巩固当前我国经济稳中向好势头。旅游发展的提质升级,不仅需要促进经济的提档升级,而且要注重社会事业的提质增效,避免经济社会的瘸腿式发展,因为只有经济社会齐头并进的乡村发展才是有质量的发展。因而,樱桃沟村不能忽视社会事业的发展,要通过缩小经济发展与社会事业之间的差距,让乡村旅游从"速度型"向"质量型"转变。

一、转变发展理念

农村社会事业,关系到建成全面小康社会的大局,在快速推进工业化、城镇化、信息化、农业现代化"四化同步"的进程中,要改变农村社会事业滞后局面,加大城乡统筹和经济社会统筹力度,让农民享受到更好的公共服务,让农民"劳有所得、学有所教、病有所医、老有所养",提高生活幸福度。为此,对于一个偏远山村来说,在经济发展取得进展之后,必须摒弃落后发展理念,坚持创新、开放、协调、绿色、共享发展理念。首先要充分利用现有物质条件,赶超性发展社会事业,弥补社会事业的欠账,促进经济社会协调、人与自然和谐、物质与精神俱进。其次,关注老人、儿童、残障、孤寡、空巢、"失独"等弱势群体，为他们的生存和发展提供支持，助其渡过难关、走出困境，不让一个人掉队，增加村民对未来生活的信心，确保人人共享乡村发展成果。然后，牢记习总书记"绿水青山就是金山银山"的嘱托，变大开发为大保护，吃生态饭、喝生态水、赚生态钱。最后，解放思想，在社会事业发展上大胆创新，变封闭式发展为开放性发展，取人之长，补己之短，探索出适合本地民情和村情的发展路子。

二、科学制定规划

农村社会事业不是孤立的，关系到农村经济社会发展的整体水准，是决定农民生产生活水平的重要基础，因而，要坚持规划先行，发挥规划的统筹作用，以规划指导发展，增强规划的约束力和权威性，确保发展的目的性、计划性、针对性，减少发展的盲目性和随意性。为确保规划的科学性，制定的规划需要建立在深入调研的基础上，建立在广泛听取群众意见的基础上，建立在充分讨论和论证的基础上，建立在认真分析教育、医疗、文化、社保、治安、基础设施、环境保护等每项事业的优劣势基础上，既讲究主次，又兼顾全面。同时，鉴于农村社会事业的投入具有见效慢、周期长的特点，投入和产出之间有较长的时差，再者，村民对社会事业的需求有逐年增长的趋势，所以，制定的规划必须经过科学预测，必须有相当的前瞻性，否则，发展起来的社会事业因为没有适度超前，很快会变为困扰农村发展的桎梏。

三、创新供给机制

农村社会事业之所以拖后腿，最主要的原因就是缺资金。尽管地方政府在农村科教文卫等社会事业方面的投入总量逐年上涨，但在财政投入中的比重是下降的，并且在城乡投入不对等的情况下，农村的投入明显不足。同时，目前的投资渠道，除政府的财政资金之外，民政、人社、卫计、教育、文化等部门都掌握着一部分发展资金，由于这些资金太分散，没有集中使用，形不成合力，致使"常年投资常年无效果"，所以，必须创新供给机制，形成多元化投入格局。一是强化政府投入的主体作用。农村社会事业属于公共产品，政府财政理应是投入主渠道，要建立社会事业投入比例随财政收入增加而动态上涨的机制。二是整合部门资金。统筹协调科技、教育、文化、卫生、民政、广电、文体等部门利益，发挥各部门的资源优势，集合资金办大事，避免"撒胡椒面"的做法。三是拓宽社会融资渠道。在政府财力有限的情况下，由财政全包力所不能及，需要调动社会投资的积极性。由于农村社会事业的投资吸引力差，政府可通过以奖代补、项目补助、税收减免等方式鼓励社会力量兴办农村社会事业。总之，要动员多个主体、开拓多个渠道、采取多种措施，形成以公共财政为基础、以村社集体经济为支撑、以民间资本为补充的多方参与的供给机制。

四、培育村民自组织

在农村社会事业供给上，不能完全依靠国家或市场这些村庄外生力量，有必要挖掘村庄的内生力量。应市场经济发展而产生的农民协会、农民理事会、农村合作组织等农民自组织，它们不以赢利为目的，逐渐发展成为农村社会事业发展的重要支撑力量。村民自组织有其自身优势，可以利用村落的社会资本，借助村里德高望重的、有威望、有号召力、能服众的乡村精英，整合村民，激活村民的公共精神，促成村民在社会事业上的合作。由于我国农村自组织还处在萌芽阶段，各方面发展还不成熟，政府应采取鼓励措施，扶持和培育其发展，通过这些组织为农民提供更多更好的社会服务，弥补政府在社会事业发展上的不足。

> 链 接
>
> **樱桃沟村孝亲养老互助合作社章程**
> （2015年8月15日第一次社员大会讨论通过）
>
> **第一章 总则**
>
> 第一条 为了提高本村老年人福利待遇，解决本村村民因经济发展而产生的融资需求，依据相关政策及《中华人民共和国农民专业合作社法》等有关法律、法规的要求，创立本合作社，特制定本章程。
>
> 第二条 本社由朱德永、XXX等30（或40人）人（所有发起人的名单，建议按社员代表总数1∶5或者1∶6提供发起人名单）发起，于2015年8月15日召开设立大会。
>
> 第三条 本社名称：樱桃沟村孝亲养老互助合作社。成员出资额65万元。
>
> 第四条 本社法定代理人朱德永 地址：樱桃居二楼。
>
> 第五条 本社依法开展以老人互助养老为核心的资金帮扶合作，为社员提供生活困难救济、日常起居护理、心理咨询辅导和产业发展帮扶等服务，

最大限度地提高老年人福利待遇，依法维护社员的合法权益。

第六条　本社按照"民办、民管、民受益"的原则，实行自主经营，自负盈亏，民主管理，利益共享，风险共担，权利平等，入社自愿，退社自由。

第七条　本社严格遵守国家的法律法规，依法组织互助合作，维护国家和社会公共利益，自觉接受政府相关部门的指导和监督，在经济活动中承担相应责任。

第二章　社员

第八条　凡本村村民，承认本社章程，并交纳本社规定的最低数额的股本金，由本人申请，经理事会审查批准，即可成为本社社员，并发给社员证；其他个人和组织，承认本社章程，履行社员义务，也可申请加入。

本社社员分为：老年人社员和社会社员。老年人社员和社会社员是本社的正式社员，他们构成社员大会或社员代表大会。本社正式社员实行一人一票权。

（一）老年人社员

1. 入社条件：（1）是指樱桃沟居民（有樱桃沟村户籍、有房产、有二轮延包土地和山林），（2）年满60周岁，（3）自愿交纳2000元股本金且一人一股。老年人社员是本社的主体社员。

2. 老年人社员的权利：

（1）参加社员大会，有选举权和被选举权；

（2）有担保权；

（3）有监督权，可对本社的经营、财务管理、收益分配等提出意见和建议，并进行监督；

（4）有收益权，股本金经营性收益；

（5）有参与权，优先参加本社组织的各项活动，优先享受本社提供的各种服务，优先利用本社设施；

（6）有建议权，可以建议召开社员大会或社员代表大会；

（7）享有本社规定的为老人养老提供便利的各项服务等其他权利。

（二）社会社员

1. 入社条件：各级政府、社会组织、自然人等自愿注资（社会股本金）入社，方可成为本社的社会社员。

2. 社会社员的权利与义务：社会社员无偿注入股本金，无担保权，无收益权，也不承担风险。但有权监督本社资金运行和日常管理。在本社不遵守本章程时，社会社员有权无条件全额撤走股本金，并退出本社。

第九条 正式社员履行下列义务：

（一）遵守本社章程，执行本社决议；

（二）维护本社合法权益和声誉；

（三）积极参加本社活动，维护本社利益，保护本社共有财产，爱护本社设施；

（四）支持理事会履行职责；

（五）承担合作社非人力控制的风险；

（六）本社规定的其他义务。

第十条 正式社员入社的程序：

（一）本人提出申请；

（二）交纳2000元社员股本金；

（三）理事会审查批准；

（四）颁发给社员证。

第十一条 正式社员退社程序：

（一）本人提出申请；

（二）理事会审查；

（三）交回社员证和股本金证；无故退社的，两个月内退回股本金，无利息无分红。由于天灾重大疾病等事故造成退社的，即时退回股本金及银行同期利息；社员死亡，可即时退回股本金及银行同期利息和当年分红。

第十二条 社员有下列情形之一者，经社员代表大会半数以上或理事会决议，取消其社员资格。

1. 不遵守本社章程及决议，不履行社员义务；

2. 从事与本社利益相矛盾的活动；

3. 给本社信誉、利益带来严重危害；

4. 其他有损本社利益的行为。

取消社员资格，须召开社员代表大会进行表决，出席的社员代表须在半数以上，并经出席会议半数以上的社员代表同意方可生效，特殊情况下取消社员资格也可召开理事会且通过2/3以上理事同意。

社员被取消资格后，退还其入股本资金，不计利息，不分红利，若给本社造成重大经济损失的，不退股本金，不计利息，不分红，且由理事会提请相关部门依法追究其相关责任。

第三章 组织机构

第十三条 本社设立社员大会、理事会、监事会。社员大会是本社的最高权力机构。社员大会由全体正式社员组成。社员代表大会履行社员大会的职权。社员代表大会的代表由社员直接选举产生,任期三年,可连选连任。

社员大会(社员代表大会)行使下列职权:

(一)审议、修改本社章程和各项规章制度;

(二)选举和罢免理事长、监事长或者理事会、监事会成员;

(三)审议本社的发展规划和年度业务经营计划;

(四)审议批准年度财务预算和决算方案;

(五)审议批准年度盈余分配方案和亏损处理方案;

(六)审议批准理事会、监事会提交的年度业务报告;

(七)决定重大财产处置、对外投资、对外担保和生产经营活动中的其他重大事项;

(八)对合并、分立、解散、清算和对外合作等做出决议;

(九)决定聘用经营管理人员和专业技术人员的数量、资格、报酬和任期;

(十)听取理事会关于社员变动情况的报告;

(十一)决定其他重大事项。

第十四条 本社每年至少召开一次社员大会,社员大会由理事长负责召集,并提前1~5日向全体社员通报会议内容。

第十五条 有下列情形之一的,本社可召开临时社员大会:

(一)理事会提议;

(二)监事会提议;

(三)1/3以上社员代表联名提议。

第十六条 社员大会须由本社成员总数的半数以上出席方可召开。社员因故不能参加社员大会,可以书面委托其他社员代理。1名社员最多只能代理1名社员表决。

社员大会选举或者做出决议,须经本社社员半数通过;对修改本社章程,改变社员出资标准,增加或者减少社员出资,合并、分立、解散、清算和对外联合等重大事项做出决议的,须经社员表决权总数2/3以上的票数通过。

第十七条 本社设理事长1名,为本社的法定代表人。理事长任期3

年，可连选连任。

理事长行使下列职权：

（一）负责本社的经营管理工作；

（二）制定本社年度经营计划和预算、决算报告，提交社员大会审议；

（三）召集和主持社员大会或社员代表大会，召集并主持理事会议；

（四）签署本社成员出资证明（股本金证）；

（五）提出除会计外的所有参与本社日常经营管理人员的聘请和解聘计划，报理事会批准后录用或解聘。签署聘任或者解聘本社相关人员聘书；

（六）组织实施社员大会（或代社员代表大会）和理事会决议，检查决议实施情况；

（七）定期向监事会、理事会报送财务报告和重大经营活动情况；

（八）代表本社签订合同、处理和协调对外关系等。

第十八条　本社设理事会。理事会是本社的执行机构，由社员大会或社员代表大会从本社正式社员中选举产生，对社员大会或社员代表大会负责。

本社本届理事会由9名（含理事长）成员组成。本届理事会中发起人中当然理事2名，其中，村委会1名，区、开发区和社会投资人代表1名。理事会选举理事长1人，副理事长1人。本社理事长、副理事长和理事任期3年，可连选连任。

理事会行使下列职权：

（一）组织召开社员大会（或社员代表大会）并报告工作，执行社员大会决议；

（二）制订本社发展规划、年度业务经营计划、内部管理规章制度等，提交社员大会审议；

（三）制定本社年度财务预决算、盈余分配和亏损弥补等方案，提交社员大会审议；

（四）组织开展成员培训和各种互助合作活动；

（五）管理本社的资产和财务，保障本社的财产安全；

（六）接受、答复、处理监事会提出的有关质询和建议；

（七）决定社员入社、退社、除名、奖励、处分等事项。

第十九条　理事会的工作由理事长主持。工作实行协商一致原则。理事会会议的表决，实行一人一票。个别理事无法参会可以委派代表参加并行使相应权力。重大事项集体讨论，需要邀请部分老年人社员参与，并经2/3以上理事同意方可形成决定。理事会重大会议必须邀请监事会成员列席，列席者无表决权。

第二十条　理事会和监事会成员总人数的2/3联名，可以提请社员大会罢免理事长。

第二十一条　本社设监事会，本届由5名（含监事长）监事组成，设监事长1人，副监事长1名。本届监事会中发起人当然监事2名，银行部门和社会投资人各1名，老年人社员中选举产生3名监事。监事长由监事选举产生，监事长和监事会成员任期3年，可连选连任。监事长和监事列席理事会重大会议。

监事会行使下列职权：

（一）监事会对社员大会决议和本社章程的执行情况进行监督；

（二）监督检查本社的经营业务情况，负责本社财务审核监察工作；

（三）监督理事会成员履行职责情况；

（四）向社员大会（或社员代表大会）提出年度监察报告；

（五）向理事长或者理事会提出工作质询和改进工作的建议；

（六）提议召开临时社员大会或社员代表大会；

（七）收集社员的意见和建议。

第二十二条　监事会会议由监事长召集，监事会会议的表决实行一人一票。监事会会议须有2/3以上的监事出席方能召开。重大事项的决议须经2/3以上监事同意方能生效。监事个人对某项决议有不同意见时，其意见记入会议记录并签名。监事会开会时，可以邀请理事长或者理事列席，不参与表决。

第四章　财务管理

第二十三条　本社股本金、资金来源：

（一）老年人社员股本金：每人2000元；

（二）各级政府、社会团体和自然人的社会股本金；

（三）每年从盈余中提取的公积金、风险金等；

（四）在核准的业务范围内开展活动或服务的收入。

第二十四条　收益按如下方案进行分配：

公积金15%；

股本金分红70%；

风险金10%；

管理费5%；

每年的分配时间为每年的农历腊月二十三。

第二十五条 风险管理:

(一) 理事会和监事会成员每月定期召开一次会议,进行风险评估及预警;

(二) 建立风险基金;

(三) 实行账款分离管理,管账不管钱,管钱不管账,现金存入指定银行账号,存折由出纳保管,会计每月定期向理事会、监事会报告财务收支情况及银行账户实有资金情况;

(四) 出纳要为每个社员建立一份个人流水卡账。

第二十六条 本社的资产管理必须执行国家规定的财务管理制度,接受社员大会(或社员代表大会)和金融部门的监督。资产来源属于国家拨款或者社会捐赠、资助的,必须接受审计机关和社会的监督。

第二十七条 本社的资产,任何单位、个人不得侵占、私分和挪用。

第五章 章程的修改程序

第二十八条 对本社章程的修改,由理事会提出修正案报社员大会审议通过为有效。

第二十九条 本社修改的章程,须在社员代表大会通过后15日内,经业务主管单位审查同意,报社团登记管理机关核准后生效。

第六章 终止

第三十条 本社有下列情况之一时,经社员大会或社员代表大会决定,报有关部门批准后予以终止,并进行清算:

(一) 本社净资产小于股本金原值3/4时;

(二) 本社2/3以上社员要求解散或重组时;

(三) 与其他合作经济组织合并时;

(四) 其他原因造成本社无法开展活动时。

第三十一条 在批准解散或重组后,理事会在1个月内向社员和社会宣布。

第三十二条 本社解散时,由社员大会或社员代表大会会内选举或聘请社外7人组成清算小组,对本社的资产和债权、债务进行清理,并制定清偿方案报社员大会或社员代表大会批准。未经批准,任何单位和个人无权处理本社资产(法律另有规定除外)。

第三十三条 清算时,本社共有资产在支付清算费用后按以下顺序清偿:

（一）本社雇佣人员工资、生活费用、补贴等；
（二）本社所欠税费、贷款；
（三）抵偿债务；
（四）返还社员股本金；
（五）若资不抵债时，扣完社员股本金后，不再承担其他连带责任。

第七章　附则

第三十四条　本章程未尽事宜，由理事会负责补充或修改，并经社员大会或社员代表大会讨论通过。

第三十五条　本章程由第一次社员大会表决通过后生效，并报有关主管部门备案。

第三十六条　本章程由理事会负责解释。

小　结

社会事业是社会和谐、稳定、有序发展的基础；农村社会事业是民生事业，事关农民的幸福和生活质量。农村社会事业具有投入大、见效慢、不追求利润、服务性明显、种类多、难度大等特点。当前，我国农村社会事业与经济发展不同步、不协调，已经阻碍农村的可持续发展，与广大农民日益增长的民生改善需求不相适应。作为全国乡村旅游名村的樱桃沟村也不例外，相对于经济来说，社会事业整体发展步伐较慢，部分社会事业成为乡村发展的短板。本章共分为三节。第一节呈现樱桃沟村社会事业发展的亮点，比如传统文化的转型升级、居住环境的日新月异、孝亲养老的互助合作、就业创业的多元选择、文明乡风的精心营造。第二节分析樱桃沟村社会事业发展的短板，例如：不容乐观的义务教育、供不应求的医疗条件、量少质低的社会保障、如履薄冰的社会安全。第三节是关于樱桃沟村发展社会事业的思考。认为旅游发展的提质升级，不仅需要促进经济的提档升级，而且要注重社会事业的提质增效，避免经济社会的瘸腿式发展，只有经济社会齐头并进的乡村发展才是有质量的发展。因而，樱桃沟村不能忽视社会事业的发展，要通过缩小经济发展与社会事业之间的差距，让乡村旅游从"速度型"向"质量型"转变。为此，需要转变发展理念、科学制定规划、创新供给机制、培育村民自组织。

第六章 生态文明与全国乡村旅游名村建设

中共中央国务院在关于加快推进生态文明建设的意见中,将加快推进生态文明建设作为加快转变经济发展方式、提高发展质量和效益的内在要求,并明确指出加快推进生态文明建设是坚持以人为本、促进社会和谐的必然选择,是全面建成小康社会、实现中华民族伟大复兴中国梦的时代抉择,是积极应对气候变化、维护全球生态安全的重要举措。[①] 生态旅游,作为将"生态文明"理念与旅游业开发相结合的一种绿色、环保休闲度假方式,近年来伴随着"生态文明"理念的大力提倡与推广日益成为越来越多地方特别是农村地区发展旅游业的主导理念。郧阳区樱桃沟村正是以其优美的乡村自然环境为背景,在整合生态资源的同时,不断推动本村产业结构优化升级,成为重视生态环境保护的新型生态旅游名村。笔者在此试图通过结合乡村旅游与生态环境间的关系,对该村生态旅游的生态环境、实际做法、经验与不足等方面进行分析,探讨在"生态文明"建设背景下,如何实现旅游资源的高效循环利用;在严格保护乡村生态环境的前提下,如何将生态文化作为农村地区旅游开发的重要支撑;在乡村旅游实践中,如何将自然、生态、文化三方面有机地结合在一起,实现乡村振兴。

第一节 生态文明建设视域下的乡村旅游生态化

近年来,在全国新农村建设中,乡村旅游在各地的发展宛如一束束逐渐绽开的花朵,以其别具特色的风貌,各自独领风骚。如:云南剑川县寺登街的茶马古道集市、杭州梅家坞的农家乐、江西上饶的婺源县、海南琼海市的北仍村……乡村旅游的发展不仅改善了地方基础设施建设,且将单纯的农业

---

① 《中共中央国务院关于加快推进生态文明建设的意见》,2015年5月6日,见http://politics.people.com.cn/n/2015/0506/c1001-26953754.html。

资源转变成为旅游资源,对优化配置农业资源、增加农民收入和就业机会,以及提高农业经济综合效益均起到了积极良好的促进作用。然而,我们在肯定乡村旅游为农村地区经济作出贡献的同时,也不得不看到由乡村旅游发展所带来的农村生态环境问题也逐渐凸显,有些甚至还发展成为影响乡村旅游甚至地方经济社会可持续发展的重大现实性问题。对此,究竟该如何看待生态文明建设?如何在乡村旅游开发的过程中,既最大程度的满足游客休闲、娱乐、回归自然的需要,又不违背自然规律、不破坏生态系统的平衡?这是当下推进乡村旅游快速发展需思考的一个现实性问题。

一、生态文明与乡村旅游

(一)生态文明

广义看,生态文明是指"人类在适应与改造环境的实践中创造的人与自然持续共生的物质生产和消费方式、社会组织和管理体制、伦理道德和社会风尚以及资源开发和环境影响方式的总和"①,体现的是人与自然和谐、统一的文明理念。党的十八大再次吹响了生态文明建设的号角,并把生态文明列入与经济建设、政治建设、文化建设、社会建设同等重要的五位一体总体布局之中。生态文明建设理念的再次提出,不仅代表了我们的环保意识、生态意识较以前有所提高,一定程度上也说明当今生态环境的严峻性。可以说,生态文明建设是21世纪全球范围内社会发展的一大趋势,中国作为经济迅速发展的发展中国家,在发展经济的同时,该如何正确处理好人与自然的关系,如何促进经济发展与生态环境保护间的和谐发展亦是关乎子孙后代的重大问题。

(二)乡村旅游

乡村旅游最早发源于欧洲,19世纪80年代开始在西方社会得到大规模的发展。从时间上看由于我国经济社会发展的整体水平相对滞后于西方发达国家,因此乡村旅游可以说是伴随着改革开放、经济迅速发展才逐渐发展起来的。

随着乡村旅游业的发展,对乡村旅游的研究也逐渐成为学术界关切的方面。然而,作为一个日渐熙攘的研究领域,目前学术界对乡村旅游尚未有一个统一的界定。综合多数学者的研究,笔者认为乡村旅游大体包含两个方面

---

① 王立国、胡明文、钟海燕、黄平芳:《基于乡村旅游的生态文明建设途径探讨》,《安徽农业科学》2008年第7期,第12401~12402页。

内涵：一是乡村旅游是以乡村特有的空间环境为依托，是一种通过开发各种旅游资源为游客提供休闲、参与以及娱乐等服务为经营手段的旅游形式；二是乡村旅游发展的根本特征是生态性，其发展的根本特色在于将生态性与本土风光、文化、风俗等方面结合。

（三）乡村旅游生态化

霍金斯曾言"旅游业不仅仅是一只会下金蛋的鹅，而且也会弄脏自己的巢"[1]。虽然生态性是乡村旅游的一大特色，但在实际开发、运营过程中，由于受到种种因素的制约，当前我国诸多乡村旅游的实际情况均与生态性原则背道而驰，违背自然规律、打破生态系统平衡、环保意识缺乏、破坏乡村环境等现象与问题屡见不鲜。正是基于目前乡村旅游发展中存在的这一问题现状，结合生态文明建设理念，我们提出了乡村旅游生态化。

在保护环境，合理利用资源，协调经济、社会和环境间关系的基础上，乡村旅游生态化具有如下三点特征：首先，乡村旅游生态化凸显的是旅游活动的专业性，因此无论是对村民还是游客均有保护环境意识的要求；其次，乡村旅游生态化强调的是环保性功能，通过在以往传统的旅游模式中增加生态环保性来提高现代乡村旅游的规格；第三，乡村旅游生态化强调的是其教育性，通过向大家渗透生态理念来提高环保意识。

二、乡村旅游发展与乡村生态文明建设间的关系

乡村旅游自其产生之日起就与生态环境之间具有不可分割的依存关系，既相互促进又相互制约。一方面，农村的生态环境是乡村旅游发展的根本基础，没有良好的生态环境，乡村旅游发展将会受到制约，难以进行；另一方面乡村旅游虽可视为乡村生态环境的衍生物，但其对生态环境的影响却甚为深远。我国乡村旅游在多年快速发展的过程中已经呈现出多元化的趋势，并业已成为新农村建设中被人们普遍接受的一种新形式，因此厘清其与农村生态环境之间的关系具有十分重要的现实意义。

（一）农村生态文明建设与乡村旅游发展间相互促进的共进关系

1. 生态文明理念是乡村旅游长期可持续发展的必要保证

如何在有效利用资源中获得经济、社会和生态效益间的平衡是生态文明

---

[1] Hawkins J. InverseImages: TheMeaningofCultureEthnicityandFamilyinPostcolonialGuatemala. Albuquerque: University of New-MexicoPress, 1983.

建设中首要考虑的问题,该视角为乡村旅游长足发展提供了理论基础和现实保证,在乡村旅游发展中,也只有充分融合生态文明理念才能确保其发展的均衡性、持续性。

首先,生态文明理念为乡村旅游发展提供了指导。作为以自然和人文环境为基础的乡村旅游,其发展过程与生态环境密不可分,可以说乡村性生态环境是乡村旅游发展的内核与拉力源,乡村房舍、乡村的生活环境、乡村文化与文明等区别于城市的这些乡村性生态环境是令乡村旅游在近二三十年如火如荼发展起来的根本原因。然而,随着环境与资源的负担越来越重,一定程度上对发展乡村旅游产生了制约性影响,生态文明理念的提出正好为我们如何在缓解环境污染、生态破坏和人类经济发展需求的矛盾中进行乡村旅游开发提供了指导。事实证明只有在生态文明理念下进行乡村旅游发展,才能令其有长久的未来。

其次,生态文明制度对乡村旅游发展具有一定的约束作用。"生态文明理念可以转化为生态规范和立法进而上升为生态制度"①。人们的行为在某种规范、制度的长期约束下,往往会内化为相应的思想意识并产生长期有效的影响作用,因此,生态文明制度在对人们行为产生约束力的同时将有助于培养良好的行为习惯。在生态文明建设视域下,在实际的乡村旅游运行实施过程中,旅游环境的维护除了要求管理者和工作人员要有较高的环保意识外,对游客的环保意识也有一定的要求,正是这种对参与主、客体双方的约束性对人们关注生态问题、提高生态保护意识等起到了积极性作用。

2. 乡村旅游为发展生态文明提供了有效途径

一方面,乡村旅游往往规模较小,其自身的特点具备了发展生态文明的基础。由于乡村旅游从某种意义上说属于体验性产业,其主要功能在于通过回归自然、体验乡土生活来放松心情、缓解城市居民的生活压力,从本质上看属于生态经济的发展模式。

另一方面,乡村旅游的特色产品决定其能够成为生态文明理念的传播途径与平台。②依托自然的生态环境,乡村旅游令前来的游客们在感受到大自然之美的同时也向其传播了生态文明的理念,绿色生态景观不仅给游客带来

---

① 刘思华:《社会主义生态文明理论研究的创新与发展》,《毛泽东邓小平理论研究》2014年第2期,第23~25页。

② 王涌涛:《生态文明建设视域下我国乡村旅游的生态化转型》,《农业经济》2016年第6期,第43~45页。

了生态情趣也令他们在不知不觉中受到了生态文明理念的影响。

（二）乡村旅游开发与农村自然生态间的相互制约关系

乡村旅游的特色之一就是其所具有的原生态性和乡土性，但由于乡村原生态环境和乡村性资源均属于环境敏感性资源，因此在进行生态旅游开发的过程中往往容易造成对生态系统的影响与破坏。

首先，各种乡村旅游项目的开发不断加大了其自然环境的承载力，特别是建立在自然风光与自然资源基础上的乡村旅游往往具有较强的季节性，游客游览的时间过于集中不仅容易产生大量的垃圾污染物，造成自然生态环境的破坏，食物、饮水等消耗品的大幅度骤升也容易带来较大的环境压力，令当地生态环境超出其原有的承载能力。

其次，乡村旅游项目的开展往往给周围的生态环境带来显而易见的影响。乡村旅游往往要求具有一定的规模性，因此不断开发新的旅游项目是维持发展，确保生命力的需要，然而如果在开发过程中不注重环境的保护，只为追求经济效益，必将给周边的自然景观带来严重的影响，在某些特定的地质环境下甚至还会出现例如山体滑坡、塌方、泥石流等自然灾害。环境的破坏无疑也将对乡村旅游项目的发展起着阻碍作用。

第二节　美丽乡村樱桃沟的生态文明建设探索

在对乡村旅游与生态文明建设间关系进行一定程度的理论剖析后，本文将进一步对位于湖北省十堰市郧阳区茶店镇的樱桃沟村，发展乡村旅游产业的同时在生态文明建设方面所进行的实践、取得的成效以及目前存在的问题进行分析。

一、樱桃沟村生态环境治理的实践

曾经的樱桃沟村村庄建设较为凌乱，规划性不够，加之道路不通畅，不仅经济发展停滞不前，且村庄的生态环境状况也与传统村庄相差无异。近些年，村委会在新农村建设的背景下，凭借独特的区位优势，借助当地山花、樱桃、草莓的生态亮点和产业优势，大力发展当地生态旅游和乡村旅游，形成了"春赏花，夏品果，住农家小屋，吃健康饭菜"的良好乡村旅游氛围。本着"把农村建设得更像农村"的理念，樱桃沟村在全村百姓的努力以及上级领导的关切下，总投资3330余万元，完成了基础设施建设、生态修复、产业发展等重点项目22个，并对樱桃沟村的乡村环境整治、房屋改建、景观修复、生态产业、美食提升等方面进行了全方位的规划建设，强化生态概念，突出旅游主题，恢复和挖掘了当地多种民俗文化，全力打造成为国家南水北调源头的生态型乡村旅游典范。可以说，樱桃沟村正是其采取的多项举措，将农村清洁工程落在了实处。

（一）开展"十星级文明农户"评比活动，村民养成良好的生活习惯

村委会持续开展"十星级文明农户"的评比活动，每月开展环境卫生大检查，发放"最清洁、清洁、不清洁、脏乱差"等四个标准的检查标志，对连续一年庭院卫生环境保持"最清洁、清洁"的农户发放"环保星"。对获得"环保星"后一年内出现六次"不清洁、脏乱差"检查标志的农户，收回"环保星"。此举不仅消除了环境卫生死角，还让"讲卫生、讲环保"成为村民的自觉习惯。

（二）分类处理生活垃圾，减少垃圾排量

除了前述的建立完善的配套垃圾分类收集设施、垃圾转运及分类处理设施等外，樱桃沟尤其注意提高村民的垃圾分类处理意识，特地制定了《樱桃沟村垃圾分类处理办法》。

链　接

樱桃沟村垃圾分类处理办法

一、分类原则与模式

分类原则是减量化再利用；处理模式是户分类、组收集、村运转、镇处理。

二、樱桃沟垃圾分类

1. 干垃圾（含可回收、不可回收和有毒类）：包括废纸、塑料、玻璃、金属、布料、砖瓦、陶土、渣土、废电池、废日光灯管、油漆桶、过期药品等，需要进行分检。

2. 湿垃圾（厨余垃圾）：包括剩饭剩菜、骨头、菜根菜叶、果皮等食品类废物。

三、垃圾分类筐摆放

1. 干垃圾

客厅1个：生活垃圾、瓜果垃圾。

门口2个：第一个放塑料垃圾（塑料包装、矿泉水瓶、一次性碗等）；第二个放玻璃（旧衣服、打碎的玻璃器皿等）。

厕所1个：卫生巾、婴儿尿不湿、卫生纸等。

2. 湿垃圾

厨房1个：所有菜叶、骨头、剩饭剩菜、调味料等。

四、村容村貌治理

1. 村民房前3米，房后2米都属于村民自家打扫范围。

2. 监督村民家里打扫卫生和物品摆放整齐，杂物堆放有序（不爱干净、不打扫自己家庭院、杂物乱摆乱放的人家要在全村通告）。

3. 选出来的卫生员负责捡公共区域游客丢的垃圾和村民打包好摆放在指定位置的分类垃圾。

4. 全村树木不能随意砍伐，鼓励村民多栽花种树，厕所不修建在大路边上。

5. 田间地头的垃圾，田间属于哪家村民，他就有责任把田间垃圾打扫干净。

6. 农家乐必须严格垃圾分类，环境卫生、厨房卫生、餐厅卫生、厕所卫生等每年要进入评比活动的范畴。

五、分类垃圾处理办法

1. 源头处理：村民在家中将垃圾分成干垃圾和湿垃圾，分别放在相应的垃圾桶中。

2. 分类收集：卫生员把村里垃圾拉到村资源分类中心进行二次分拣，塑料、金属、纸板可以变卖的就定期卖掉，不能卖掉的少量的就烧掉（鼓励农民自家少量的在家烧柴时候烧掉）。

3. 电池等必须存放在不淋雨的地方。

4. 废旧衣服、箱包等必须打捆堆放在不淋雨的位置，等待卫生员一次性拉走。

5. 农药瓶等有害垃圾在远离村庄的地方深埋。

6. 厨余垃圾：能够给养殖户就尽量提供给养殖户，不能的就挖坑放在远离人群的地方堆沤发酵处理，作有机肥。

7. 其余剩下实在无法处理的垃圾，进入镇上垃圾场。

（三）划分环境责任区，责任到人、惩罚得当

樱桃沟村主要采取的是"分区治理"的方式，目前按照本村的具体情

况，将全村分为11个责任区，并由专人进行卫生负责，按照"三包三定""四清四净""五个百分百""八无四必"的考核标准，通过逐级考核、分级考核、抽查考核、定期考核、考核积分制等办法和与工资挂钩、积分兑现、特别奖励、流动红旗等激励机制，全面有效地改善了全村的环境卫生问题。

图6-1　卫生创建专栏

（四）加大资金投入，完善收运设施

近年来樱桃沟村加大了对清洁工程的专项资金投入，不断完善清洁垃圾的收运设施。我们从村镇工作人员那里了解到，目前樱桃沟村共购置垃圾清运车3辆，每名环境保洁员配有一把扫把、一支铁锹、一个袖标和一件环卫工作马甲，平均每公里放置一个垃圾桶，大概每150户之间配有一个集中的垃圾中转站。垃圾清运人员每日从垃圾中转站将垃圾运送到附近的垃圾焚烧场，基本做到了日产日销。

（五）深化学习与宣传，提高村民环保意识

在调查中樱桃沟的老书记道出了很多基层领导的心声："在乡镇工作，很多时候难就难在农民心理和观念上的改变。"社会学家费孝通在《乡土本色》一文中将乡土社会描述为："这是一个'熟悉'的社会，没有陌生人的社会。……在一个熟悉的社会中，我们会得到从心所欲而不逾规矩的自由。这和法律所保障的自由不同。规矩是'习'出来的礼俗"。[①] 农村居民由于长期养成的生活习惯和生活方式，其对环境保护意识普遍较低，随手扔垃圾的习惯并非短期就能改变。严格依照城市环境卫生整治那样实行严苛的处罚

---

① 费孝通：《费孝通自选集》，首都师范大学出版社2008年版，第316~317页。

措施，在极为讲究"人情味"的乡村社会往往难以实施；而由本地村乡干部深入居民家中，挨家挨户进行劝讲的传统工作方式既耗时又耗力，且成效往往来得快，去得也快，说的时候农户都表示明白和支持，可一旦村干部离开后，大家依旧我行我素的现象屡见不鲜。针对这一现实情况，樱桃沟村在生态环境宣传教育中，除了在每次大型的村民大会上向村民讲述环境卫生对村落发展的意义外，还注意借助村务宣传栏、文化墙、广播等载体进行形式多样化的思想宣传，同时定期开展争先评优活动，对村里环境卫生做得比较好的突出个人、家庭或集体予以表扬和奖励，并通过一些先进的党员干部起到示范带头作用。樱桃沟的村民在种种对环境卫生的宣传和学习中，也逐渐唤起了对清洁环境工作的重视与关注，村落制定的各种规章制度也赢得了广大村民的理解和支持，现今的樱桃沟已经基本形成了日常乡村环境保护的文化氛围。

（六）污水处理，确保居民饮水安全

如何确保本村居民饮用水的安全，一直以来都是樱桃沟村从上至下均十分关注的民生问题。笔者在走访的过程中发现，目前该村的农户几乎家家都用上了自来水，甚至有很多家庭安装了抽水马桶、电热水器、太阳能洗浴设备等现代化卫浴设施。此外在和村民的访谈中获知，樱桃沟村的家庭生活用水，现在几乎不存在不经过任何处理就直接排放的做法，而是通过地下水道，将生活污水引入到一个专门的大蓄水池中，在专门配建的污水设备和污水处理管网系统处理下经沉淀、发酵、净化等过程后再排放。

图 6-2　污水处理设施

(七) 池塘清淤、卫生改厕，环境、生活齐改善

调查中，我们发现樱桃沟村在推进农村生态环境全面治理时，对村内池塘和公厕环境卫生均作了较大改善，沿着村庄大道行进过程中，几乎很难发现果皮、纸屑、塑料制品等垃圾污染物，除了极少数由于季节性干涸的沟渠外，大部分池塘、沟渠均完成了清淤工作，并完成了4公里河道治理。随着近年来樱桃沟村旅游业的蓬勃发展，村民经济收入水平也随之不断提高，几乎家家户户均安装上了现代化的卫浴设施，就连村里的公共厕所都焕然一新，简易的茅厕和粪坑被取代，村部、二组文化广场、三组停车场各建有一个标准公共厕所，停车场更是建有四星级公厕，卫生改厕不仅改善了全村的卫生情况，也解决了游客如厕难问题。

(八) 保护森林资源、发展经济林，促进生物多样性

生态环境的维护离不开对森林资源的保护，调查中发现樱桃沟村明确规定了在本村范围内的一草一木均不许乱伐、只允许栽树，不许砍树，土地也不许乱挖。经过几十年的造林、护管，近年来樱桃沟村的生态环境得到了较好的恢复与发展，昔日的荒山荒坡和裸露山体又重新披上了绿装，各种鲜花竞相开放，多年不见的秧鸡、鹌鹑、山鸡、锦鸡、野兔、野猪、松鼠、狗獾、狐狸等又出没于林间、田野。此外，伴随着大量樱桃树、板栗树、桃树、柿树等经济林栽培面积的逐渐增长，该村的生态公益林也初具规模，其间大量的植物群落对涵养水源、保持水土、调节气候以及促进动植物多样性均起到了十分重要的作用。

从上面的举措可以看出，樱桃沟村在制定生态旅游开发整体规划，突出生产发展的同时，不忘村落生态环境建设，并将美化村容村貌列为该村的一项重要工作来抓。在自然生态保护上，推进退耕还林、生态公益林建设；在生态居住环境上，全面进行了硬化、净化、绿化和美化等"四化"和改厕、改路、改栏、改厨的"四改"，与此同时对农户周边的环境实行门前三包政策；在处理农村垃圾问题上，强化了配套基础设施建设，并加强了相关村规民约的制定和实施。

二、樱桃沟村生态环境治理存在的问题

随着城乡一体化水平的逐年提高以及乡村旅游发展的持续深入，农村生态文明建设和环境治理方面也必将面临更高的要求，调查中发现尽管目前樱桃沟村在生态环境治理方面取得了一些成绩，但依旧存在诸多不容忽视的问

题，这些问题如不能得到较好的解决，未来势必严重制约其生态环境治理工作的纵向深入发展，以至于对其发展旅游也产生较大影响。从本次调研的结果来看，主要存在以下几方面问题。

(一) 清洁工程的设施、设备实用管理不规范

目前樱桃沟村生活垃圾收集、分类、转运所需的车辆、容器等设备设施虽已初步到位，但根据实际使用情况看，在对垃圾设备设施的实用管理上依旧存在较大问题，例如有的设备没有造册建档，缺乏人-器对应管理；有的农户将垃圾容器挪作他用，装粮装水；有的放在家中闲置，没有摆放到位。特别是调查中发现，村里专门购买的湿垃圾处理器基本处于闲置状态，原因是处理器使用起来耗电量太大。从成本的角度看使用垃圾处理器并不划算，村民真正用来处理湿垃圾的并不多，只有应付上级检查时才会偶尔用用。此外，笔者还发现了一个有意思的现象，即该村虽然建有垃圾分类堆放场，但走近看发现里面并没有堆放多少垃圾，基本也是处于一种闲置无用状态。

图 6-3　垃圾分类处理站

(二) 居民环保意识尚需进一步提高

调查中发现，虽然樱桃沟村委会做了大量宣传生态环境保护的工作，但受长期以来生活习惯和方式的影响，很多村民在生态环境保护的意识上仍处于一种较低水平，对于究竟为何要垃圾分类，什么是资源循环利用的认识也处于一种模糊状态，一般就是在旅游旺季受到村领导的监督、管理较多时注意一下，一旦过了旅游旺季，通常也就放松了自我约束力。调查中，村干部在介绍本村在环境卫生所做的诸多工作中，有一条便是禽畜必须圈养，狗必

须拴链条，但我们在实际的调查中却发现"溜达鸡"和"自由狗"依旧较为常见，对此村民解释说："现在是旅游淡季，没什么人来，也就不那么严格按照规矩办事了，村干部这个时候一般也不会特别说什么。"由此可见，村民内心对生态环境保护的意识实际上依旧较为单薄，而一些村干部则因缺乏有关的专业知识对环境保护的重视程度不够等问题。有位村干部就曾这样说："我们向村民宣传生态环境保护，也只能是按照上面的要求，告诉大家什么事情可以做，什么事情不能做，至于为什么要这么做，比如为什么说焚烧垃圾就比填满垃圾好，说焚烧就不污染地下水，其实我自己也说不清为什么。"

（三）缺乏相关法律法规，秸秆禁烧工作难

秸秆禁烧一直是农村基层乡镇工作中的一项重头戏，在同樱桃沟村有关领导的访谈中我们了解到，目前该村主要是通过向村民大力宣传、教育引导在全村范围内禁止焚烧秸秆，但实际的结果却并不如意。据了解，近几年在禁烧秸秆的问题上情况大致如下：最初村里开始禁止烧秸秆是因为过多的浓烟给周边地区以及相邻城市的空气带来了十分严重的影响，甚至对道路交通安全也造成了一定的威胁，所以政府开始要求下面各乡镇领导干部高度重视，但成效并不明显，大家该烧还是继续烧。后来政府明确由农业部门牵头对禁烧秸秆进行监督落实，于是相关工作人员通过向农民讲述焚烧秸秆对土质结构的破坏性，以及会给农作物生长带来诸多不利影响等，对广大村民进行宣传教育，一番工作下来，虽然有所改善，但依旧没能达到令人满意的效果，每到抢收季节，农民为了抢时播种往往依旧会选择一烧了之的办法。再后来改成乡镇属地负责制，即由司法部门综合协调公检法部门，进行督查工作。从实际效果看，虽然起到了一定的管控作用，但由于缺乏相关法规，执法部门难以对在自家麦茬上点火的农民采取任何执法行为，故局限性依旧较大。就这样，最后转来转去，又变成了乡镇属地负责制，但乡镇政府缺乏执法权，最终也只能将所有的压力推到基层乡镇领导身上，其效果依旧不明显。

（四）超容量、超负荷的接待经营给环境带来较大压力

据调查发现，目前樱桃沟村旅游业的发展主要集中在其最具特色的樱桃树上，每年樱桃花盛开和樱桃挂果的3—5月是游客来访最为密集的季节。调查中了解到，"五一"小长假期间，有近15万人涌入樱桃沟村，日接待游客量高达3万余人，如此高密集的旅游人数远远超出了樱桃沟（一个全

村不足 500 户的小村落）的环境容载量，无论是对污染物的净化能力还是对旅游人群的承接能力，均表现出无力应对，即便是实行了交通管制，要求所有车辆不许进村，只能停在村口 80 亩的停车场，游客一律徒步进村或乘坐村里大巴进村，依旧造成周边临近的 6 个乡村交通堵塞现象。可以说樱桃沟村目前在旅游旺季缺乏对村庄环境状况随游客增减出现的变化进行必要的实时监测和及时反馈，因此，一旦大量游客涌入，就会出现交通拥挤、服务质量下降、踩踏绿地农田、损坏公共设施、垃圾增多、噪音超标的现象，不仅破坏了乡村固有的宁静，也违背了游客前来感受乡村生态旅游的初衷。

第三节　推进生态文明建设　促进乡村旅游业发展的思考

党的十八大以来，党中央提出了一系列生态文明建设的新理念、新思想和新战略，这些均为全面推进生态文明建设提供了理论指导和行动指南。是习近平总书记提出了"绿水青山就是金山银山"思想，这启示我们，生态环境与乡村旅游之间是唇亡齿寒、生生相惜的依存关系。一方面，生态环境良好能有效地促进当地乡村旅游的发展，较差的生态环境会制约乡村旅游的发展；另一方面，乡村旅游的发展对地区性的生态环境同样具有保护和建设作用。

一、生态文明是制约乡村旅游业健康发展的短板

伴随着人们收入水平的不断提高、休闲时间的增多以及交通通信系统的快速发展，人们对自身的生活方式有了更高的要求，与此同时生活在城市中的人们生活压力却在不断加大，出现了诸多"城市病"，有越来越多的人在"盛世乡愁"的召唤下愿意走向田野、走向乡村。因此，尽管受到国际国内多方面因素的影响，在当前中国经济下行压力较大的背景下，以乡村旅游和休闲农业为代表的旅游业却成为经济发展中的一抹亮色。结合本次在樱桃沟村的调查，笔者认为目前乡村旅游存在的诸多生态环境问题，其原因大致可以归结为以下几个方面。

首先，缺乏较为完善、系统的发展规划。古语云"凡事预则立，不预则废"，纵观我国目前乡村旅游的整体开发，不难发现各地区基本处于各自为政的零散状态，甚至一些地方政府和官员在"重政绩，拼经济"的思想指导下，乡村旅游生态发展的理念薄弱，过分强调其发展可能带来的经济发

展总量、规模和效益等可量化指标，一味追求"短、平、快"，对拟开发地区，缺乏进行包括自然、人文资源在内的科学系统性调查论证，单凭一股热情和干劲，盲目上马。① 此外，一些乡村旅游项目在前期规划中缺少严格、详细的专业环境评估论证，缺乏强制性的具体判断指标，从而在后期实际的执行过程中可操作性差，难以发挥规划在生态保护中应有的保障作用，从而给生态环境的破坏留下了隐患。

其次，经营者与游客环保意识欠缺。随着国家生态文明建设的不断深入发展，全社会的生态环境意识逐渐得到了加强，但从整体看，目前全民生态环境的意识依旧不高，在全国首次生态文明意识调查中发现社会公众对生态文明的总体认同程度、知晓度和践行度的得分分别为 74.8 分、48.2 分和 60.1 分，呈现出"较低认知、践行不够"的特征，②体现在乡村旅游的经营者与游客身上亦是如此：一方面由于乡村旅游的经营者一般是本地农民，他们往往文化程度较低，而乡村旅游对于他们来说又是一项新事物，因此容易出现发展视野不够宽广、只重眼前物质利益的问题，从而导致当地丰富的自然、人文资源未能得到充分的开发反而遭受到破坏。另一方面，部分前往乡村旅游的游客也存在环保意识差等问题，遇到喜欢的花果随意采摘、手头的垃圾随意丢放、农田肆意践踏等现象屡见不鲜。

第三，缺乏科学的管理规范与体制。必须承认的是当前我国多数的乡村旅游开发尚处在较低层面，似乎乡村旅游成了农村发展第三产业的某种"时髦"，而包括当地领导干部在内的管理者也往往在物质利益的驱动下匆忙上马。在这种粗放型的经营与管理下，往往容易忽略本地区环境的实际承载力，对游客来者不拒，甚至多多益善的心理较为严重。而由于缺乏相应的科学管理体制和规范，直接导致其接待能力欠佳、生态环境污染严重等打破农村原有生态平和的现象发生。

第四，缺乏政策法规等制度性保障。几千年前孟子就说"车无辕不行"，制度作为人们共同遵守的行为规范与准则即是负载社会持续向前发展的"辕"，因此只有建立健全专门的乡村生态环境保护制度，才能令乡村生态旅游的环境保护在实际的操作过程中做到有章可循、有法可依、保障有力。截至目前，我国已经初步建成了具有中国特色的乡村生态环境保护法律法规体系，其中针对乡村环境资源保护的法律有 10 部、各类乡村环境保护

---

①② 邓谋优：《我国乡村旅游生态环境问题及其治理对策思考》，《农业经济》2017 年第 4 期，第 38~40 页。

行政法规有 50 余项，部门规章、制度规范性文件近 200 件，由各级地方人大和政府制定的地方性规章制度有 1600 多件，仅国家环保标准就已达 1499 项。① 这些法律法规的颁布与执行对我国乡村生态环境保护方面起到了积极的作用。然而，在乡村旅游日益蓬勃发展的同时，农村产业结构较以前亦发生了很大的变化，各种新问题、新现象不断涌现，有关乡村生态环境保护的现行法律法规在这一新形势下则显得不够完善，特别是针对乡村水体、大气、土壤等方面的环境保护和污染控制等重大领域依旧存在立法方面的空白，目前制定的环境保护标准也难以适应如火如荼进行中的乡村旅游发展需要。此外，目前现行的乡村生态环境法律法规存在处罚力度不够，缺乏有效的强制手段等问题，对那些实际发生的环境违法行为往往难以形成具有震慑性的作用。

第五，生态环境保护产品在乡村的推广与应用较为滞后。应用现代科技，研制专业设备，在农村大力应用和推广环保产品是贯彻可持续发展理念，减少或消除现存不合理的生产、生活方式，维持乡村良好生态环境的有效手段。然而，在实际的乡村旅游开发与实践中，生态环境保护产品的推广与应用往往较为滞后，在传统的生活习惯作用下，烧煤、烧柴的情况依旧十分普遍，无论是垃圾分类还是污染物回收在实际的推广和操作过程中往往也会遇到壁垒。此外，处理技术相对落后也直接导致对于污染物的无害化处理程度往往较低，甚至有部分地区将生活污水、固态不可降解废弃物、废气等未经处理就直接排放至自然中，最终导致水体质量下降、土壤环境污染和大气有害物质增加等不良后果，给本地区乡村旅游带来了严重的不良影响。

二、推进生态文明建设，促进乡村旅游健康发展的思考

第一，树立正确的乡村旅游发展理念。在发展乡村旅游的过程中，务必要树立正确的发展理念，同时高度重视乡村生态环境建设，在发展乡村旅游与生态平衡之间探索出一条和谐、可持续性道路。对于地方政府来说，既不能"缘木求鱼"，以保护生态环境为由舍弃发展乡村旅游的大好时机，也不能"竭泽而渔"，以牺牲生态环境为代价，片面地追求经济效益。各级政府应树立长远的发展意识和整体意识，处理好地方利益与国家利益之间的关系，杜绝一味追求"短、平、快"的政绩观。在看到乡村旅游能带来的经

---

① 邓谋优：《我国乡村旅游生态环境问题及其治理对策思考》，《农业经济》2017年第 4 期，第 38~40 页。

济效益的同时,也要注意提升和维护本土的生态环境质量,坚决防止污染、杜绝过度开发,并将生态环境的建设和保护放在各项工作制定和执行的思考范畴之中,绝不走"先污染后治理"的老路,在平衡好各方关系的过程中努力实现发展乡村旅游与生态环境的双赢。

第二,制定乡村旅游的生态环境保护规划。对于乡村旅游而言,其魅力就表现在良好的生态环境和古朴的村落风貌之中,因此各地区在发展乡村旅游的过程中,需结合当地的自然条件和文化历史传统,在充分调查的基础上,因地制宜地制定出符合当地情况的生态环境专项保护规划,对需要保护的自然与人文生态环境划分出明确的范围,并做出具体的、具有操作性的指标要求。具体来说,乡村旅游生态环境保护规划可包括以下几方面内容:首先,是通过全面和深入的调查了解当地的地质地貌、气象气候条件、水文、生物、土壤等相关的自然环境条件,以及包括经济发展、人口状况、地方民俗、建筑风貌、历史传统等在内的人文环境条件,在进行专业的生态环境评估认证的基础上,确定出符合当地实际情况的生态环境容量;其次,进行科学合理的乡村旅游生态环境保护功能分区,严格划定乡村生态环境保护红线,制定科学的乡村生态环境保护指标体系,做好乡村生态环境治理的基础设施规划布局①;另外,科学制定村落布局和整体风貌,并做出相应发展规划。

第三,加强生态文明教育宣传。目前,我国绝大多数乡村旅游的经营者和游客的生态环保意识依旧较为薄弱,对生态文明建设的意义和作用了解不清,因此必须通过相关的宣传、教育来帮助公众树立起正确的生态文明观念,使之对人与自然间的关系有一个正确的认识,懂得尊重、敬畏自然,形成重视生态环境、节约资源和保护生态环境的思想自觉和生态文明的价值取向,并形成自我约束和自我规范的规范行为。② 通过全面提高乡村旅游的经营者和游客的文化素养,来激发其对自然和文化的热爱之情和正确的生态伦理观。

第四,完善乡村旅游生态环境保护立法与制度性建设。依法治理、依规治理是生态文明建设中进行生态环境治理的基本要求,因此必须不断完善乡村旅游过程中的生态环境保护立法与制度性建设,以满足不断出现的乡村旅

---

① 邓谋优:《我国乡村旅游生态环境问题及其治理对策思考》。
② 蒙睿、周鸿、徐坚:《乡村旅游生态环境保护的系统观分析》,《云南师范大学学报》2005年第4期,第136~140页。

游发展需求。首先,应结合当前形势下乡村旅游发展的实际情况,不断完善相关的环境保护法律法规和地方性保护条例,进一步建立健全乡村生态环境保护标准体系,从立法和制度上对乡村生态环境保护执法予以必要的权利;其次,要不断加强乡村环境的执法力度,务必做到有法可依、有法必依、执法必严、违法必究,通过严格执法将生态环境保护的工作落到实处,确保其取得成效;另外,对现有的生态环境保护管理体制进行因地制宜、因势利导的修正与改革,建立健全乡村污染物排放的管理制度,加强环境监管和行政执法,逐步推行生态环境损害赔偿制度,让造成乡村生态环境损害的乡村旅游经营者、游客和其他责任者承担相应的生态环境损害赔偿责任,对构成犯罪的要依法追究其刑事责任。[①]

第五,加大对乡村旅游生态环保的投入力度。我国乡村地域广阔,其所需进行生态环境治理的面积也相应较大,因此必须加强对生态环境保护的投入力度,以确保治理资金充足。对此可以汲取西方发达国家的相关治理经验,由中央政府和地方政府按一定比例,共同拿出部分专项资金来进行乡村环境污染治理和资源保护,同时积极鼓励并适当奖励为污染防治作出突出贡献的单位或个人。除了资金上的保障外,还应积极推行环保技术,例如在乡村建立污水处理中心和污水处理管道对污水进行无害化处理;在乡村旅游区、休憩区等游客较为集中的区域放置垃圾分类箱等对固体废物进行垃圾分类;改革能源结构,通过改灶、改电、改厕等形式在农村推广清洁能源,以最大化降低由不当的生活、生产方式给乡村生态环境带来的不利影响。

总之,生态文明观的诞生,是人类文化战略、思维方式、价值观念及生活方式的转变;经济、社会发展的历史更是向我们昭示,生态,不仅是新世纪、新伦理中要求人们去爱护的对象,还是若干新兴产业赖以生存兴盛的依靠,是人类现在及未来赖以生存的"资本"。[②] 作为现代人类回归自然的一种方式,乡村旅游的开发应将生态文明观作为其发展的理念与指导,乡村旅游发展只有通过树立起与自然、社会的共生共荣关系,遵从尊重自然、美化自然的开发模式,才能创造出人与自然间的和谐关系,而这不仅是乡村旅游自身发展的内在要求,也是整个人类社会不断进步的根本原则。

---

① 李智、文波:《乡村旅游生态环境保护刍议:以成都为例》,《经济研究导刊》2010年第22期,第149~150页。

② 宋乃平:《生态文明:全面建设小康社会的重要目标》,《经济前沿》2004年第12页。

小 结

"漠漠水田飞白鹭，阴阴夏木啭黄鹂"是诗人笔下对古朴、自然的乡村环境的写照，亦是如今很多生活在现代化大都市中城市人的梦中美景，乡村旅游正是带着其特有的自然风光、浓郁的乡土气息，不断吸引着生活在都市中的人们。然而，作为乡村旅游发展中十分重要条件之一的生态环境也正面临着越来越多的考验，一方面是促进乡村旅游持续性发展的重要保障，另一方面也在乡村旅游业蓬勃发展的过程中受到各种影响，因此在发展乡村旅游的过程中，必须要充分考虑环境和自然的承载能力，强化对生态环境的保护意识，只有做到保护与开发并重，协调好乡村旅游发展与自然生态环境中的内在矛盾，促进二者在各自发展中的良性互动。樱桃沟村在全面发展乡村旅游的同时，将生态环境保护与乡村旅游发展相结合，通过形式多样的"清洁工程"，促进了农村的"三清五改"，不断改善村民自身的生活环境，提高生活质量，也改善了本地区旅游的生态环境，一定意义上促进了人与自然的和谐相处，目前虽依旧存在某些尚待解决的问题，但生态宜居的美丽乡村在这里已经初见雏形，伴随着生态文明建设的进一步发展，相信将会有更多的村民意识到未来全村的发展、自己的生活都将与这片美丽的土地同呼吸、共命运。

第七章　基础设施与全国乡村旅游名村建设

近年来，国家越来越重视农村的发展，中央一号文件持续聚焦"三农"问题。2016年中央一号文件明确提出要"加快农村基础设施建设"，2017年中央一号文件指出要"补齐农业农村短板"，"夯实农村共享发展基础"，特别强调应加强农田水利设施建设，开展农村人居环境治理和美丽宜居乡村建设。农村基础设施是保证农民生产生活顺利进行的基本设施，是农村各项事业发展与进步的基础。不断强化农村基础设施建设，让广大农民拥有更加完善、便利的生产生活条件是建设美丽乡村的重要内容，也是全面建设小康社会的应有之义。对于樱桃沟村这样一个旅游名村来说，如何把基础设施建设与旅游事业的发展结合起来，既方便村民们的生活，又为前来游玩的客人提供便利的服务，更是需要不断研究的重大问题。

第一节　农村基础设施概述

一、农村基础设施的概念

关于农村基础设施的概念，并没有统一的定义，我国专家及学者对此概念的解释各不相同。具有代表性的如梁欣认为，农村基础设施是既为农村物质生产又为广大农民生活提供一般条件的公共设施，是现代农村生存和发展的物质基础。[1] 彭代彦指出，农村基础设施（Rural infrastructure）是那些为农民的生产和生活服务的、使用期限较长的设施。[2] 杨林、韩彦平、孙志敏等认为，农村基础设施是为农村经济、社会、文化发展以及农民生活提供公

---

[1] 梁欣：《加强农村基础设施建设》，《经济研究参考》1994年第16期。
[2] 彭代彦：《农村基础设施投资与农业解困》，《经济学家》2002年第5期。

共服务的各种要素总和。① 鞠晴江与庞敏把农村基础设施定义为向农村生产生活提供公共产品和公共服务，并保证农村社会扩大再生产顺利进行的各种物质技术条件的总和。② 另有部分学者如鲁敏、李南把农村基础设施分成广义和狭义的概念，认为狭义的基础设施不包括社会性基础设施。③ 结合专家学者的定义，笔者认为凡是能够为广大农民的生产和生活服务，能够保证农民生产生活顺利进行，进而提升农民生产生活质量的所有物质技术条件都称之为农村基础设施。

二、农村基础设施的内容

由于对农村基础设施概念的定义与理解不统一，因此对于农村基础设施具体内容的看法也各不相同。梁欣认为农村基础设施与农业基础设施是不同的两个概念，农村基础设施主要指农村社会的物质形态，可分为生产性基础设施和社会公益性基础设施，大体包括能源、供排水、交通、通信、教育、卫生、文化、防灾等六个方面。④ 彭代彦把农村基础设施分为三类：生产服务设施，如水利设施、农业科研和技术推广服务机构等；生活服务设施，如医疗、文化设施等；生产生活服务设施，如教育、道路和通信设施等。⑤ 鞠晴江与庞敏指出基础设施种类繁多，既包括农村道路、通信、能源、农田水利等经济基础设施，也包括教育文化、医疗卫生、社会福利事业等社会基础设施。⑥ 潘玉珍等根据性质和功能，把农村基础设施划分为九种类型，分别是：农村水利基础设施、农村交通运输基础设施、农村能源供给基础设施、农村邮政通信信息基础设施、农村生态基础设施、农村文化卫生福利基础设施、农村教育基础设施、农村仓储市场基础设施和农村居民生活基础设施。⑦ 我国新农村建设的相关法规文件对农村的基础设施概括为四个大类，分别是：农业生产性基础设施、农业生活性基础设施、生态环境建设及农村

---

① 杨林、韩彦平、孙志敏：《公共财政框架下农村基础设施的有效供给》，《宏观经济研究》2005 年第 10 期。

②⑥ 鞠晴江、庞敏：《基础设施对农村经济发展的作用机制分析》，《经济体制改革》2005 年第 4 期。

③ 鲁敏、李南：《河北省农村基础设施建设的供给现状和政策建议》，《河北理工大学学报（社会科学版）》2010 年第 6 期，第 58~61 页。

④ 梁欣：《加强农村基础设施建设》。

⑤ 彭代彦：《农村基础设施投资与农业解困》。

⑦ 潘玉珍等：《新疆农村基础设施建设现状及对策建议》，《新疆财经》2010 年第 3 期，第 24~30 页。

社会发展基础设施。① 笔者认为农村基础设施涵盖的范围很广,包括的具体内容繁多,各专家学者往往根据自己关注的侧重点及对概念的理解来进行分类。本文对于农村基础设施涵盖的内容不作硬性规定,主要研究与樱桃沟村村民生产生活息息相关,与旅游名村建设不可分割的、有形的基础设施,包括道路交通设施、水利电力设施、农田水利设施、环境卫生设施、文化教育设施、体育医疗设施、信息网络设施、旅游服务设施。

三、农村基础设施的特征

为了更好地理解农村基础设施的含义,促进农村基础设施的建设,就应当抓住其主要特征。农村基础设施不仅具有一般基础设施的特征,而且具有其特殊性。一般说来,农村基础设施的特征如下:①投资数额大。相比较城市而言,农村基础设施建设投资数额大,建设成本高,需要有雄厚的资金做后盾,再加上建设管理难度大,一般都是由政府作为投资主体。②技术及资本含量低。农村基础设施往往由较多的活劳动与较低的技术含量、少量的资本凝结而成。③公益性滞后。农村基础设施的投资收益不明显,投资效益往往需要较长时间才能体现出来,回报周期较长。④非竞争性。农村基础设施属于公共物品或准公共物品,其成本通常固定不变,不会随着使用者数量的增多而增多,也不会随着使用者数量的减少而减少。⑤非排他性。农村基础设施不会因为他人的使用而丧失功能,也无法阻止他人的使用,或阻止的成本过高。⑥地域性强。农村基础设施往往会受自然环境、经济和社会因素的影响,具有较强的地域性及非统一性。

第二节　樱桃沟村基础设施建设现状

多年以来,樱桃沟村在各级政府及相关部门的关心及支持下,不断加大对基础设施建设的投入力度,累计投入1700余万元,各项基础设施得到较快发展,昔日基础设施落后的面貌得到较为明显的改善,村民的生产生活发生翻天覆地的变化。

---

① 张松兆:《舟山市渔农村基础设施建设问题研究》,硕士学位论文,四川农业大学2013年。

一、道路交通设施发展十分迅速

要想富,先修路。没有良好的道路基础设施,村民的增收致富无从谈起,乡村旅游建设也只能是一句空话。樱桃沟村交通道路的快速发展主要集中于最近15年间。其间,樱桃沟村抢抓国家政策机遇,全面推进道路建设,抓好道路升级改造。2003年,实现了村级道路全面硬化,2005年,实现了组间道路全部硬化,之后,实现了户间道路全面硬化。一方面,樱桃沟村积极争取资金650多万元,加强危桥险路整治,实施路基扩宽、边沟涵洞及缺陷修复,建设通镇、通村、通组、通户公路共计25公里,建设配套机耕路10公里,基本改变了过去"无路可走"的状况。2010年,为了促进旅游产业的发展,樱桃沟村积极实施道路升级改造,投资1000余万元扩宽、硬化村级主公路,并对全村道路实施黑化,还修建了两条环形道路,新建了两个大型停车场,进一步完善了道路交通基础设施。目前,村级主公路达到8米宽,双车道标准,通户公路硬化达到100%。另一方面,樱桃沟村开通了通村客运班车,加强客运停靠站点建设,修建了候车亭,村民们出行更加便利快捷,促进了城乡一体化的发展。总之,目前的樱桃沟村交通网基本建成,道路畅通,停车便利,在很大程度上解决了村民行路难、农产品运输、销售难及旅游旺季游客进出难的问题。

图7-1 樱桃沟村的道路

二、水利电力设施建设全面推进

水是生命之源。经济发展,电力先行。水电建设是农村基础设施建设的重要内容。樱桃沟村不断推进水电基础设施建设，水电供应能力不断增强，切实满足了村民生产生活的需要。水利建设方面，2009年开始，樱桃沟村就多方筹措资金，挖水井、铺管道、修水渠，致力于解决全村生产生活用水问题。经统计，仅当年就投资80余万元，建设旱地水窖（水井）150口，铺设饮水管道15万米，修建灌溉渠3公里。2011年，樱桃沟村又启动实施了人畜安全饮水项目，前后共投入资金300余万元，完成了安全饮水工程建设。同时，不断加强安全饮水机制建设，巩固安全饮水效果，确保设施运行良好、规范，水质安全、达标，使全村100%的群众吃上干净卫生的自来水。

电网建设方面，1998年国家启动第一轮农村电网改造工程之后，樱桃沟村即努力争取相关政策的支持与帮助，积极行动，扎实推进，持续不断加强对电网的改造。仅2009年，就投入资金30万元对全村电网进行了改造升级，基本解决了电网陈旧、电压不稳、电量不足的问题。2016年，随着新一轮农村电网改造升级工程的实施，樱桃沟村补短板，调结构，电力设施得到进一步改善，供电水平与质量得到全面提升。目前，每组都有变压器，用电量较为集中的樱桃小镇与村部采用独立的变压器，输电线路均为三相四线，安全性与稳定性进一步增强。经过多年来的改造升级，全村所有农户不仅能"用上电"，而且还能"用好电"。昔日樱桃沟村生产生活用电量不足、隔三岔五停电、家中电器成摆设的现象已经成为历史，村民家中的电器越来越多，所有家用电器可以一起使用，生活更加便利与快捷，过上了与城市人一样的电器化生活。

三、农田水利设施建设有所加强

农田水利设施是农业的命脉，在农村社会经济建设中起着十分重要的作用。樱桃沟村水库等农田水利设施大多建设于20世纪的60—70年代，受资金、技术、施工方式等条件的限制，部分设施已经存在着严重的安全及质量隐患，不能发挥出应有的效用。针对农田水利工程修建年代久远、设施老化、功能发挥有限的情况，樱桃沟村每年都会组织劳力对水库、塘堰、沟渠进行清淤、修补、加固等工作，增加了水库容量及堤防保护耕地面积，解决了农田灌溉问题，确保生产用水安全。樱桃沟村农田水利设施建设资金来源较为单一，主要依靠财政投入及村民自行筹资，建设投资远远不足。2012年，湖北省"万民干部进万村挖万塘"活动开展以来，樱桃沟村统一思想，上下齐力，充分调动全村农户开展农田水利建设的积极性，大力实施农田水利建设。通过活动的开展，樱桃沟村共整修塘堰15口，涉及灌溉面积2000多亩，受益农户500余户，基本实现了每组一个小型水塘，全村多个大型水库。水库容量和有效灌溉面积迅速增加，无论是田地灌溉，还是防洪抗旱，都有了一定的保障。此外，樱桃沟村还积极推进机耕道建设，实施土地综合治理，确保粮食安全生产。

图 7-2 村民在田地里劳作

四、环境卫生设施建设成效显著

樱桃沟村持续加强环境卫生综合整治，完善环境卫生各项设施，促进村庄环境的整体提升。第一，房屋改造基本完成。危房改造是国家重要的民生工程，不仅可以改善村容村貌，而且能够提升村民生活质量。樱桃沟村多措并举，科学推进危房改造。投资200余万元，对五零山居进行改造，把昔日全村最破旧的房屋打造成了最受游客喜爱的旅游景点之一。同时，结合村庄整治及旅游产业发展的需要，樱桃沟村还投资150余万元，新建了九零院；投资100余万元，对50余户房屋进行徽派风格改造。如今的樱桃沟村，传统与现代相结合、艺术性与实用性相结合，五零山居、六零院、七零黄酒坊、八零院、九零院等不同年份的地方建筑最具特色，不愧是中国最美村镇、湖北省旅游名村。第二，绿化美化亮化工作不断加强。为进一步加强村庄绿化美化工作，提高绿化美化水平，营造干净整洁、优美和谐的生产生活环境，樱桃沟村大力植树造林，绿化河岸，清理河道，美化庭院。投资100余万元，进行广场景观的打造，新建2座村标、1座文化景观墙、3座风格各异的石拱桥，在村庄居民集中区及重点地区安装路灯10盏，安装道路指示牌20个,切实改善了村容村貌。第三,清洁卫生设施配备齐全。为了切实解决"垃圾围村"问题,营造干净卫生的村庄环境,樱桃沟村不断加大在环卫方面的资金投入。一方面,投资50万元,建立污水处理中心,购置污水处理设施,实现了集中居住区60余户污水集中排放和净化处理;投资100余万元,新建公共厕所。另一方面,购置垃圾清运车1辆、洒水车1辆,配备垃圾箱35个,建立垃圾池7个、垃圾分类处理站1个、环境卫生管理站1个,使得各类垃圾得到及时清理与处置。第四,清洁能源配套设施建设逐步推进。随着村民收入的提高及环保意识的提升,在国家深入推进治理雾霾工作的背景下,樱桃沟村积极建设清洁能源设施,全面推进"气化"工作。前后共计投资35万余元,建设沼气池120口,初步解决了全村清洁能源问题,保护了生态环境。同时,村里还积极与天然气公司进行洽谈协商,铺设天然气管道。村民即将用上天然气。

图7-3 干湿分类垃圾箱及垃圾清运车

五、文化教育设施建设逐步改善

樱桃沟村不断加强社会事业及公共服务建设,完善文化、教育公共基础设施,促进村民生活质量的提升。2008年,樱桃沟村率先垂范,建立了全县第一家农家书屋,并鼓励引导每户农家乐设立小型图书室。如今,农家书屋图书种类丰富,空调、饮水机等设施齐全,长期开放,成为村民们最爱去的地方。农家乐图书室不仅提升了农家乐的品位与档次,也为前来观光旅游的客人提供了一份宝贵的精神食粮。为了满足村民们不断增长的精神文化生活的需求,更好地开展文化活动,樱桃沟村整合资金与资源,累计投入200余万元,新建文化活动室1个,分设老年活动室、党员活动室、社团活动室、远程教育学习室等功能室,配备了电脑、会议桌椅、多媒体投影机、录像机等先进齐全的设施设备,经常策划组织形式多样、内容丰富、积极健康的学习娱乐活动,充分满足村民阅读、健身、学习、交流的需求。为了更好地传递信息、提供娱乐、实施监督,樱桃沟村大力加强电视、广播网的建设与运行,按需安装高音喇叭和音柱,推进实现广播、电视户户通。同时,建立村广播室播放制度,加强对设备的运行和维护,有效地对村民进行思想政治教育,并为村民提供科学的知识和信息。再者,为了解决低龄孩子上学的问题,村里专门创办小学,设立一、二年级,配备相关教学设施、设备、专业的授课老师及后勤服务老师,使得低龄儿童能够就近上学,解除家长后顾之忧。

图 7-4　小学教室

此外,为了加强对村民的培训,不断提升村民的综合素质,郧阳区与清华大学联合举办的清农学堂就坐落在樱桃小镇,课题组调研时,该学堂已经正式破土开建。此学堂立足郧阳,面向全国,不仅招收培训本地学员,而且还在全国范围内招生,主要培训农民规划设计师、郧阳好农妇、郧阳女红、民宿、新农人、农民微商、家谱文化系统等乡村发展建设领域的农村本土人才。学堂秉承"农民培训农民,农民建设农村"的办学理念,致力于在全国探索一种最基层、最有效的乡建之路。

六、体育医疗设施建设不断加强

近年来,樱桃沟村体育及医疗设施建设不断加强。通过多方渠道,樱桃沟村积极向上级政府及部门申请专项建设资金,新建体育广场一个,配套建设篮球场、乒乓球台、健身路径等体育设施,使得村民们体育锻炼有了好去处。同时,通过不定期举办篮球比赛、乒乓球比赛、乡村运动会等,鼓励村民参与体育运动,加强锻炼身体,促进了村民之间的沟通与交流,极大满足了村民们多层次、多方面的精神文化需求。在医疗卫生设施方面,除了按照

图 7-5　在建的清农学堂

标准大力改造村卫生室，配备较为齐全的医疗卫生设备、基本药品和经验丰富的医务人员之外，还十分注重对医务人员的专业技能培训，不断提升医务人员服务于村民的能力，使得村民小病不出村，就医有了一定的保障。此外，通过建立村民健康档案，举办健康知识讲座等形式，增强了村民的健康意识，培养了村民良好的卫生习惯。

图 7-6　村卫生室

七、信息网络设施建设日趋成熟

长期以来，农村的信息网络设施建设一直较为薄弱。随着经济社会的不断发展，樱桃沟村锐意进取、克服困难，不断推动信息网络设施的建设，逐步健全农村信息服务体系，取得了显著成效。一是邮电通信业发展迅速。全村实现通邮，现有的信函、汇款、邮政快递、邮政储蓄等业务基本上能够满足村民的需求。通信设施进一步发展，固定电话用户数量不断上涨，移动电话用户数量普及率显著提高，村民对外沟通交流不再有障碍。二是宽带网络全面开通。在樱桃沟村积极协调和引导下，网络通信服务商在村拉线布网，进一步完善综合网络通信设施，全村已逐步融入现代互联网时代。目前，网络工程已经建成并全面开通，光纤和数字电视信号到村入户，村民仅需交费开通即可使用，充分满足了村民想要借助于网络获得更多的科技及市场信息的需求。三是电商服务设施不断完善。村电子商务服务站全面实施运营，除了帮助村民代收代寄快递之外，还提供网络购票、充值缴费、代买代卖等服务，不仅解决了电商配送难题，而且助推农产品叫响品牌、"走出去"，给村民带来实惠和便利。四是电子商务示范点建设不断加强。樱桃沟村通过自愿申报、推荐和评选的方式，在农家乐中培育"电子商务示范点"，通过项目扶持，配备相应的硬件及软件设施，依托"互联网+农业"这个高效渠道，打通了农村、农户走向市场的最后一公里，有力促进了示范点农家乐线上线下销量齐增。截至2015年底，所有农家乐均已建成"电子商务示范点"，现代化的经营新体系已初步形成。

图7-7 电子商务示范点

八、旅游服务设施建设快速发展

樱桃沟村抢抓湖北省旅游名村创建机遇，不断加强旅游基础设施建设，满足旅游者多方面的需求，推动乡村旅游的快速发展。第一，加强景点建设。为了克服樱桃产业的单一性，把游客留下来、留得住。樱桃沟村不断加强景点建设，促进旅游项目开发，增加旅游发展活力。2011年，投入50余万元修建了生态大门，播撒波斯菊等花卉种子300余公斤，对主公路沿线进行了绿化。同时，建设了荷花塘、观景亭、垂钓池、樱桃采摘园等景点。第二，加强农家乐建设。随着大批游客涌入樱桃沟村，农家乐的数量及接待质量亟待提升。樱桃沟村通过统一策划、统一施工、给予补贴等形式，鼓励引导广大村民积极开办农家乐，对老旧农家乐进行提档升级，以应对游客不断增长的需求。目前，已经开办农家乐58家，其中，四星级6家，三星级10家，一次可接待游客5000余人，提供住宿200余人。同时，针对越来越多的游客对住宿的急切需求，樱桃沟村正在积极谋划，预计下一步将推动民宿的发展，一方面，引导村民或社会资本投资新建高标准、高规格的民宿，促进差异性经营；另一方面，鼓励已有农家乐对现有房屋进行改造，增设民宿功能，实现吃住"一条龙"服务。第三，加强配套服务设施建设。为了让游客玩得舒心，樱桃沟村还注重旅游接待中心、购物超市、银行网点、公共厕所等配套设施的建设，通过科学规划，合理布局，为旅游提供一个良好的游玩环境。

图7-8　入驻樱桃沟村的中国农业银行

第三节　樱桃沟村基础设施建设存在的问题

近些年来，樱桃沟村不断加大投入，基础设施建设取得了长足的发展，自来水、公路、网络、电网、超市、垃圾处理设施、污水处理设施、活动广场等从无到有、从劣到良，昔日衰败、落后的面貌得到了较大的改善。但是，相对乡村旅游发展实际需要，仍然存在不少困难与问题，突出表现为基础设施建设资金不足、部分基础设施不够完善、基础设施建设与管理不到位、基础设施专业管理人员缺乏等，这些均影响着村民们的生产与生活，制约着乡村旅游事业的可持续发展，有待进一步改进。

一、基础设施建设资金不足

当前，我国多数农村在基础设施建设方面均存在着资金不足的问题，樱桃沟村也不例外。由于资金短缺，影响了项目施工进度，致使部分重点项目不能按时完成计划任务；由于资金短缺，一些重大民生工程无法建设。究其原因，主要在于财政投入有限、集体经济发展滞后、村民筹资能力较弱，以及项目建设浪费问题突出。

第一，财政投入有限。农村基础设施建设离不开政府的政策与资金支持。长期以来，我国一直是"重城市、轻农村""重工业、轻农业"。之后，国家虽然越来越重视农村建设，也在基础设施建设方面加大了投入，然而，毕竟我国经济基础薄弱，如此广袤的农村需要添砖加瓦，国家很难一下子解决全部资金问题。即使能够有一定的投入，也很难立即满足农村基础设施建设所需要的大量资金。再加上地方财政能力有限，许多配套建设资金不能及时到位，严重影响着农村基础设施建设。此外，有些资金来源比较分散，容易出现"撒胡椒面"的问题，难以充分发挥"集中力量办大事"的优势。尤其对樱桃沟村这样一个以旅游业为主导产业的村庄来说，前期所需要投入的资金量更是巨大，且投资回收期长、效益低，一般的民营、社会资本不愿介入，融资渠道单一，如果没有财政的大力支持，很难在基础设施建设方面有所突破。

第二，集体经济发展滞后。在我国农村地区，绝大多数村庄的集体经济发展状况都不佳。许多村根本就没有集体产业，可谓是一穷二白。少数村庄即使有自己的产业，但是发展情况往往不好，只能勉强维持运转甚至亏损严重，根本不可能有多余的资金进行基础设施方面的投资与建设。再加上有些村庄入不敷出，还欠有大量的外债，日常工作的开展及债务的偿还都成问题，更谈不上有多余的资金进行基础设施建设投资。就樱桃沟村来说，樱桃产业及旅游产业的发展，确实给樱桃沟村带来了一定的集体经济收入，然而，修路建桥、房屋改造、环境整治、景点建设、设施维护等等所花费的资金巨大，即使部分项目能够得到国家及地方财政的支持，集体经济也能解决部分问题，然而，却是不可持续的，不能解决根本问题。目前上级政府及有关部门相当重视对樱桃沟村的扶持与帮助,也能够拿出一些资金来帮助解决建设中的投入问题,一旦相关支持不再,则樱桃沟村的建设与发展就会面临停滞,各项基础设施的建设与完善将无法保障。

第三,村民筹资能力较弱。随着经济的发展,村民的收入也有了较大幅度的提高。实施"一事一议"财政奖补工作后,村民们投资投劳的积极性得到了激发,有力促进了农村基础设施建设的发展。然而,村民的思想认识水平还不够,观念因循守旧,抗风险能力较弱,再加上收入除去各项开支后也所剩并不太多,因此,在基础设施建设方面,村民自我筹资的能力有限,对于部分投资大、投资期限长、见效慢的公益性基础设施建设还是无能为力。

第四,基础设施建设方面的浪费问题突出。由于管理体制不健全、责任分工不明、规划不到位等原因,使得基础设施建设中的重复建设、大拆大建、不计成本等情况比较突出,从而使本来并不充足的资金捉襟见肘。如樱桃沟村在道路两侧栽种的树木问题上,就曾经几经变更,从而浪费了不少资金,还浪费了劳力。此外,农村基础设施建设关系到环保、水利、卫生、农业、林业、教育、交通、财政等多个部门,资金也分散在各个部门或者科室,不能体现集中力量办大事的优越性,也容易出现交叉重复投资的情况。

二、部分基础设施不够完善

在新农村及乡村旅游建设的浪潮中,樱桃沟村大力加强基础设施建设,在农田水利设施、电网改造、邮政通信、旅游设施建设等方面都取得了较大的进步,促进了村民生产生活水平显著提高。然而,在交通运输、污水处理、垃圾分类等方面仍然存在着不够完善的问题,服务功能较为弱化,阻碍着新农村建设的进一步发展。

第一,基础设施结构失衡。长期以来,由于农村基础设施建设资金极为有限,我们一般更为重视经济类、准公共产品类基础设施的建设,而忽略社会类、具有较大外溢性特征的基础设施建设。例如,更加重视道路、水利、水电、通信等基础设施建设,忽略医疗保健、教育教学、文化娱乐、体育休闲等基础设施建设。樱桃沟村早在2005就实现了硬化道路组组通,而此时外地村庄连道路村村通都还未达标,可以说在道路建设方面,樱桃沟村走在了全省的前列。在乡村旅游方面,樱桃沟村于2012年开始大力实施环境改造,建设农家乐,发展旅游产业,然而,对于医疗卫生条件的改善、教育教学设施的更新换代、公共厕所的建造、卫生厕所改造、污水治理、垃圾处理、民宿建造等方面，还有着重视程度不够、投入较少，或者后续维护与管理不够，实际效用发挥不足等问题，存在不少的提升空间。

第二，交通道路设施不够完善。樱桃沟村的交通道路设施建设起步较早，发展速度较快。然而，仍然存在着不够完善的地方，需要进一步改造。如由于资金、施工、维护、管理等问题，部分道路的建设标准较低、质量不过硬，存在使用不当、过早损坏情况；有些道路较窄，车辆会车距离较小，造成行驶困难，行车效率低下；部分关键路段缺少环路，主要道路之间缺乏良好的衔接与过渡，户户通显得不够彻底，旅游高峰期时极易造成交通拥堵；有些路段的排水设施不到位，雨天容易积水，通行不畅，影响公路使用寿命；有些道路没有设置减速、慢行、急弯、陡坡等交通标识，部分村内道路没有安装路灯，存在巨大的安全隐患。

第三，教育设施较为落后。樱桃沟村教育投入不足，经费紧张，教育基础设施较为落后。一方面，村内未设置幼儿园，且小学只有一、二年级，没有完全小学，孩子们上幼儿园或高年级需要到较远的镇上或乡里，十分不便。尤其是随着樱桃小镇的建成运营，大量商家子女上学的问题亟须解决，或许会成为招商引资的一个软肋。另一方面，小学没有独立的教学楼，缺乏图书室、运动场、活动室等文体娱乐硬件设施，也缺乏电脑、投影等现代化的教学设施，无法满足现代化教学的需要，严重影响教学质量的提升。例如，樱桃沟村小学教室里虽然有两台电脑，但配备历史悠久，硬件设施配置低下，早就无法正常开机使用。此外，教师数量少，没有美术、音乐、体育、科学等专业课老师，仅由两名老师全权代理，既难以保证教学质量，影响学生综合素质的提升，而且增加了教师工作压力与负担。再加上乡村教师比起城市教师来待遇仍然偏低，容易引起优秀教师资源的流失，不利于教师队伍的稳定，影响了教育事业的发展。

第四，医疗卫生设施简陋。樱桃沟村有独立的卫生室，配有相应的医疗设备及医务人员，然而，部分必备药品及医疗卫生设施缺乏，卫生保健水平低，疾病预防救治体系不完善。再加上医护人员数量有限，专业知识技能不足，遇到需要输液等稍微大的疾病问题，还得上乡里或镇上医院，村民看病难问题没有得到彻底解决，游客遇到突发疾病状况也很难得到及时有效地救护。

三、基础设施建设与管理不到位

农村基础设施的建设解决基础设施从无到有、从劣到优的问题，在新农村建设中发挥基础性、重要性作用。农村基础设施的运营与管理解决已建成基础设施正常运行与使用的问题,在新农村建设中发挥关键性、决定性作用。在一定意义上说,农村基础设施的运营与管理比基础设施的建设更加重要。经过多年的建设与发展,我国农村地区的基础设施建设确实上了一个台阶,推进了新农村建设,促进了城乡一体化的发展。然而,与樱桃沟村一样,由于缺乏基础设施建设与运营管理方面的体制机制,部分基础设施利用率低,作用未能充分发挥。

第一,存在重建设、轻管理的现象。樱桃沟村与其他农村地区一样,存在着重视基础设施建设,而忽视基础设施运营与管理的情况。在基础设施建设之时,从上至下,各级各部门往往十分重视,大张旗鼓、大肆宣传。但当项目建成之后,一旦验收通过,后续运营与管理维护工作则少有问津。比如,有些灌溉渠道由于缺乏经常性的养护与维修,使用时间不长,即出现堵塞、垮塌等情况,有些小型水利设施由于管理不到位,还屡屡被盗。部分道路日常养护不足,超载车辆随意行驶,公路两边私搭乱建、占道经营现象不乏少数。

第二,农村基础设施建设与管理的机制不完善。农村基础设施建设涉及的部门较多,由于缺乏沟通与交流,存在着职责不清、分工不明的问题。如农村安全饮用水的问题,有的是自来水公司负责,有的是城建部门负责;污水处理问题,有的归环保部门负责,有的归城建部门负责。体制机制的不顺也使得资金问题比较突出,一方面项目的壁垒难以打破,"资"出多门,很难形成合力;另一方面,在项目建设资金分级配套政策下,基层资金配套往往不能到位。此外,农村基础设施建设通常是"建者不用,用者不建",既难以保证工程的质量,也容易出现年久失修,毁损严重的情况。这些问题如果处理不好,协调不顺,势必会影响到工程建设与管理问题。

第三,缺乏监管。农村基础设施建设从计划、决策到施工、验收等过程,一般都由村委会进行商议决定,较少公开征求村民的意见。村委会干部也非专业技术人士,部分干部对基建工作一知半解,再加上村里工作事多人少,村干部也很难全程、全天候参与到工程建设施工过程中。另外,政绩思想作祟,部分工程沦为华而不实的形象工程,劳民伤财,却又起不到丝毫作用。即使部分基础设施项目在建设之初征求村民的意见,受知识文化水平的局限,或者主人翁意识不强,村民往往采取事不关己、高高挂起的态度,或者忙于农事而疏于意见的表达。这样,在整个基础设施项目的建设过程中,村民的主体地位没有体现,监管作用没能得到较好的发挥。在具体建设过程中，难免出现随意选址、缺乏或改变建设规划、不公开招投标或在招投标过程中弄虚作假、施工质量得不到保证等情况，从而没能真正发挥出基础设施的作用。

四、基础设施专业管理人员缺乏

在农村基础设施建设、管理与维护过程中，缺乏适量的、专业的管理人员，既有可能造成基础设施建设的质量与水平低下，又有可能由于使用不当、维护不力而造成基础设施的效用未能充分发挥，或者使用寿命缩短。

第一，在基础设施建设过程中，专业管理人员不足。一方面，农村基础设施建设的工程量很大，施工期限长，涉及的面很广，但专业管理人员不足，且存在既做裁判员，又做运动员的情况，职责不清、责任不明，很难保证工程的质量。如在农村道路建设中，由于公路管理部门人手不够，一般不会组织专业的人员对道路进行监督和验收，通常由镇村自行组织进行管理和验收，从而使得部分道路的质量低下。另一方面，农村基础设施建设需要既懂基建、又懂财务，既懂管理、又懂法律的综合性人才，而大多数建设管理人员并没有如此广博的知识，也没有受过系统性的教育和培训，对项目建设的程序、步骤、预算及相关法律法规知识不够了解，没有相应的专业知识和技能，也缺乏项目管理的经验，很难实现对项目的科学化、专业化管理。例如，在水利设施、垃圾分类、污水处理等基础设施建设与维护中，均需要较为专业的管理知识和管理团队，而在樱桃沟村，这方面的人才显然不足。

第二，在基础设施投入使用过程中，专业管理人员不足。有了基础设施，还要有相应的人员进行管理和维护，才能确保基础设施的作用得到充分发挥。目前，农村基础设施的管护主体既有政府相关职能部门，又有村民、村民自治组织、村集体组织。但无论哪种管护模式，由于重视程度不够，资金不足，或者运行体制机制的限制，许多基础设施的运行与维护均未安排专人，有的是村干部兼管，有的是部分村民代管，有的有专人却又没有相应的专业知识与技能，很难保证基础设施的效用充分发挥。如在樱桃沟村，虽然活动室全天候开放，但由村干部进行管理，村民往往觉得不自在，不乐意去活动室活动，再加上村干部事情本来就多，工作十分繁忙，也很难保证能够随时在活动室进行引导与服务。在文化体育方面，由于缺乏相应的专业人才，群众团队很难组织起来，村民参与的积极性不高，可持续性不强，相关设施的作用发挥十分有限。村医务室由于医护人员缺乏，也只能进行简单的开药、包扎、量体温、测血压等处理，不能满足村民日益增长的对健康和医疗的需求。

第四节　促进樱桃沟村基础设施建设的对策建议

当前，樱桃沟村基础设施建设仍显滞后，与村民的需求及小康社会的要求相比，还存在一定的差距。应当针对当前存在的问题，采取有效措施，进一步加快基础设施建设，提高基础设施建设水平。为此，需要从建立多元化的资金投入机制、进一步完善基础设施的建设、提升设施建设的质量和水平、加强专业管理人才队伍建设等方面入手，着力打造群众满意的民心工程，为樱桃沟村奔向全面小康社会奠定坚实的基础。

一、建立多元化的资金投入机制

农村基础设施建设顺利完成的一个重要方面就是要有充足的资金作保障，如果资金投入不足，则会很大程度上影响基础设施建设的进度，甚至致使许多重大民生工程项目不能按时完成。为此，应想方设法，多渠道、多元化筹措资金，争取得到国家、社会、集体及个人的全方位帮助。

一是加大财政投入。国家作为农村社区建设的主体，应当加大农村基础设施建设的财政投入力度，保证政府投入的连续性、针对性，支持农村基础设施建设的发展。政府投入应当抓住老百姓的需求，以点带面，有序推进，重点是加强对农田水利、修路架桥、河道治理、污水处理、垃圾处理、电网改造等大型民生工程的支持力度。村里应当积极行动，抢抓良好机遇，争取得到国家重大项目或政策的支持，缓解资金短缺方面的问题。

二是大力发展集体经济。光是等、靠、要不能解决根本问题，作为基层的农村社区，务必要自力更生、奋发图强。一个切实可行的途径便是大力发展集体经济。只有集体经济实力增强，才有能力支持村里各项事业的发展，才能帮助解决村民遇到的各种困难与问题。樱桃沟村应在继续发展樱桃产业、旅游产业的基础之上，做大、做强、做长樱桃产业链，拓展旅游项目，同时积极发展其他产业，努力破解产业结构单一困局，探索多元化发展模式，多措并举大力发展村集体经济，切实增加自身"造血"功能。

三是有效吸引社会资本。国家应采取税收优惠、政策倾斜等方式，引导与鼓励社会资本积极参与到农村基础设施建设当中来，形成稳定的资金池，支持农村基础设施的建设与发展。一方面，村里可以与相关企业进行协商与洽谈，争取得到部分慈善企业在资金援助、物品馈赠、服务下放等方面的支持与帮助。另一方面，可以采用村企共建的模式解决资金不足的问题。比如，可以由企业帮助村庄修路、建小型图书馆等，道路和小型图书馆以企业名称命名；可以由企业和村庄合作发展产业，企业提供资金和技术，村里负责组织、协调和土地流转等。此种模式，吸引社会资本参与到农村基础设施建设当中，解决了资金不足的问题，让村民受益，企业盈利，一举多得。

四是引导村民投入。村民是基础设施建设的最终受益者。基础设施建设关系到每一位村民的切身利益，村委会应在加大宣传的基础之上，树立典型，宣传模范，做好村民的思想工作，提高村民的思想觉悟与意识，引导村民在基础设施建设方面投资投劳，为建设自己的美好家园贡献自己的力量。对于本村籍在外发展的能人，村委会应当加强与他们的联系与沟通，激发他们投资兴村、回报家乡的热情。政府也可以在税收优惠、授予荣誉称号等方面进行褒奖。

二、进一步完善基础设施的建设

针对部分基础设施不够完善的情况，樱桃沟村应当不断优化基础设施建设的结构，加强道路、教育、医疗卫生、旅游等基础设施的建设。

第一，不断优化基础设施建设的结构。随着经济社会的发展，农村的面貌发生了较大改变，村民的需求也不同于以往。农村基础设施建设要充分体现村民的意愿，不能拍脑袋决定，也不能由项目说了算。而是应当在充分调研的基础之上，在做出全面需求研究的情况之下，根据村民的意愿进行科学决策与安排，使基础设施建设真正为老百姓所建，使村民的主体地位得到较好的体现。就樱桃沟村来说，目前反映较为迫切的需求是尽快解决停车、医疗、公共厕所的问题，同时，针对乡村旅游的发展，民宿的建设与完善也成为乡村旅游合作社及外来游客的共同期盼。樱桃沟村应在充分满足村民意愿的基础之上，积极筹措奖金，分步骤、有序地解决百姓反映最强的问题，实现基础设施建设结构的优化。

第二，加强道路建设与管理。首先，应充分认识农村道路建设的重要性。农村道路是农村基础设施建设中最为重要的内容，直接关系到村民生产生活水平的提升以及小康社会目标的实现。加强农村道路建设可以保障物流畅通、保障村民就业，保障信息、人才资源的交流。各级政府在大力发展城市道路交通的同时，不能忽视农村道路交通的发展，应当加强领导、强化责任，积极推进农村道路交通建设。其次，加强农村道路建设质量监督。农村道路发展的关键是加强道路质量监管。在公路项目建设中，应成立一支质量监督队，由具备一定基建知识、富有责任心的村干部及村民组成，对建设中的工程质量进行全天候的监督。一旦有偷工减料、以次充好等违法违规行为，及时制止，绝不姑息。为保障工程建设质量，还可以设置质量保证金，在工程验收合格之后，再由建设单位予以退还，以督促施工单位按质保量完成建设任务。另外，强化道路的养护。完善公路养护制度，成立公路养护小组，明确责任主体，设立独立的养护资金，购买适量的养护设备，进行专业性的、系统性的道路管理与维护。同时，加强对道路养护工作的检查，督促养护工作持续进行，对道路养护工作完成较好的，可以给予适当的奖励。

第三，加强教育设施建设。一方面，加强小学基础教育设施建设。尽快建成小学教学楼并投入使用，在樱桃沟村原有的两间教室的基础之上，增设图书室、美术、音乐活动室，建设学生运动场，使得学生在学习之余，能够有宽敞的活动场所，努力提升学生的综合素质。另一方面，推进农村教育的现代化。加快清农学堂的建设步伐，更换之前老旧的电脑、电视、音响等教学设施，增加投影及必备教学用具，使用现代化的教学设施提升教学效果。进一步加强远程教育设施建设，建立健全的工作机制，配备专门的工作人员，定期对远程教育节目进行播放，并根据本村的实际情况，有计划地播放农业科技、乡村旅游、民宿建设、餐饮服务等方面的节目，使村民真正学有所用。

第四，加强医疗卫生设施建设。鉴于乡村旅游发展所带来的人气，以及村民们医疗健康意识的提升，樱桃沟村小型卫生室已经无法满足村民看病的需要，可以考虑扩建卫生室，配备急救等医疗卫生设施设备，增设医务人员，加强医护人员职能技能培训，全面提升医疗卫生服务能力。

第五，加强旅游基础设施建设。积极开发旅游景点，稳步推进村寨建设项目、5公里游山步道及休息亭建设。改建原产业基础500亩，新建樱桃、桃、柿采摘基地300亩。重点建设旅游道路，完善环路及连通道路建设，增设限高栏，强化排水设施，加强道路维护。进一步扩建并完善停车场，在主干道及人员密集区安装路灯，增设公共厕所，尽快实施民宿项目的建设与升级改造。同时，进一步完善垃圾处理及污水处理设施建设，加强入户管网建设与改造力度，建立长效机制，重点加强农家乐的垃圾、污水、油污治理，扩建化粪池，提升垃圾处理及污水治理的质量与效益。

三、提升设施建设的质量和水平

农村基础设施的建设与管护关系到基础设施能否保质保量地建成，能否充分发挥功效，真正促进农村经济社会的发展。必须在强化思想认识的基础上，完善基础设施供需表达机制，加强基础设施建设的科学规划，健全"一事一议"机制，实施全过程监管，不断提升基础设施建设与管护的质量与水平。

第一，强化思想认识。无论是政府还是企业，无论是干部还是村民，都应当首先从思想上加强对基础设施建设与管护重要性的认识。目前，各相关部门普遍认识到加强农村基础设施建设的重要性与紧迫性，而对于基础设施的管理与维护工作，却并没有得到充分的重视。对此，应通过加强宣传、明确职责与分工等形式，加强学习与教育培训，统一思想认识，使各相关部门及人员能够深刻认识加强基础设施管护工作的重要性，实现设施的正常运营，节约维护成本，延长生命周期，提升经济及社会效益。

第二，完善基础设施供需表达机制。供需表达机制不完善，供需结构失衡是基础设施建设水平不高的重要原因。应改变长期以来"自上而下"的供需表达机制，转化为"自下而上"的表达机制，畅通村民利益表达机制，充分尊重村民的意见，体现村民的主体地位，科学合理供给基础设施，减少形象工程与面子工程。

第三，加强科学规划。农村基础设施建设应当进行科学规划，有序实施。既要立足当下，保证规划的可行性，满足村民的实际需要，解决村民的实际问题；又要目光长远，保证规划的前瞻性、持续性，适应农村生产力日益提高、劳动力不断转移及城镇化发展持续加速的形势需要。如樱桃沟村旅游业的发展日益红火，大量游客的涌入催生了民宿的需求，多数农家乐亟须进行转型升级，增设民宿服务项目；部分社会资本也摩拳擦掌，想要发展民宿产业。为此，村委会应发挥主导作用，从实际出发，围绕村民的需求进行科学、合理规划，实施宏观指导与调控，把这一利村利民的大事办好。

第四，健全"一事一议"机制。"一事一议"机制实施以来，得到了政府部门及广大老百姓的一致好评，在一定程度上促进了农村社会的发展。应该进一步健全"一事一议"机制，充分发挥其在农村基础设施建设中的作用。如适当提高"一事一议"筹资筹劳的上限额度，拓宽"一事一议"财政补贴的覆盖范围，同时，应使议事形式更加灵活、申报程序更加规范、验收更加严格、奖补资金及时到位，最终达到加强基础设施建设，集中体现民意的目的。

第五，加强全过程监管。强化监管，能够减少浪费，提高奖金使用效率，保证基础设施建设的质量与水平。一方面，应组建由专业技术人员、村干部及村民参与的工程质量监督队，对基础设施建设实施全过程的监管，确保工程在建设前、建设中及建设后的质量及水平。另一方面，对于基础设施项目建设的重要环节进行重点把握，如设计、选址、招投标、采购、验收等，都应进行重点监管。

四、加强专业管理人才队伍建设

农村基础设施管理人员素质的高低，直接影响着基础设施的使用效益与社会效益。针对专业管理人才不足的问题，围绕人才的引进、培养及使用方面进行下功夫，广纳贤才，加强培养，搭建平台，造就一支结构合理、素质优良的人才队伍，不断加强基础设施建设与管理，扎实稳步推进社会主义新农村建设。

首先，加强人才的引进。一方面，从制度方面入手，通过创新，放宽人才引进的限制，加强对具有一定的专业知识，又熟悉农村社会的人才引进，同时在工资待遇方面给予一定的倾斜，建立合格的评价体系，打通上升渠道，使人才愿意来，留得住，有奔头。另一方面，因地制宜，实事求是，针对村民最急需、最迫切的需求引进相关人才，同时注重对本地人才的挖掘与培养，充分发挥人才的带动作用，服务于乡村社会建设与发展，增强村民的获得感与幸福感。如樱桃沟村可以引进文化、体育方面的人才，引导与组织村民积极开展各项文化体育活动，也要加强医疗、教育人才的引进，解决村民看病与孩子上学等重大民生问题。此外，鉴于大中专生就业难的情况，国家可以出台相关政策，加强宣传与教育，鼓励青年毕业生扎根农村，奉献青春，既解决了就业问题，又为农村社会建设解决了人才问题。

其次，加强人才的培养。建立与完善人才培训机制，通过定期与不定期相结合的形式，组织相关人员进行交流学习、业务实训，不断增强工作人员的专业知识与技能，提升为民服务的本领。如樱桃沟村应当加强医生、教育、文化体育工作者的培养，弥补短板。另外，在专业技术评审中，国家应适当放宽农村专业技术人员的评审条件，给予一定的政策优惠，对农村专业技术人员进行适应倾斜，建立良好的人才发展环境。建立健全激励和保障机制，加大对相关人才的物质与精神奖励，建立重点人才投保机制，促进人才队伍的健康成长。

再次,加强人才的使用。一方面,相关部门应积极搭建平台,努力创造条件,科学用好人才,让人才得到充分发展,服务于农村经济与社会建设,体现出人才的价值。另一方面,通过宣传教育及适量的物质奖励,积极发挥村民在基础设施建设与管理过程中的积极性与主动性,发动群众广泛参与到项目策划、建设与管理维护当中去,依赖群众这个大的群体,共同促进基础设施的建设,共建美好家园。例如,积极发挥村民在基础设施运行与维护中的主体作用,建设一支以当地村民为主的基础设施运行维护专业队伍,参照城市的标准制定相应的资金及人员标准,保障基础设施的有效运行。

小 结

本章在阐述农村基础设施概念、内涵及特征的基础上,介绍樱桃沟村基础设施建设的历程、现状,分析存在的问题及原因,提出相关对策建议。本章共分四节,第一节简要介绍了农村基础设施建设的含义、具体内容及特征。第二节从道路交通设施、水利电力设施、农田水利设施、环境卫生设施、文化教育设施、体育医疗设施、信息网络设施、旅游服务设施等方面,对樱桃沟村基础设施建设现状及成效进行了概述。第三节剖析了樱桃沟村基础设施建设方面存在的问题及原因,主要包括基础设施建设资金不足、部分基础设施不够完善、基础设施建设与管理不到位、基础设施专业管理人员缺乏等。第四节就樱桃沟村加强与完善基础设施建设提出相应的对策建议,即建立多元化的资金投入机制、进一步完善基础设施的建设、提升设施建设的质量和水平、加强专业管理人才队伍建设。

第八章 基层党建与全国乡村旅游名村建设

中国是一个农业人口数量庞大的农业大国，农村一直是中国革命、建设和改革的重要动力来源。在全面建成小康社会的决胜阶段，建成农村小康社会与实现新农村建设目标是非常关键的一步。农村党组织是党在农村全部工作的基础，是落实党的各项方针政策的战斗堡垒。随着市场经济不断向农村延伸，广大农民的生活水平发生了翻天覆地的变化，思想观念也随着发生改变，使得农村党建工作面临诸多新情况与新问题。近年来，樱桃沟村始终以党建为龙头，以服务为宗旨，着力发挥基层党员和干部的先锋模范作用，以"一诺三评创十星"活动为平台，构建镇、村、组三级网格化服务新格局。为经济社会各项事业的长足发展提供了有力的组织保障。

第一节 党组织建设的实践探索

樱桃沟村地处十堰市城区与郧阳区接合部，有着"一肩挑两城"的城郊乡村区位优势，全村辖11个村民小组，共有1888名村民。现有64名党员（含预备役党员1名），其中年龄最大的党员82岁，小学以下文化程度党员15名，初中文化程度党员27名，高中以上学历党员22名，能正常参加组织生活的党员有52名。全村党员在党组织的引导和组织下，开展了一系列符合本村实际的党建实践探索。

一、开展"两学一做"，提升党员素质

"两学一做"学习教育是贯彻全面从严治党的重要部署，是落实党章关于加强党员教育管理要求的重要实践。习近平总书记指出，"两学一做"学习教育，基础在学，关键在做。樱桃沟村按照省、市、区和开发区的要求，结合本村具体实际情况，严格制定学习计划，认真落实学习任务，坚决做到学以致用。

第八章　基层党建与全国乡村旅游名村建设

图 8-1　"两学一做"学习教育图

（一）学习内容科学合理

"两学一做"学习教育基础在学，村党组织依据本村实际情况，科学合理地安排学习内容。一方面逐条逐句通读学习党章党规，全面理解党的纲领，牢记党的宗旨和党员义务与权利。村党组织安排党员逐步学习《中国共产党廉洁自律准则》《中国共产党纪律处分条例》《中国共产党地方委员会条例》《中国共产党党组工作条例（试行）》《习近平关于严明党的纪律和规矩论述摘编》等党内法规制度，告诫党员从周永康、徐才厚等违纪违法案件中吸取教训，引导党员牢记党规党纪，养成做事有原则、有底线的习惯。另一方面认真学习领会习近平总书记系列重要讲话精神，重点学习《习近平谈治国理政》《习近平总书记系列重要讲话读本》等，引导全村党员干部深刻领会习近平系列重要讲话的丰富内涵和核心要义。为加深理解程度，村党组织特意把学习习近平总书记系列重要讲话与学习马克思列宁主义、毛泽东思想、邓小平理论、"三个代表"重要思想、科学发展观结合起来，表明党的科学理论具有一脉相承和与时俱进的特点。

（二）学习方式循序渐进

"两学一做"学习教育并不是一朝一夕的事情，需要制定长期计划，循序渐进地学。村党组织把集中学习与个人自学有机结合在一起，以支部为基本单位，以组织生活为基本形式，以落实党员日常教育为基本依托，采用干部集中培训、集中学习、专题讨论、讲党课等丰富多样的形式，落实学习教育。为确保学习教育的时间，村党组织坚持每月集中学习交流，每季度专题讨论。为确保学习效果，要求党员结合自己当前工作实际开展讨论，切实提高学习教育的针对性。同时，充分利用传统媒体以及互联网、手机等新型媒体学习平台，不断丰富学习内容和形式，增强学习效果。通过持之以恒的学习与讨论，村党员的思想政治认识得到较大幅度提升，全体党员的政治意识、大局意识、核心意识、看齐意识，以及党性意识和规矩意识显著增强。

（三）学习要求明确具体

"两学一做"学习教育不能仅停留在表面，需要明确要求、落到实处，做到学以致用。村党组织从以下几个方面明确要求：一是实现党员干部全覆盖。村党支部不断强化组织领导，党支部书记作为学习教育的第一责任人，每次学习教育都亲自动员组织、亲自安排部署。采取有效措施，实现全村党员学习教育全覆盖。在具体学习上，党员干部发挥示范带头作用，做到先学一步，全程参与。二是坚持做到学以致用。弘扬理论联系实际的优良学风，坚持问题导向和问题意识，努力做到学习与运用相结合。樱桃沟村党组织结合本村"三严三实"专题教育整改落实、重点工作和重点项目建设、全面深化改革和精准扶贫等实际工作，着力解决一些党员理想信念动摇、党性意识淡化、宗旨意识淡薄等问题，推动党员作风不断好转。三是狠抓监督落实。村党支部不断强化督促考核，督促指导党员干部及时制定学习教育计划，突出重点学习内容，采取有效手段对集中学习和个人自学成果进行考核。

二、开展"双十星"争创活动，纯洁党员队伍

"十星级党员"和"十星级党组织"争创活动是加强党员教育管理，保持党员先进性与纯洁性的重要抓手，是实现基层党组织政治功能与服务功能的有效载体。在经济社会发展新常态下，为全面落实从严管党治党新要求，充分激发党组织和党员的活力，始终保持党的先进性与纯洁性，樱桃沟村党组织按照上级部门的相关部署，在村内逐步深入开展"十星级党员"和"十星级党组织"（以下简称"双十星"）争创活动。为切实加强和改进党员队伍教育管理，深入推进基层服务型党组织建设，樱桃沟村党组织将争创"双十星"抽象概念具体化、争创过程流程化、作用发挥星级化。

（一）加强组织领导，精心组织实施

"双十星"争创是一项久久为功的工作，需要村党组织在实际工作中不

图 8-2　党员争创"十星"公开承诺图

断探索、总结和完善；更需要村党组织发扬"钉钉子"精神，始终把争创工作作为党建工作的重点内容，切实落实到日常工作中的每一个具体环节。村党支部加大指导督促力度，有效地鼓励和组织全体党员投身于争创活动中，发挥每一位党员各自的优势，形成百舸争流的良好氛围。村党组织高度重视"双十星"争创工作，不断强化组织领导，精心组织实施。村支部书记切实履行"第一责任人"职责，做到亲自部署、全程指导、经常督办，确保争创活动有序开展。

（二）加强宣传引导，带动群众积极性

只有得到广大党员和群众的认可，"双十星"争创工作才能发挥实际效果，才具有持久的生命力。村党支部充分发挥政策宣传员和小组长的作用，利用一切平台和机会积极宣传"双十星"争创活动的内容与标准。随着宣传的持续开展与不断发力，越来越多的党员与群众开始了解"双十星"争创活动，他们的参与积极性也日渐高涨。

（三）明确星级内容，丰富活动内涵

村党组织坚持以"一诺三评创十星"为主要内容，不断拓展"双十星"争创活动，对党员和党组织实行星级管理，用十个"星"来规范和衡量党员与党组织的服务水平。"双十星"争创中的"十星"由共性星和个性星组成。"十星级党员"共性星包括宗旨星、学习星、法纪星、致富星、生态星。结合本村的实情和党员的现状，经过党员大会讨论后决定将"十星级党员"个性星设定为服务星、五和星、维稳星和计生星。"十星级党组织"共性星包括学习星、法纪星、组织生活星、阵地星、生态星和扶贫星。经过党员大会讨论后决定将"十星级党组织"个性星设定为五和星、发展星、维稳星和计生星。

（四）坚持严评实比，增强争创公信力

"党员承诺自评—党员群众测评—支部评定—评选结果公示"是樱桃沟村严格遵循的争创程序（也称"一诺三评"）。为了保持争创过程的真实性、争创结果的公平性，村党组织在争创过程中始终坚持三个结合，即个人评议与组织评定相结合、党内评议与群众评议相结合、口头自评与书面测评相结合。党员与党支部分别在党员大会上对照"十星"标准做出履责承诺，承诺的提出和最终考核都需经过党员大会讨论评定，实现"双十星"争创活动程序规范、过程真实、结果公正。

三、开展"三会一课"，规范组织生活

"三会一课"是基层党组织需要长期坚持的一项重要制度，有利于健全党的组织生活、加强党员管理和教育。在新的历史条件下，加强基层党建仍需坚持"三会一课"制度。樱桃沟村坚持支部党员大会每季度召开一次，主要任务是传达上级党组的决议，报告支部工作情况，研究入党积极分子工作，发展党员等。坚持支部委员会每月召开一次，主要任务是分析党员思想情况，讨论发展党员和支部中其他重大问题。坚持党小组每月召开一次，主要任务是组织学习有关文件，研究发展党员，听取党员思想汇报等。坚持定期组织党课学习，按照党课计划确定内容，加强对党员的教育。坚持定期召开党员民主生活会，积极开展批评与自我批评，组织开展民主评议党员活动。

（一）坚持每季度召开一次支部党员大会

支部党员大会是支部的领导机关，党内重大问题和事项都应提交大会讨论后决定。樱桃沟村坚持每个季度召开一次党员大会，如果有紧迫问题需要讨论，可增加召开支部党员大会的次数。村支部委员会对支部党员大会高度重视，每次大会前都会提前做好充分准备。在大会中，党员有充分发表意见和对支部工作提出批评或建议的机会。支部党员大会形成的决议在表决后通过，一旦通过后，督促全体党员无条件执行。支部党员大会主要围绕五大议

图 8-3 党员重温入党誓词图

题召开：一是根据党的路线、方针政策和上级党组织的指示与决议，结合本村实际情况，讨论和制定贯彻执行的计划和具体措施。二是讨论和批准支部委员会的工作报告。三是讨论和决定预备党员的转正工作，以及吸收新成员入党。四是讨论决定党员的奖惩问题，表彰优秀党员，对犯错误的党员进行处分。五是选举党支部委员和出席上级党员代表大会的代表，讨论撤换不称职的党支部委员和党员代表，以及其他重大问题。

（二）坚持每月召开一次支部委员会

樱桃沟村坚持每月召开一次支部委员会，指派相关委员提前做好会议准备工作。村党组织坚持"开实会，不开虚会"的原则，每次会议均有明确的会议议题和需讨论的问题。会议严格按照少数服从多数的原则进行，并认真做好会议记录。支部委员会主要围绕三大议题召开：一是讨论如何贯彻执行党的路线、方针、政策和上级党组织的指示与决议，切实发挥党支部在生产经营等活动中的政治核心作用和战斗堡垒作用。二是讨论研究党员教育与管理、党员发展与奖惩等问题；研究讨论群众工作问题，包括群众的思想倾向和如何做好群众思想工作问题。三是组织召开领导班子民主生活会，及时了解并掌握班子成员的思想动态。

（三）坚持每月召开一次党小组会

党小组是党支部的重要组成部分，其工作的组织开展情况将直接影响党支部发挥基层战斗堡垒作用。全村各党小组每月至少召开一次会议，为保证每次会议都有收获，党支部要求党小组长做好会前、会中和会后工作，确保党小组会议顺利召开。党小组长需督促党员自觉参加党小组会议，并鼓励党员在会议中积极发言并认真做好会议记录。党小组会议主要围绕三大议题召开：一是组织党员学习党的路线、方针和政策，提高党员政治素质和思想水平，使得党员在生产经营等活动中发挥先锋模范作用。二是分析当前的党风状况，针对每个党员的实际思想状况提出改进意见。三是研究入党积极分子的培育方案和预备党员的考察工作，及时讨论发展对象的入党报告和预备党员转正报告，提出党小组意见供党支部参考。此外，党小组每半年至少召开一次民主生活会，党员向党小组汇报学习、生活、工作情况，积极开展批评与自我批评。

（四）坚持定期开展党课教育

党课是强化党员党性、保持党员先进性的重要途径。樱桃沟村坚持每年开展不少于四次党课教育，采取集中上课学习的形式，由党支部负责组织实施。为扩大党课教育的影响力，每次党课都动员村内入党积极分子参与。村党课教育主要抓住三个关键环节：认真编写上课教材、落实好教员、组织好课后讨论。为避免上课内容过于枯燥且与党员实际相脱节，村党组织围绕各个时期的形势和中心工作任务，结合本村党员状况和生产经营实际，采取有针对性的、形式多样的教育手段，让广大党员在比较轻松的环境中学习领会党的路线、方针和政策，掌握党的基本知识。

四、开展"四讲四有"，树立言行标尺

在不断推进"两学一做"学习教育的过程中，"讲政治、有信念；讲规矩、有纪律；讲道德、有品行；讲奉献、有作为"（以下简称"四讲四有"）是衡量一名合格党员的标尺。樱桃沟村结合不同层次党员学习的具体内容和要求，分为四个专题分别讨论"四讲四有"，每次围绕一个专题进行交流讨论，重点畅谈学习体会，找出自身存在的问题并商量出应对之策。村党支部高度重视每一次专题讨论，由党支部书记亲自主持，全体党员参加，会议中讨论发言的材料都形成书面材料保存，方面以后查阅和学习。

第一，讲政治、有信念专题。重点讨论如何保持政治合格和对党真诚，如何树立理想信念的"主心骨"，如何在党言党、在党忧党、在党爱党。

第二，讲规矩、有纪律专题。重点讨论如何强化"四个意识"，确保执行纪律合格，如何严守党的政治纪律和政治规矩，如何增强组织观念，服从

第八章 基层党建与全国乡村旅游名村建设

图8-4 专题学习讨论会议图

组织决定。

第三，讲品德、有品行专题。重点讨论如何做到明大德、守公德、严私德，确保个人品德合格，如何传承党的优良作风，弘扬中华民族的传统美德，如何践行社会主义核心价值观。

第四，讲奉献、有作为专题。重点讨论如何践行党的宗旨，确保发挥作用合格，如何保持为民本色，敢于担当、勇于负责，如何在新常态下充当改革发展的标兵，发挥模范带头作用。

第二节　党组织建设的主要成效

近年来，樱桃沟村充分发挥城乡接合部的独特区位优势，坚持以"把农村建设得更像农村"作为村域发展理念，把村功能定位为"望得见山，看得见水，记得住乡愁"，不断提升村民素质和整治村内环境，大力发展农家乐和特色水果等特色乡村旅游产业，致力于打造"风貌古朴、功能现代、产业有机、文明复归"的生态旅游新村。经过村干部和全体村民的共同努力，全村2016年人均纯收入突破万元大关，建设了一个"富而好礼"的美丽乡村。樱桃沟村也先后荣获中国最美村镇、全国生态文化村、湖北省绿色示范村、荆楚最美乡村、湖北省基层党建十面红旗等诸多荣誉称号，成为全省新农村建设的亮点之一。

一、制度建设循序推进

在经济社会发展新常态下,为建立党员管理长效机制,充分激发村党组织和党员的活力,始终保持党的先进性与纯洁性,落实全面从严管党治党的新要求,樱桃沟村始终坚持结合本村实际开展工作,逐步建立健全党组织党建工作目标管理制度,并做到有检查、有考核。

一是坚持以"十星级党组织"和"十星级党员"为目标追求,在全村不断深化"一诺三评创十星"活动并制度化。随着"双十星"争创活动的不断实施,全村党员找到了归属感,群众看到了先进性,形成党组织创"星"示范、党员争"星"创优、群众学"星"争先、社会以"星"为荣的良好局面。

二是不断完善以党员目标管理、《党员手册》等为基础的民主评议党员制度,做到民主评议既注重过程,更注重实效,在评议过程中严格遵循党的纪律和原则,严肃处理不合格党员与事件,确保党员队伍的先进性与纯洁性。

三是把党员的管理教育作为组织建设的重要内容持之以恒地推进。坚持"三会一课"制度和民主评议党员制度,支委会议、支部大会、民主生活会等严格按时按计划进行。村党支部坚持管理与监督并行,采取定期检查和不定期检查相结合的方式,对支部各项工作进行监督检查,确保党组织的各项工作落到实处。

四是实现"党支部主体党日"制度化,坚持每月25日开展"党支部主体党日"活动。村党组织高度重视每次主体党日活动,每次活动根据村当前实际情况确定授课题目和学习内容,由村党支部成员或外聘专家进行详细讲解,动员全体党员积极参加。除了会前进行充分准备外,主体党日会议还充分发挥党员积极性,鼓励党员在会议中发言,展开讨论学习,每次主体党日会后都会严格做好会议记录,实现主体党日活动程序规范、内容充实、效果明显。

二、党员队伍得到极大改善

当下的中国农村党组织正面临两难的困境,一方面文化程度较高、年龄较轻、能力较强的人正大量外出务工,留在村内的党员与群众往往文化程度不高,年龄偏大。在部分农村,甚至出现党组织无人可用的局面。另一方面农村党组织肩负的任务越来越艰巨,越来越多的工作任务需要农村党组织最终落实。党组织所面临的环境日益复杂,工作和服务对象的要求越来越高,面临的矛盾和冲突也日渐增多。对本来人才就非常缺乏的农村党组织来说,处理日益复杂化、多样化的矛盾和问题已感到越来越力不从心。樱桃沟村作为一个地处山沟沟里的普通村,同样面临类似的困境。改善党员队伍结构是破解此两难困境的关键环节,村党组织已认识到队伍建设的重要性,想方设法提升村党支部队伍建设。

一是持之以恒地抓学习工作,每月至少播放两次党员电教片。定期开展集体培训,学习新党章、农业实用技术和各项惠农政策。村党支部通过开展优秀共产党员和文明示范户评选,进一步激发了党员的事业心和责任感,全面提高了党员的带头能力。此外,村党组织不断创新学习形式,采取培训班、电化教育、现代远程教育等多种形式,强化党的理论与实践、反腐倡廉等教育培训。

二是认真做好党员纳新工作。村党组织认真分析现有党员和群众的情况,针对全村党员年龄老化、文化结构偏低、妇女党员比例偏少的情况,要求各党小组加大宣传力度,把小组内文化程度较高、综合素质强、懂经营、能带领群众致富的年轻人吸纳到党员干部队伍中来。保证每年发展 1~3 名新党员,培养积极分子 2 名。在每一名新党员的培养过程中,党组织都积极带领他们学习,定期与他们谈话,保证每名党员都能合格地加入组织队伍。经过村党支部和各党小组的不懈努力,近几年来全村发展了一批年轻党员,平均年龄都在 35 岁以下,文化程度均达到高中及以上,极大地改善了村党员队伍结构,提升了党组织的战斗力,为全村进一步发展旅游经济奠定了良好的基础。

三、党建与电商齐头并进

自从 2015 年李克强总理在政府工作报告中提出"互联网+"行动计划以来,全国各行各业掀起了与互联网相结合而求发展的高潮,这一发展浪潮很快延伸到广大农村地区,农村电子商务应声而起。农村的各种资源可以通过电子商务平台拓展到全国各地,相关服务也可以通过电子商务平台在农村最基层落地,农村的信息化服务领域和水平得到极大提升,广大农民成为最大的受益者。在农村电商经济的发展过程中,如果只依靠企业市场行为,往往会导致企业和少数种植大户赚钱,无法带动广大村民共同致富。基于此,樱桃沟村党组织积极发挥作用,通过引导、培训等手段鼓励越来越多的种植户和农户加入电商平台，合理地规划、组织和规范本村电商经济发展。在电商经济不断发展的同时，村党组织引导种植户与农户树立产品标准化和品牌化意识，促进电商经济在村内持续健康发展。

樱桃沟村发挥党员的先锋模范带动作用，积极发展党员电商先锋，推动"红色"电商争先创优树标杆，不仅盘活了全村的商务活动，也探索出电商与党建相结合的成功经验。为保证村电商平台持续有效运转，村党组织主要采取两大措施：一是组织党员电商业主开展"放心消费我先行""正版正货我带头"承诺活动，做到假冒伪劣商品不进货、不上架、不销售，并公布举报电话接受消费者监督。二是发动党员电商业主与普通电商业主结成帮促对子，一方面帮助其拓展业务，另一方面也传递党的声音。这种党员和群众电商业主组建的党建联盟，有效地推动了党建工作与商务活动共同发展。

四、党建与美丽乡村建设相得益彰

村党组织把基层党建与美丽乡村建设深度融合推进，使得樱桃沟村从一个山沟沟里的偏远小村转变为一个全省乃至全国闻名的生态旅游村。近年来，村党组织以践行社会主义核心价值观和提升公民道德为目标，采取主题演讲、道德讲堂、文化培训等多样化形式，以点带面，以党建示范点建设汇聚社会正能量，全面推动美丽乡村建设工作。

一是"党建+环保实践"。坚持开展环保20年，优先发展生态农业，把绿水青山切实转变为金山银山。村党组织积极响应上级调整产业结构的号召，1992年就大力发展柑橘、桃、樱桃、草莓等有机生态农业，逐步形成了如今诗画般的村容村貌，并在此基础上大力发展生态旅游和乡村旅游。坚持贯彻执行封山育林的国家政策，保留了"七山半水分半田，一分道路和庄园"的自然格局。

二是"党建+宣传教育管理"。宣传环保理念，举办生态文化活动，促进环保意识深入民心。村党组织采取多种形式开展环保宣传教育活动，并把环保宣传纳入《村民公约》中，在《村民公约》明确写上"多栽树不砍树""脏水不乱泼、柴草不乱堆、垃圾不乱丢、畜禽不乱跑"等内容。"外修生态、内修人文、打造中国最美乡村"的固定标语每时每刻提醒村民重视村内生态环境卫生。村党组织积极组织村民参加各种生态文化活动，先后建立了文化活动室、休闲健身广场、农民锣鼓队，引入广场舞、太极拳、道德讲堂等健身健脑项目，利用农闲时间经常开展培训活动。在"十星级文明农户"创评活动中，每月定期开展环境卫生大检查，按"最清洁、清洁、不清洁、脏乱差"四个标准发放检查标识,对连续一年庭院卫生环境保持"最清洁、清洁"的农户发放"环保星"。

三是"党建+经济组织"。做大做强生态环保农业,促推环保成果转化为农民增收致富。樱桃沟村依托生态建设成果,逐步由传统产业向高层次、多链条产业发展,实现樱桃、草莓、桃等采摘园模式和农家乐、生态观光等旅游产业有机结合,互促发展。村党组织整合了村集体山林、土地、房屋、堰塘等闲置资产从事旅游产业开发,引导农户成立农家乐、蔬菜、水果、养殖等专业协会,形成"协会+基地+农户"的新型农村产业发展模式,有力地支撑起村域经济的持续健康发展。

第三节 基层党建面临的突出问题

基层党建正面临新的国外环境和国内环境,一方面,基层党建面临纷繁复杂国际环境。世界依旧处于大发展、大变革、大调整时期,中国经济发展仍面临诸多不确定因素,西方发达国家试图"西化"和"分化"的政治图谋始终未改变,国际上不同的思想、理论、思潮相互交融且相互交锋。另一方面,基层党建也面临着不断变化的国内形势。我国正处于经济体制改革的攻坚期、经济结构调整的关键期,保持经济中高速增长的同时,必须维护社会安定和谐,全面实现小康社会。在市场经济中形形色色错误思想的冲击下,人们的思想观念开始发展转变,党员的思想作风建设面临严重挑战。[①]近年来,随着樱桃沟村旅游经济的飞速发展,村民的生活水平发生了翻天覆地的变化。同时,在经济利益的熏陶下,不少村民的思想观念发生了变化,使得农村党建面临一系列新情况和新问题。

一、党员的综合素质不高,服务意识有待增强

中国农村党支部普遍面临党员年龄过大、文化程度不高的现状,不少党员思想较为保守陈旧、思维视野不够开阔,严重制约着村域经济的进一步发展。在全村64名党员中,近六成党员的年龄超过50岁,60岁以上的党员占比35%,近七成党员的文化程度为小学及以下,女性党员占比为15%。

---

① 田改伟:《新形势下基层党建工作创新研究》,《中国特色社会主义研究》2015年第1期。

由此可见，全体党员中老年人和学历较低的人占非常大的比重，这样的党员队伍构成必然会影响村党组织的凝聚力和战斗力，主要集中在以下几个方面。一方面，不少党员深受小农意识影响，思维陈旧而不够开阔，自私意识较为强烈，缺乏带领村民致富的责任感和能力，容易在村内形成"只顾小家而不管大家"的氛围。另一方面，文化程度低往往带来学习能力较差的后果，导致党员无法正确理解并认识党的路线、方针和政策，更无法执行好上级党组织委派的工作任务。党员是群众心中的标杆，是党的思想和政策的主要宣传者，如果自身都无法理解和认识，就无法向群众准确传达党的思想和政策。此外，党员综合素质不高也将直接影响其工作态度和工作效率，使得他们无法为群众提供及时而高效的服务。思想认识和文化程度不高同样会影响党员发挥先锋模范带头作用，致使党员在群众心中的地位形象受损，最终影响村党组织在广大村民心中的威信和地位。

二、村干部待遇不高，主副职差距过大

村干部在村域经济的治理和发展中发挥着举足轻重的作用，是组织和引导村民致富的主力军。"上面千根线，下面一根针"，目前村干部面临的工作任务和担负的工作责任与日俱增，但相应的工作待遇问题却迟迟得不到有效解决，村干部待遇过低，主副职差距过大等问题已严重影响了广大村干部的工作积极性。农村税费改革十年以来，湖北省委、省政府不断提高村干部报酬待遇，各地方党委政府也主动加大财政投入力度，多途径筹措资金，提高村干部报酬，促使湖北省村干部的待遇在原有基础上有了一个质的提升。尽管湖北省在提高村干部工作报酬方面做了很多工作，但村干部的待遇问题依旧让人揪心，这其中既有原来的老问题，也有新产生的问题。老问题是村干部待遇总体较低的状况没有得到根本改变，退休老支书的生活依旧没有保障；新问题是村主职干部涨工资后，主副职待遇差距明显增大。

一是村干部待遇不高，社会保障严重不足。《中华人民共和国村民委员会组织法》中明确规定"村委会成员不脱离生产，根据实际情况，可以给予适当补贴"。在目前的中国农村，农村治理面临的事务越来越多，村干部的工作任务越来越重，全年时间基本上都花在工作上，根本无时间打理家里的农务，更谈不上外出打工赚钱。目前樱桃沟村村主职干部年收入不到4万元，副职干部年收入为2.5万元左右，在湖北省村干部待遇中处于中等偏上水平。即便如此，村干部待遇依旧不高，据湖北省统计局数据显示，2015年我省农民工年均收入突破3万元。许多村内的普通村民通过外出务工实现

了发家致富,而属于村内能人的村干部却处于经济生活拮据的状况,不少村干部反映:"如果外出务工,待遇远高于现在的工资。"

二是村干部的退休缺乏保障,对党组织的归属感不强。许多村干部在岗位上无私奉献了一辈子,为村内经济社会发展作出了突出贡献,而一旦退休下来,就面临失去各种经济补贴,晚年生活缺乏保障。为解决退休村干部生活困难的问题,中央和各省均出台过相关文件,但以下两方面问题依旧很严重。一方面,待遇标准不统一,缺乏固定名分。中央和省出台的文件只是一个指导性意见,具体标准由县市依据实际情况解决,而大部分县市基层财政经费紧张,根本无暇顾及退休多年的村干部。少数有条件的基层政府在发放待遇的时候,也是以生活困难补助、救助、养老补贴等形式,既不是社会救助,也不是社会保险,更不是退休金。另一方面,来源渠道太窄,标准太低。基层政府和村集体是村干部退休金的主要来源,而当前很多农村的村集体经济名存实亡,根本无法支付村干部的退休金,上级转移支付成为唯一来源。退休村干部的待遇远低于当地平均收入水平,以樱桃沟村为例,工作几十年的退休老支书每年仅领取 1000 元的补助金,无配套的养老保险和医疗保险等其他生活保障。村干部退休无保障的现状极大地影响了在职村干部的热情和归属感,许多村干部缺乏在工作岗位上长期工作的决心和勇气,一旦有机会就可能离职另谋高就。

三是主副职差距过大,支部团结和谐受阻。在村干部待遇普遍没有提高之前,村主职干部待遇基本为 900 元/月,副职干部待遇基本为 600 元/月,两者差距为每月 300 元,每年 3600 元。在村干部待遇提升以后,村主职干部比照副乡(镇)长标准,每年收入接近 4 万元,而副职干部的年收入约为 2.5 万元,两者相距由原来的 3600 元增加到 15000 元,如此悬殊的收入差距严重影响支部成员的心理平衡感。就工作量而言,村主职干部责任大,任务多毋庸置疑,但村副职干部同样是满负荷工作,同样是村委会工作的主力,两者的工作量并不像收入那样差距大。主副职差距过大的直接后果是村副职干部心理产生较为严重的不平衡感,极易影响支部的团结和相关工作的开展。此外,还会导致在村支部换届选举中,村主职成为人们争相竞争的岗位,而其他副职干部却无人问津,甚至会导致部分职务空缺,严重影响村党组织的持续健康发展。

三、文山会海,落实责任清单压力巨大

"开短会、讲短话、发短文"的形式在中国共产党的历史上历来受到高

度关注。毛泽东早在延安就在《反对党八股》一文中批判长篇大论的文章；邓小平在党的会议、南方谈话等多次提出要开短会、讲短会，不搞形式主义；习近平亦在多次重要讲话中辛辣讽刺"文山会海"问题，告诫领导干部不要把精力耗费在不必要的文件和会议上，关键抓落实。基层特别是农村，是所有文件、政策、精神等的最终落实地，如果村干部把所有精力都耗费在各式各样的会议上，党和国家的各项方针和政策又由谁去真正落实呢？谁真正有时间为广大农民提供服务呢？虽然中国共产党一直以来高度重视文山会海问题，但这一问题在不同的历史时期始终存在。笔者认为可能主要存在两方面的原因：一方面是政府职能转变还不到位。在实现由"大政府，小社会"向"小政府，大社会"的转变中，政府部门需要持续地转变职能，切实解决原来管得过多、过宽、过细等问题。政府部门的编制和经费等都有限，面对无限扩展的政府行为，执行成员往往力不从心，大部分时间和精力都花费在开会与发文上，长此以往，文山会海现象自然形成。另一方面，目前的监督考核制度还有待进一步完善。在上级考核下级工作和任务时，召开了多少次会议，印发了多少相关文件等往往成为考核的重点内容。因此，下级部门为应付上级检查，把时间和精力都花费在准备汇报材料、召开会议、印发文件等上。长久以往，基层也成为文山会海的重要受害地，落实成为一句空话，群众感受不到改革的益处。

村委会虽不是法定的一级政权，但其担负着诸多上级部门下派的工作和任务，是各项工作的最终落实者。在由中央向地方层层部署工作任务的过程中，需要层层开会和层层下文，省、市、县、乡镇都需要开会和下文，相关的文件和会议精神都会下达到村委会。因此，基层村干部普遍反映，目前严重感觉到文件和会议太多。在会议方面，村委会成员反映真正有效的会议太少，不少会议流于形式，实际效果较小。面对众多的无效会议，村干部每次都不能缺席，召开会议的地点离村又比较远，最近的会议地点也在开发区，村干部花费了大量的时间和精力在往返会场上。此外，很多会议都选择在周末召开，无形之中加大了村干部的工作量，给村干部的工作和生活带来新的压力。在文件上，村委会面临的压力较大。我国政府部门一般采用层层下达文件和指派任务的形式，任务和文件层层指派下去，相关的责任状也一级一级签订下去。最终的结果是村委会面临众多的文件和责任状，却无法集中精力去落实，大部分时间都花费在接受文件、学习精神和签订各种责任状上。总之，上级文件与精神再科学合理，如果没有落到实处，也只是一纸空文；责任状签订得再细致，如果没有时间去落实，也只是迫使基层采取应对手段实现"空对空"。

四、村级财力薄弱，党建缺乏经济支撑

随着 2006 年 1 月 1 日《农业税条例》的废止，农业税从此退出中国的历史舞台。农业税的废除在中国农业社会产生了巨大的影响作用，直接减轻了广大农民的负担，有效调动了农民从事农业生产的积极性。农村税费改革在取得不小成绩的同时，我们也看到不少农村在贯彻执行中央的政策时面临诸多问题。其中一个非常重要的问题是部分农村债务包袱沉重，乡镇和村根本无法自我消化原来的债务，许多基层干部无法适应税费改革带来的形式变化，也没有能力应付税费改革后基层组织的日常运作经费。农村税费改革后，村级组织的日常运转经费来源发生了巨大转变，上面各级财政转移支付成为主要来源。由于大部分地方财政财力有限，无法配套转移支付经费，导致农村运转经费严重不足，缺口较大。经济基础决定上层建筑，村级组织经费不足，严重影响村党组织的日常运转和作用发挥。近年来，随着樱桃沟村旅游经济的发展，大部分农户逐渐摆脱贫困，走上小康生活，更有不少人走上了致富之路。在农民生活水平普遍好转的情况下，村集体经济却没有得到同步发展，公共设施建设、环境治理与维护、公共服务等支出成为村级财务沉重的负担，村级组织长期处于负债运转状况。由于经费的缺失，村党组织功能弱化，无法及时为村民提供实质性的帮助和服务，更无法改善和丰富村民的物质文化生活。"巧妇难为无米之炊"，经费不仅严重制约着村党组织的日常运转，也极大地降低了村党支部成员的工作积极性。党组织应该在各方面发挥模范带头作用，带领村民取得物质和精神双丰收。而实际情况则是村党组织在处理各项事务时经费捉襟见肘，既无法积极带领村民致富，也无法及时改善村民的精神文化生活水平，党员和党组织在村民心中的威信则会下降。

第四节　破解基层党建问题的有效途径

解决中国农村所面临的改革与发展、服务质量、矛盾调节等一系列问题，关键在党，而党员是党的基本组成元素，是党发挥政治统领与主导功能、社会建设服务功能和社会参与组织功能的坚实保障，是带领群众全面推进农村改革与发展的主力军。在村民自治的前提下，建立战斗力强、威望高

的党员队伍和支部委员会有利于发挥农村党组织的领导核心作用。目前的农村党组织，正面临着党员素质不高、干部待遇过低、村级财力不强等诸多问题，这些问题严重影响了村党组织发挥主导、服务与组织作用，进而影响村域经济的健康发展，最终影响广大农民生活水平的提升。为提升村党组织的统领力、组织力、服务力、威信力，急需采取有效措施解决基层党建面临的这一系列新老问题。

一、加强党员队伍素质教育，着力提高服务意识

在农村党员队伍面临的诸多问题中，结构不合理和能力弱表现得尤为突出。党员队伍建设是农村党组织建设的重中之重，直接影响党在农村的各项工作是否能全面推动。在新的历史时期，优化党员队伍结构、激发党组织活力成为当务之急。针对当前农村党员队伍老龄化严重的现象，应积极探索新手段、新方式吸纳优秀中青年积极分子入党。针对党员队伍思考理解能力弱的现象，应采用多样化和易接受的方式对党员进行培训，提高其思想认识水平，进而提升其为群众服务的意识和水平。

（一）吸纳优秀中青年入党

不管情况怎么变化，入党的标准不能降低，这是保障党员质量的关键前提。在吸纳优秀中青年积极分子入党之前，应采用与时俱进的多指标考察积极分子，在优化党员结构的同时，务必保证党员队伍质量，决不能急于求成，随意发展党员，坚决做到成熟一个发展一个。在此基础上，加大宣传力度，并逐步提升党员队伍的待遇，显著增强党员队伍的吸引力。针对当前农村党员学历较低的现状，可以鼓励大学生回乡创业并加入党组织。就樱桃沟村而言，近年来，虽然吸纳了不少年轻人入党，但最高学历也仅为大专，没有大学本科学历的党员。在乡村旅游日渐高涨，而大学生在城市就业竞争越来越激烈的前提下，吸纳具有本科学历的人回乡工作可能性越来越大。此外，村党组织应拓宽吸纳入党成员的范围，广泛吸纳女性和各领域一线工作者入党。目前党员队伍中年轻的女性和一线工作者非常少，为不断优化党员队伍，应摒弃各种偏见，吸纳更多的女性和一线工作者加入党组织。

（二）着重提升党员的思考理解能力

村党组织应利用一切可利用的资源，加强对全体党员的培训与再教育，不断提升其思考理解能力，使得党员能更快更好地理解上级的文件和精神，并结合本村实际情况思考如何更好地为村民提供服务。首先，充分利用

"两学一做"学习教育、"三会一课"制度、主题党日等方式,定期组织全体党员开展学习。精心准备每次培训教育活动,做到课前有准备、课中有讨论、课后有思考记录。村党支部应充分结合党的基本理论、时代要求和村实际情况开展培训教育工作。其次,培育并强化为人民服务的意识。全心全意为人民服务是中国共产党的根本宗旨,但这一宗旨没有在广大的农村党员心中生根发芽,需要村党组织采取通俗易懂的方式讲解为人民服务的内容,使得越来越多的农村党员把为人民服务的意识内化于心。只有这样,才能提升党组织的服务水平,夯实党组织的执政基础。最后,坚持理论与实践相结合,在对党员开展培训教育之后,要切实培育其思考问题的能力,培训不能仅停留在理论学习上。村党支部、党小组根据实际情况,给每一名党员分配具体任务,让党员帮助周边群众解决实际问题,不仅能让群众切实感受到党的关怀,也能不断提升党员的服务意识和水平。如果条件允许,可组织村党支部干部走出去考察学习,选取与本村情况类似的且发展较好的村作为考察对象。

二、创新待遇激励机制,着力提升村干部待遇

村级党组织在农村发挥重要的战斗堡垒作用,从事非常重要的村内工作。我们应该不断创新待遇激励机制,着力提升干部的待遇,解决村干部的后顾之忧,激发他们的工作积极性,最终提升党员队伍的服务质量水平。村党支部成员的职业化与非职业化近来成为学术界争论的焦点。有的学者认为村干部职业化是破解农村治理难题的关键,因为在各项惠农政策不断下达基层的同时,村干部面临的工作任务和责任越来越大,只有村干部每天按时上下班,每月按时领取工资待遇,才能保障及时解决群众遇到的问题。有的学者认为村干部职业化与村民自治相背离,认为不仅与相关法律法规不符,也与传统习惯不符,村干部本质上是农民,不是官员,中国农村历来实行"乡绅管理"的熟人治理模式。笔者认为不管是坚持职业化的学者,还是坚持非职业化的学者,大家都认为村干部的工作任务与日俱增,需要随之不断提升待遇水平。

(一)创新待遇激励机制

在中国农村,许多党支部书记几乎把一生都奉献给党和工作,在自己的工作岗位上兢兢业业工作一辈子。随着社会变迁速度加速和年轻党员的加入,村干部年龄越来越小,学历越来越高的总体趋势不会变,如果没有合理的待遇激励机制,无法留住这批年轻的村干部。对于新一代的村干部来说,

除了直接的工资提升外，个人成长晋升也是一个关键因素。因此，需要从这两方面着手创新激励机制。一方面，可以从基本工资、绩效工资、考核奖金和工龄补贴四个方面发放工资。依据村干部职务和村规模大小确定基本工资，依据村集体经济的发展状况确定绩效工资，依据完成上级指派工作任务的状况确定奖励工资，依据工作的年限确定工龄补贴。另一方面，建立村干部合理上升机制，让年轻有作为的村干部有更多的上升空间。采取多种方式，加大从基层干部中遴选人才的力度。这样才会充分调动现有村干部的工作积极性，才会吸引更多的优秀青年人才加入村党组织行列。

(二) 建立健全村干部离任制度

村干部离任制度的建立影响着新老干部的顺利过渡，更影响着村干部队伍的稳定。依据目前的形势来看，村干部在职时待遇不高，一旦退休离任，生活来源更是缺乏保障。离任村干部正面临较为严重的"老无所依、病无所医"，这一现状严重影响了在职村干部的工作积极性，他们担心自己离任后面临同样的命运，一部分村干部选择干一段时间就主动离职，还有少部分村干部利用手中的权力，在职期间非法敛财，类似现象正在中国农村频频发生。最近几年，党和国家开始关注离任村干部的待遇问题，但由于中央和地方财力有限，目前主要考虑离任村主职干部，且只能根据当地实际情况每年发放一定补助，如樱桃沟村退休离任党支部书记每年可领1000元补助。笔者认为，这点经费补助远远不够，村干部离任制度的完善还有较长的路要走。具体而言：一要落实离任村干部的补助制度。《中华人民共和国村民委员会组织法》没有规定离任村干部的待遇发放问题，虽然有文件要求地方按实际情况发放退休离任村干部补助，但发放的标准不统一，一些地方由于经费紧张没有落实这一政策，一些退休离任老支书仍没有领到基本的补助金。二是解决离任村干部的养老保险和医疗保险问题。通过访谈，笔者发现离任村干部最关心的问题是"老有所养、病有所医"。可使用新型农村合作医疗保险解决离任村干部的医疗保险问题，离任干部的养老问题应由地方财政、村集体和个人共同承担，三方按一定比例缴纳保险费用，切实解决离任村干部的养老问题。三是关爱离任村干部，发挥其余热。许多村干部一辈子基本都在村内工作，他们虽已离任，但对村内事务的关心程度却不会随之降低。现任村干部需多与离任干部谈心谈话，虚心接受他们的意见和愿望，并不时送去党组织的关怀。在退休离任村干部身体条件允许的前提下，可以让他们协助村党支部开展相关群众工作，让其退有所为。

三、大力发展村域经济，着力解决党建的经济基础

党建并不能限于党内的各项事务，村党组织应该树立大党建意识，把党建和村域经济发展共同作为村发展的重点。对农村党组织而言，只有帮助其解决经济发展问题，才能切实提升其执行力和服务水平。在发展村域经济中，发展壮大村集体经济是根本之策，只有村集体经济得到长足发展，党组织才能真正发挥政治功能和服务功能。

（一）转变思想观念

农村经济基础薄弱，党组织在开展各项工作中难免遇到经费不足、人手不够的困境，村党支部和全体党员首先不能气馁，要坚定自己的政治信仰，坚定为人民服务的意识。其次要改变以前"等靠要"的思想认识，上级转移支付固然是支持村运转的主要经费来源，但转移支付毕竟只是外因，内因才是解决问题的根本，那就是想方设法发展壮大村集体经济。最后要转变传统保守观念，做到与时俱进，在新常态下有新的作为。党组织应认清楚本村的具体资源优势和实际情况，把握乡村旅游经济发展趋势、"互联网+"趋势、生态绿色农业发展趋势等诸多时代趋势，按照预先制定的规划合理布局村域发展方案。此外，樱桃沟村党组织还应向致富村典型多学习取经，不断开阔视野，探索适合本村发展的致富之路。

（二）用好用足国家转移支付资金

在村集体经济未发展壮大之前，国家专项转移支付资金是支撑村域经济发展的关键。如果从总体金额看，每年流入村的经费远比想象的要多，但流入村的经费往往来自众多部门，存在专项转移资金碎片化的问题。近年来，国家对"三农"的投入支持力度逐渐上升。村党组织要与上级部门及时沟通，根据本村实际情况提前做好发展规划和相关项目的申请工作，尽量整合各渠道转移的资金，集中解决村域经济发展的关键问题。农村公共设施落后是限制村域经济发展的主要因素，不少农村的交通依旧不够便利。虽然实施村村通公路工程以后，我国农村公路状况得到了根本改观，基本实现了村村通公路，但是重建设而缺乏养路经费的问题逐渐凸显，不少农村的公路质量远不能满足村域经济不断发展的需要。因此，整合国家转移支付资金可更多用于改善村的交通基础设施，为发展党建和村域经济提供便利条件。

小　结

随着市场经济不断向农村延伸，广大农民的生活水平和思想观念随之发生翻天覆地的变化，使得农村党建工作面临诸多新情况与新问题。樱桃沟村始终以党建为龙头，以服务为宗旨，着力发挥基层党员和干部的先锋模范作用，以党建工作带动村域经济社会不断向前发展。本章分为四个小节：第一节阐述樱桃沟村党组织建设的实践探索。村党组织着重开展"两学一做""双十星争创""三会一课""四讲四有"活动，不断规范组织生活、提升党员素质。第二节总结归纳村党组织建设的主要成效。近年来，樱桃沟村充分发挥城乡接合部的独特区位优势，坚持以"把农村建设得更像农村"作为村域发展理念，循序推进村内制度建设，坚持提升党员队伍水平，促使党建与商务共同发展，让美丽乡村建设在党建工作的引领下持续发展。第三节指出当前基层党建面临的突出问题。主要面临四大问题，即党员的综合素质不高，服务意识有待增强；村干部待遇不高，主副职差距过大；文山会海，落实责任清单压力巨大；村级财力薄弱，党建缺乏经济支撑。第四节阐明破解基层党建问题的有效途径。党员队伍、村干部待遇和村域经济是破解基层党建问题的关键所在，只有加强党员队伍素质教育、创新村干部待遇激励机制和大力发展村域经济，才能治标又治本。

第九章　乡村精英与全国乡村旅游名村建设

湖北省郧阳区樱桃沟村——一个曾经贫穷落后的小村庄，在村"两委"会和一些乡村能人的共同努力下，一跃成为走在前列的"全国乡村旅游名村"。可以说，他们的努力造就了今天的樱桃沟，他们怀着乡土情怀致力于家乡的建设、发展和治理，伴随着樱桃沟的发展，他们也成长为了乡村治理中不可多得的精英。走在樱桃沟村的田野上，便可以感受他们的艰辛付出，也坚定基层治理一直存在广阔的空间，如果能解决好基层治理存在的种种问题，许多社会问题也会迎刃而解。而研究基层治理问题时我们又不能忽略这样一个群体——乡村精英，他们在推动基层建设、社会治理等方面作出了重大贡献，他们可能不精通政治，却在乡村治理问题上有独到见解。

第一节　新老支书共奉献　带领乡亲不再穷

以前郧阳区樱桃沟村叫鹰卧沟村，是一个不知名的小地方，地处郧阳区与十堰张湾区接合部的大山深处，顾名思义就是老鹰栖息的地方，其贫穷和落后可想而知。山高坡陡，自然条件恶劣，水旱灾害频发，属典型的"八山半水分半田"，长期以来，由于基础设施薄弱、农业生产结构单一，农民素质不高，生产能力落后，村民常年食不果腹。总之，鹰卧沟村始终处于贫穷状态，村里许多青壮年开始流向城市外出打工。而如今，改名为樱桃沟村的鹰卧沟村先后荣获了"湖北省旅游名村""湖北省绿色幸福村""2014中国旅游金奖""全国生态文化村""中国乡村旅游模范村""2014中国最美村镇""中国美丽休闲乡村""荆楚十大最美乡村""湖北省最具影响力十大美丽乡村"等荣誉称号。樱桃沟村名副其实地成为全国乡村旅游的名村，村民的收入和生活水平大幅提升。

樱桃沟村成为全国乡村旅游名村，除了上级政策支持，更凝聚了村子里所有精英的心血。无论是老一辈的赵中礼还是年轻一代的朱德永，他们都生长在樱桃沟村，有一颗红心向着党组织的情结，有着浓厚的乡土情结，愿意将自己的能力贡献给樱桃沟村，有着强烈的责任感、使命感。这些正是乡村精英鲜明的特质。

一、朱德永：事业早成不等闲　回报乡亲正当年

朱德永 1981 年 2 月出生，36 岁，茶店镇樱桃沟村人，2011 年 11 月参加工作，2013 年 6 月入党，大专学历，2005 年 7 月毕业于郧阳师范高等专科学校，现任郧阳区茶店镇樱桃沟村党支部书记、村委会主任。被评为 2016 年度"十堰市十大杰出青年"、2017 年"十堰市旅游工作先进个人"。

图 9-1　朱德永在孝老爱亲合作社成立大会上带领乡亲们宣誓

中国最美乡村樱桃沟村是近几年来在湖北省乃至全国越来越响亮的名字，在山外的人们看来，这里是一处美丽而又神秘的村庄。然而，几年前樱桃沟村还只是中国大地上千千万万个普通村庄之一，村子里的变化都是村里的人们一点点干出来的。樱桃沟的今天和明天都与朱德永有着密切的联系，作为一位成功创业的大学生能够回到自己的乡村，努力为乡村建设和发展奉献自己，从这样的乡村精英的身上我们看到了乡村治理的明天。

（一）大学毕业成功创业

朱德永作为一名"80 后"大学生从小就生长在农村，虽然没有吃过多少苦，但继承了农村人吃苦耐劳的精神品质，敢闯敢拼敢干，有着怕穷不怕吃苦的志气。2004 年大学毕业后，在当时大学生就业比较宽松的社会环境下，财会专业出身的朱德永没有坐等国家分配工作，而是选择了自主创业。

他冒着酷暑学习汽车驾驶技术，取得 B 级驾驶资格证以后，在十堰市三强水泥制品厂驾驶大型货车运送货物。当其他同龄人还在为寻求一份稳定的工作四处奔波的时候，他已经通过自己的勤劳实干，第一年挣回十余万元，赚得了人生的第一桶金。此后不久他在家人的支持下，一边经营大货车一边创办了自己的水泥制品厂，经过五六年时间的打拼，自己当老板的朱德永在市里买了房子，为家人购置了两辆小轿车，手里积蓄颇丰，他家逐渐成为樱桃沟村屈指可数的富裕户。

（二）转换角色，奉献乡村

2010 年前全村以种植柑橘为主，但此时湖北种植柑橘的地区已经很多了，樱桃沟村当时还是一个不知名的小地方，一是市场严重缺乏，难以形成自身的竞争力；二是技术问题影响柑橘的产量，品质难以保证，病虫害等问题难以克服；三是水资源缺乏，对农业生产等各方面造成了限制；四是区位优势不明显。柑橘产业面临的病虫害问题、市场问题使得村里柑橘产业的发展陷入巨大的困境。2010 年樱桃沟村被确定为郧县首批扶贫"连片开发"试点村，樱桃沟村迎来了转型发展的大好时机，同时也预示着樱桃沟接下来的工作十分繁重，正是在这样的时期，村委会决定鼓励朱德永这样的年轻精英为村里的发展大干一场。

2011 年底，年轻有为的朱德永在村干部的动员下，怀着回报家乡的一腔抱负，把生意交给妻子一人打理，成为村委会一员。起初，结合自己的专业，他主要协助村会计负责村级财务工作。当年年底，小水果基地发展到 2000 多亩，2012 年正式改名为樱桃沟村，也是自 2012 年开始，樱桃沟村被评为"湖北省旅游名村"，并着力打造生态旅游村，先后实施了一大批基础设施建设项目。俗话说"大的张张嘴，小的跑跑腿"，本来村干部就那四五个人，朱德永作为最年轻的村"两委"会成员，大大小小的事务都少不了他。而他总是爽快接受任务，加上驾驶技术很棒，自家又有小轿车，但凡需要跑腿的事情，都由他去做：到外地开会、接送专家团队、到外地购置树苗花种、外出考察学习等，外出短则两三天，长则一周以上。回村后他手头的财务工作只好加班加点。在村子里，由于他人勤快又没有架子，干部和乡亲们都喜欢亲切地称呼他"永娃儿"。有事情要做，人们总在第一时间想到他："叫永娃儿去！""这个事儿你找永娃儿！""永娃儿，快来！"……村部办公楼楼上楼下不时都会听到不同的人说类似的话。两年多时间，朱德永很少有时间回家照顾老婆孩子，一心扑在村里的工作上，更别说管一管自己厂里事情。朱德永为家乡建设的牺牲和奉献，全村党员和群众都看在眼里，记在心里。2014年底举行村"两委"会换届选举，朱德永高票当选村党支部书记，后又在群众大会上被乡亲们选举为村委会主任。

(三) 带头探索致富项目

常言道："一方水土养一方人。"然而，今天的乡村里，如果没有可靠的致富项目，这句话就是空话。因此，村委会希望樱桃沟村民改造房屋和庭院兴办农家乐，种有机蔬菜，恢复传统手工作坊。但一听说要投入上十万元后，村民们都怕了，朱德永为了消除大家的顾虑，2012年就拿出50万元带头改造旧居，新修庭院和停车位。经过半年的忙乎，按照中国乡建院专家的指导，一座集黄酒加工、农家乐餐饮、住宿为一体的"七零黄酒坊"呈现在世人面前，成为游客爆满，领导参观必来的场所。看到朱德永赚钱实效后，村民们纷纷效仿，全村房屋改造工作全面铺开，蔚然成风。2014年，专家提倡农家乐向民宿升级，重点打造室内装修，提升游客居住舒适度。朱德永从家里又拿出20多万元，将室内装修重新按照专家的设计改造了一遍。改造后的七零黄酒坊生意更加火爆，尤其是以前没人居住的客房，改造后一直有客人预订，不仅收入翻了一番，还被授予"五星级"农家乐。"八零院"就是在朱德永的带动下按照专家的设计装修的，生意常年稳定，一家人在家门口实现了致富。此外，朱德永还带头安装了污水处理系统，传统手法制作樱桃酒、草莓酒、黄酒等，这些别人看不上眼的事情，他都能转化为致富项目。朱德永还牵头注册了小水果农民专业合作社，注册了淘宝网店，吸纳了12户村民入社，把农副产品放到淘宝网店销售。在他的带动下，樱桃沟传统农业开始向现代农业营销模式转变。

他从2011年进入樱桃沟村委会以后，不管担任什么职务，也不论大家的事还是自家的事，都积极热情地去做实做好，用行动在探索实践农村农民农业的出路，时时处处把自己放在一个新型农民的高度思考和做事，把人生价值定位在无私奉献上，特别是为家乡改变面貌的事情上。

在他的带领下，现在的村庄多姿多彩，如诗如画。唯美的乡村游景观特色十分明显，每逢周末和节假日，村里每天会迎来近万名海内外游客。如今的樱桃沟村，已由全省首批扶贫开发重点村发展成为集休闲度假、餐饮娱乐和生态观光为一体的城郊型生态旅游村，先后荣获"湖北省政府环境保护奖（集体）""中国旅游金奖"，并被评为"湖北旅游名村""湖北省绿色示范村""荆楚十大最美村镇"、全省村党支部"十面红旗"及"全国生态文化村""牵手·2014中国最美村镇""中国美丽休闲乡村""中国乡村旅游模范村"等荣誉称号，而朱德永本人也于2016年荣获十堰市十大杰出青年称号。这样的党员干部才是真正的"十星"级党员干部,是基层党员中的典型。

朱德永作为村里的年轻精英,自己通过努力成长为成功人士,同时不忘乡土情怀,能从自己致富到带领村民共同致富,从为私奋斗到为公奉献,这样的年轻精英正是中国大多数乡村所需要的。这也是我们走访乡村治理工作、走访乡村精英发现的价值所在,今天的乡村,十分需要更多这样敢闯敢拼,有责任心、事业心的年轻精英。

二、赵中礼:为乡奉献数十载　老当益壮余热存

赵中礼,1946 年出生,71 岁,初中毕业。老书记赵中礼 1984 年就加入了中国共产党,1985 年开始担任村党支部书记,他担任村支书的那个年代正是我国改革开放的大好时期,村里很多年轻人都外出赚钱,他自己会很多手艺,也有一定经商头脑,外出创业打拼发家致富也曾是他心中的选择,但乡亲们信任他,选他为村支书,他便决定留在村里为乡亲们做点事,结果一干就是 24 年,他把自己的青春和心血都贡献给了自己热爱的乡村。直到 2008 年因年龄原因辞去党支部书记职务,24 年间,他始终带领全村群众艰苦创业,为把贫穷落后的鹰卧沟村变成如今远近闻名的樱桃沟村打下了坚实的基础。离任后,他仍然关心全村的发展,积极为旅游名村提档升级建言献策,他认为自己既不能辜负乡亲们的信任,也不能辜负组织上的重视和培养,始终不能忘记自己共产党员的身份和责任。

图 9-2　老书记赵中礼(前排左二)在给调研组成员介绍情况

(一) 开荒拓土、保育森林

在他刚任村支书的那个年代，人民群众最大的问题莫过于温饱都不能解决，这是他要解决的首要难题。但是樱桃沟人多地少，生产能力有限，他决定带领群众向山要地。樱桃沟有大量缓坡、荒地可以利用，于是他发动群众投工投劳向山要地，用了两年的时间在全村可利用的缓坡上造了近1000亩的人造梯田。在造地过程中，他要求群众严禁毁林砍树，经常告诫群众"山林是我们的保护神，一定要珍惜爱护这天然的财富。"在他的引导下，全村群众养成了保护森林的好习惯，坚持至今。如今，全村仍拥有山林5700亩，森林覆盖率达70%。

(二) 改粮为橘、解决温饱

有了更多的地，粮食产量自然就增加了，可以基本解决群众的温饱问题了。那么第二步就是如何让群众富起来。种粮食虽然能解决群众的温饱，但是产量还是始终有限，经济效益不高。于是，他带领村组干部外出学习，再结合当地土质、光照等实际情况，决定开始发展柑橘产业。一开始，饿怕了的群众都不愿意改种柑橘，因为只有粮食才能保证自己填饱肚子。他挨家挨户耐心地做工作，成效很不理想，于是动员村组干部带头试种，等试种成功赚了钱，然后再说服群众，扩大面积发展。柑橘挂果的第一年，卖上了好价钱。群众在一起一合计，收入是种粮食的好几倍，大家都纷纷种上了柑橘。同时，他鼓励村民在田坎坡头、房前屋后发展小水果增加收益以补贴家用，樱桃树就这样种在了村庄的角角落落，成就了后来的樱桃沟。五年的时间内，全村先后发展柑橘、樱桃、桃等小水果近1000亩，开始成为全县学习的典范。

(三) 赤诚动人、连通村路

"要想富，先修路"，强调的是基础设施的重要性，但大家也都明白，樱桃沟山高坡陡，施工难度大，缺乏资金支持。虽然最近的地方距209国道只有不到1公里，但是正是这1公里，就像卡在喉咙里的鱼刺，因为这1公里属于茅坪柳家河村，要想修路，必须协调好兄弟村的关系，还要给予相应补偿。这对于一穷二白的樱桃沟谈何容易。于是老赵书记反复找柳家河村村干部协商，带头捐款凑钱。终于，柳家河村被他的诚意和一心为公的信念打动了，同意借道给樱桃沟修路。光修路还不够，"晴天一身灰，雨天一身泥"等于没修。他和村干部一商量，决定连接209国道和土天路。老赵书记继续带头捐资、垫资，并说服包工头垫资修建。2004年，一条宽3.5米、长 5.5 公里的水泥路连接了 209 国道和土天路，也打开了樱桃沟村群众的致富之门。

24 年间，正因为老赵书记的贡献，他舍小家，顾大家，带领全村群众开山造地、发展小水果、修致富之路。为把贫穷落后樱桃沟村变成特色产业突出、基础设施完善的先进村打下了坚实的基础，他也多次受到市、县的表彰，屡次当选县、镇人大代表、党代表。老赵书记在任期间，村集体从未欠账，年年都有一定结余，他作为老一辈的乡村精英，心怀组织、一心为公、真诚付出的精神值得我们敬佩。衣着朴素的他，一言一行均显示出中国农民最朴素的特质，也显示出了对乡村振兴的期待。

第二节　汇聚群英齐发力　共建美丽樱桃沟

除了像朱德永和老赵书记这样心系家乡和带领大家建设的乡村精英之外，村"两委"会还吸收和培养了一批优秀的普通干部，他们是质朴村民和优秀村民典型代表。他们不计较利益得失，在乡村治理问题上有一技之长，在村委会主要干部的带领下，他们奉献各自的智慧和力量，让樱桃沟村今天和未来变得更美。

一、刘龙伟：为乡亲服务，为家乡更美

刘龙伟，1967 年出生，50 岁，初中毕业。2009 年，外出创业的刘龙伟因身体原因回到村里，回村之前刘龙伟一直在外做各种各样的小生意，卖啤酒、卖化肥、跑出租等都干过，能赚钱的生意他都干，勤劳能干的他也攒了不少钱。由于他有着外出闯荡的经验，乡亲们选他担任五组组长。担任组长以后，每一项政策的落实，刘龙伟总是积极带头，带领他所在的五组率先垂范。为积极响应新农村示范村建设，他带领群众修村组路、以旧房庭院改造为契机，着力开发生态旅游，改善民生。樱桃沟从一个落后的小山村变成远近闻名的旅游名村过程中，他成了村里发展和治理的排头兵。村里在介绍他的情况中写道："为民谋福，为家乡更美，这样的村民才称得上中国乡村最美农民。"

他所管辖的五组在樱桃沟生态文化旅游示范村建设上占有得天独厚的优势，该组 30 多户人家分布均称，房屋错落有致，庭院干净整洁，更可贵的是房前屋后的樱桃树都已成规模。一到樱桃花盛开的季节，整个五组俨然淹

图9-3 刘龙伟

没在一片花的海洋里。正是由于在区位上的优势,使樱桃沟新农村的建设项目率先走向五组。虽然旧房改造项目有很多的优惠政策,但当时乡亲们并不理解旧房改造的好处,都一心想着盖洋房住着才体面,但在各项优惠政策面前刘龙伟考虑到自己是组长,应让组里的成员先享受上面的优惠政策,自己家应排到最后再改造。因此,最初乡亲们的思想工作很难做,做了一段时间的工作,家里人也有反对的声音,认为他每天徒劳无功,做的都是些得罪人的工作,而且因为他天天去做乡亲们的思想工作,家里的田地都没空打理,荒了一大半。为了把好政策落实,他天天到组员家里讲政策、做思想工作,乡亲们都听烦了。但是他坚信好的政策只要落实有了效果,乡亲们一定会理解和支持的,自己既然是大家选出来的,也一定要干好。后来,他先通过经常性的开会和走家入户的宣传,让群众充分理解了新农村建设,然后选择思想比较开放,较好做思想工作的几户先行改造,形成示范效果,通过改造后的效果成功调动了群众参与新农村建设的积极性,不仅乡亲们理解了,家里也越来越支持他的工作,激发了乡亲们齐心协力建设"绿色幸福村"的创造力。

"群众是新农村建设的主体,一定要充分发动他们,否则,只能是空谈。"这是每次开会时许多村"两委"会干部说得最多的话,但他不仅只是口头上说说,在行动上确实身体力行。随着旧房改造、景观修复、环境整治等项目的深入进行,只改变旧房来吸引游客的单一模式不再受用。庭院改造、环境整治等配套设施建设也被提上了日程。他率先理解建设理念，再一次深入农户家中对农户真心交流，为农户切身利益考虑。他陪着设计专家亲自到农户房前屋后拍照测量，结合农户自身需求与专家沟通交流，让老百姓的切身利益得到最大化。环境改造的成功也进一步提高村民的经济收入，许多改造成功的农户开起了农家乐，优美的环境吸引了众多的游客前来赏花品果吃农家饭，农户们在旅游旺季的创收也翻了两番。

"农村管理的难点在于制度，不能只靠嘴上功夫，一定要设立一定的制度，而且一定要坚持以制度管人、管事。"这是他自己琢磨出的一种治理心得。他认为新农村示范村的打造不仅在基础设施建设上下功夫，更在周边环境、农户精神文明创建上狠下功夫。以前，樱桃沟只顾基础设施建设，忽视了环境治理，一到旅游旺季垃圾满天飞，烟头、果皮、纸屑遍地跑，村干部说破了嘴、跑断了腿，村民照样不买账。刘龙伟作为村里干事创业的积极分子很为此事忧心。随着全镇开展"十星级文明户"的创建活动，他抓住这次机遇，结合五组实际，通过"卫生星""计生星""道德星"等十星评比，极大地提高了农村群众参与村庄环境整治的积极性。现在，漫步樱桃沟村五组，路上看不到垃圾，沟里见不到污水，房前屋后有花坛，厅堂院落无脏乱。

刘龙伟作为一名普普通通的村民能够主动参与乡村建设，尽心尽力搞乡村治理，虽然贡献和能力有限，但他的觉悟和素养是一名乡村精英应当具有的品质，要发挥出这类乡村精英的作用，主要依靠组织的积极引导和用心培养。把这样的乡村精英聚合起来，让他们参与到乡村治理中，对乡村的发展有着重大的推动作用，一是他们可以更好地做好群众工作，很容易打下良好的群众基础；二是他们自身也是农民，在乡村治理中有自己独到的见解，更容易想出有效解决问题的措施；三是他们能够主动向组织靠拢，积极为村集体贡献自己的力量。

二、曾玉珍：孝老爱亲、爱岗敬业远近闻名成模范

曾玉珍，女，1970年出生，48岁，高中文化，中共党员，现任茶店镇樱桃沟村财务主任。1997年，公公生病住院，跟丈夫在外打工的曾玉珍立马赶回家里照顾，几个月后，公公因病去世，她舍不得让婆婆一个人在家孤苦伶仃的生活，便毅然决定放弃外出，回到村里留在家中陪老人，当时婆婆身体康健。没过几年，婆婆的身体也每况愈下，直至瘫卧在床，但曾玉珍始终陪在身边悉心照顾，不离不弃。回村不久，鉴于她难得的孝心以及办事认

真负责的品质，老赵书记和村委会商量可以吸收曾玉珍在村委会工作，刚好村里的计生工作缺人手，让曾玉珍担任计生专干。虽然只是村里的普通一员，曾玉珍一刻也闲不下来，白天在忙村上的事儿，到吃饭的时间要回家给上小学的儿子做饭，家中还有卧病在床的婆婆需要照顾。

图 9-4　曾玉珍

最让村里人称道的是她和婆婆一起生活了 20 多年，却从未同婆婆拌过嘴。2009 年 8 月，婆婆患脑梗死，半身不遂，只能卧床，生活完全不能自理，曾玉珍每天都耐心喂老人吃药，老人说苦，曾玉珍就把药碾成粉末，调了蜜水，哄小孩一样地哄老人喝。婆婆患病后，小便失禁，曾玉珍便每天陪婆婆过夜；冬天冷，她便先把被窝暖热再照顾婆婆睡下。每天夜里，她都要爬起来好几次，为婆婆整理被褥，端茶送水。婆婆反应不及会尿裤子，她经常抱着婆婆大小便。有时很忙，回家的第一件事就是看婆婆是否尿了裤子和床，并及时换洗。冬天，天气好的时候，她经常把婆婆背到楼下暖和的地方晒太阳。看到儿媳白天很累，晚上还要无微不至地照料自己，老太太经常感动得热泪盈眶，逢人便夸自己有个好儿媳。为了让婆婆吃好和慢慢康复，曾玉珍还精心为婆婆制定了"健康食谱"，早上豆浆，中午瘦肉汤煮面线，晚上稀饭配炖蛋，既营养，又容易消化。老人的三餐，曾玉珍从来都是亲自煮，亲自喂。

曾玉珍除了要做一个好儿媳，还要力争做好一个母亲。女儿在县城读高中，一个月回家一次，每次回家，曾玉珍就要为女儿做很多好吃的，主动与女儿交流学习、生活体会，了解她的学习、生活近况。每当天气预报说要大风降温，她就提前摸黑到县城给女儿送衣物，然后再赶回家，回家时已经是半夜。丈夫在市区上班，儿子还小，不会做饭，每天她都要步行几公里到村里上班，每次村里忙的时候，中午不能回家，她便托亲戚照顾儿子，每当提起这些，她便感到亏欠丈夫、女儿和儿子很多。但是十几年来，家人都很支持和理解她，一直在背后默默无闻地支持她。

曾玉珍在当好儿媳和母亲之外，还积极参与村集体事务，由于她为人踏实肯干，勤奋好学，深得乡亲们信任，村里的计生工作越来越少，但财务工作越来越繁重，新书记朱德永和村委会班子决定培养她干财务工作。对于村委会和乡亲们的信任，她说："做什么事都凭自己良心，只要大家信任我，我就该尽心尽力办好。"她从财会专干做起，不仅学习一些平时需要用到的财务知识，还紧跟时代自学电脑，在全区专项工作评比中，她是第一名。她积极为村里做事，有一定的政治觉悟，算得上当代乡村新女性的典范。

曾玉珍以无微不至的爱心和吃苦耐劳的品行，自然而然的展现出了中华民族尊老爱幼、孝老爱亲的传统美德。她的事迹在全村广为传播，成为全村群众学习的好榜样。曾玉珍这样的好儿媳、好母亲，这样的道德模范是乡村文明的活资源，是乡村不可或缺的朴实元素，在民间广泛存在类似的乡土文化。我们应当积极帮助这样的乡土文化继续在乡村的沃土中扎根生长，因为更具文明气息的乡土中国才更具美丽中国的民间魅力。在考察乡村精英的过程中，我们也应当考察乡村贤德之人在推动乡村治理发挥的作用，他们也应当被视为乡村精英群体中的一员。

三、刘兴学、朱顺方：每天只做一件事——搞好环境卫生

刘兴学，1946年出生于樱桃沟村，现71岁；朱顺方，1944年出生于樱桃沟村，现73岁。刘兴学、朱顺方二位老人是村里的环卫专干，从2013年开始参与到樱桃沟美丽乡村的建设中，坚持搞环境卫生已经有5年有余，两位老人笑谈说："只要身体好，天天坚持搞。"

刘兴学虽然没有读过书，但19岁就当了生产队长，在合作社取消以后又被选为三组的组长，一直跟着村委会为乡亲们服务。在问及他如何看待自己的工作时他说道："虽然我没能成为一名共产党员，但我觉得我和共产党员没什么区别，组织信任我，交给我的事我一定办好！"他从小在村里长大，一直待在村里，可以说对村里的一草一木都十分熟悉，说起这些年村子里的变化他能如数家珍。和刘兴学搭档负责村里环境卫生工作的还有朱顺

图 9-5 刘兴学、朱顺方在村里巡查环境卫生

方,朱顺方也是地地道道的村里人,年轻的时候外出闯荡,四处打工挣钱,后来因年龄问题在外不好找活干而回到家乡,村里鼓励他和刘兴学搭档负责村里的环境卫生,两位老人从 2013 年搭档一直干到现在,一直兢兢业业。

刚开始搞环境卫生建设时,刘兴学和朱顺方的工作就是每天挨家挨户巡查,查看农户家里的卫生状况,全村有 11 个村民小组,400 多户人家,他们俩每天早上 7 点左右就开始逐家逐户查看,一个村转下来已经是正午时分,赶回家吃完午饭,还要干家里的农活,很多时候都顾不上家里的活计。为了彻底改善村里的环境卫生,对各家各户卫生情况的巡查几乎成了每天必做的工作,直到现在都不间断。最初提倡乡亲们搞好环境卫生时并不被理解,很多农户经常唠叨两位老人管闲事,或者几经提醒都不改善。有时候他们走到农户家里的时候没有人在家,他们就等家里有人的时候再去做工作,劝乡亲们搞好环境卫生。对于抱怨他们的乡亲们,两位老人并没有多说什么,对于经常不打扫卫生、乱扔垃圾的农户,他们亲自帮忙打扫,日子一长,乡亲们自然不好意思不讲卫生,再加上许多农户都自觉养成了好习惯,村里的村容村貌也变了样,看到村里的环境变好了,也都自然逐渐养成了保持良好卫生的习惯,只有极少一部分农户没有改观。

正因为他们日复一日的坚持,村里的环境卫生得到大幅改善,也逐渐缩短了他们每天早上在村里巡查的时间,以前四五个小时都转不完,现在两个多小时就可以结束早上的工作。除了引导和督促乡亲们搞好环境卫生,还要倡导大家垃圾分类，对于乡亲们来说并不能明白什么是垃圾分类或者具体要怎么做，他们采取了乡亲们最能理解和最有效的分类办法，即将能卖的和不能卖的，村里建有回收站，城里也经常有人来收废品，鼓励乡亲们把能卖的留下，不能卖的由村里统一处理。当然要真正搞好垃圾分类不止于此，垃圾分类精细化也是他们接下来的工作重点。除此之外，他们还要和保洁员一起搞好村里的公路、停车场、公共厕所等公共场所的卫生。

他们为樱桃沟的美丽默默奉献着，虽然每月只有不到 2000 元的工资，但看到村里的环境越来越好，看到大家对他们工作的肯定以及村委会的信任，他们感到知足。樱桃沟村有着众多的殊荣，每一项殊荣都跟环境的美丽有着密切联系，樱桃沟村美丽的背后，离不开他们的努力和坚持。

第三节　贤达助力完善美丽樱桃沟

除了上述一心为公，围绕村里工作推进樱桃沟村发展的村干和村民代表外，近年来，随着乡村旅游业的蓬勃发展，樱桃沟村也成为乡村创业、创新，更好地服务村民的沃土，吸引了朱德友、左刚等为代表的具有一技之长的农村能人，扎根乡土创业的同时，也带动村民发展。

一、朱德友：自己富的同时更希望家乡能越来越好

朱德友，1964 年出生，53 岁，初中文化，樱桃沟村农家乐协会发起人之一，农家乐协会副会长。朱德友在乡创业多年，他家是村里的富裕户之一，当村里开始建设美丽乡村的时候回村成功开办农家乐，生意兴隆。除了让自己富起来，他还真诚地向乡亲们传授经验，为了让村里的农家乐有更多的回头客，促进农家乐产有长足的发展，他积极向村里建言献策。他说："自己是富起来了，但从小在村子里土生土长，总希望自己的村庄越来越好心里才称心。"

村里在 2012 年开始改造，那个时候朱德友一家一直在茶店镇开饭馆，生意一直很好。2013 年五组带头进行旧房改造，效果不错，朱德友看到村里有了腾飞的生机，2014 年朱德友满心欢喜地带着全家回到了村里，把自己在外经营餐馆的经验带回村里，带头开办农家乐。由于之前经营餐饮的经验，再加上朱德友父子善于学习，他们把自己在外学到的手艺和经验同村里的实际结合起来，苦心钻研，琢磨出了具有农家特色口味的菜谱。除了钻研

图9-6 朱德友与他经营的农家乐

菜谱、用心烹饪之外，他们待客人如亲人的热情也留住了不少客人，每年樱桃成熟的季节游客如织，他家的两亩樱桃都是为客人们准备的，一般不卖给客人，而提供给客人们免费吃，即使邻家的客人吃他家的樱桃他照样欢迎。樱桃沟的旅游业有着明显淡季和旺季之分，但朱德友家的菜单定价从来没有淡季旺季之分，客人们都十分满意。他认为旺季虚高的菜价只是看到了眼前利益，从长远的角度来说对乡亲们没什么好处，如果村里的消费环境不好，樱桃沟的印象和名声都会变差，樱桃沟的旅游业也会越来越差。正是由于他这种正确的观念，家里的生意也要好于其他农家乐，每到旺季的时候一天的营业额可达6000元左右，如果家里能提供住宿还可以收入更多。

朱德友家成功开办了农家乐，让更多的乡亲们看到了致富的路子，村里的农家乐也越来越多，但很多都缺少经验，不少的邻居都到他们家去请教，朱德友总是毫无保留地把经验讲给他们，甚至有很多开饭馆和农家乐的都请他们去帮忙。村里面的农家乐开了不少，但大多缺少经验，很多乡亲都是短期经营，旺季的时候回乡经营农家乐，淡季的时候就外出赚钱，像朱德友家一样一年四季在家经营农家乐的并不多。有些乡亲只顾眼前利益，旺季的时候菜价和住宿统统涨价不少，这使得村里的农家乐无法形成规范经营，村里的干部和朱德友都为此感到头疼。朱德友和其他农家乐大户在村委会的支持下建立了农家乐协会，希望通过协会做些事情，规范和改善农家乐的经营模式，为村里留住更多客人，让村里能够持续发展。

虽然与村里的干部相比，朱德友给村里的贡献不多，但他的致富经验、经营模式和乡土情怀是难能可贵的，美丽的樱桃沟村要持久的发展，需要的不仅是资金政策的支持和好的干部，更需要像朱德友一样能干而又质朴的乡亲们的共同努力。

二、左刚：从污染环境到饮水治理

左刚，1979年出生，39岁，初中毕业，现主要负责樱桃沟的饮用水管理。自他负责樱桃沟村饮用水管理不到几个月的时间，村里的用水情况得到了大幅改观，乡亲们纷纷为他所做的工作点赞。

图9-7 左刚正在检修村里的供水设备

"左刚改水"为乡亲们所称赞，但令人意想不到的是他之前办过养猪场，那时候的养猪场却是村子附近主要的污染源之一。2007年左刚在家乡创办了自己的养猪场，和朱德友一样，靠勤劳致富的左刚把养猪场的规模一度扩大到400头左右，除去成本，年收入可达50万~60万元。由于养猪场的规模不小，所以污染也比较严重，政府为大力保护水源的同时赶上樱桃沟美丽乡村的建设时期，劝他关停了养猪场。而令左刚意想不到的是，村委会看中了他勤劳能干、吃苦耐劳的精神，朱德永书记亲自找他谈心，想请他帮忙改善一下村里的饮水问题。出于村委会和乡亲们的信任，他欣然同意了这个请求。

饮水问题是樱桃沟村多年的顽疾，樱桃沟村一直都有严重的缺水问题，村里虽然家家户户都通了自来水,但供水设备经常出现问题,一是由于水管陈旧,再加上质量问题,水管容易受损,再加上个别村民的素养不高,挖坏了水管也不修补,所以经常出现漏水的情况。二是缺少专门的维修管理人员,供水设备损坏后长时间得不到维修,大量的水资源任其流失,造成了大量的水资源浪费,乡亲们家中也经常会有停水的情况发生。三是水价一直偏高,平均7~8元钱一吨,有时甚至达到11元钱一吨。

左刚接手饮用水治理以后,立马采取了集中管理的办法,从供水系统损耗最大、水资源浪费最大的一组开始着手改造。他把村里每家每户的自来水管全部换新,采用质量好的水管,安装了统一的供水设备,使村里水资源大量浪费的情况彻底改观,也避免了农户家中经常断水的情况。只用了短短几个月的时间,就将村里的饮用水问题解决了,在开始饮用水系统改造的时候,左刚每天早出晚归要干上十几个小时。他说:"大家信任我,我就要尽全力尽快给大家办好!"除水资源浪费和经常停水的问题得到解决,水价也从原来的7、8元降到了现在的3元钱一吨。现在,哪户的水龙头坏了、水管堵住了,一个电话左刚随叫随到,再忙也优先解决乡亲们的饮水问题。

以前创办养猪场年均收入几十万,现在为乡亲们服务,每年工资两万多元钱,他说只要乡亲们认可和信任就是值得的,能为村里做点事自己也很满足。从以前创办养猪场污染环境,到现在解决村里的饮用水问题,自己的口碑越来越好,为乡亲们服务的热忱也越来越高,樱桃沟村在大家共同的努力下也越来越美了。

第四节 樱桃沟乡村精英主导乡村治理的启示

樱桃沟村之所以能发展成为全国乡村旅游名村,除了政策和上级领导部门的支持,还与村里的精英们紧密相关。村委会主要干部精英带头奋斗,同时吸收了一批优秀的群众参与到美丽乡村的建设中,形成了村委会主要干部、普通干部以及群众中的贤能共同建设、共同治理的优秀团体。虽然目前樱桃沟在持续发展、招商融资等方面面临着很大的压力和挑战,但樱桃沟的这些精英们的奉献精神还在持续,他们在乡村建设、乡村治理过程中所遇到的很多问题都具有广泛的代表性。

根据对樱桃沟乡村精英们的考察,结合其他典型村庄乡村精英的事迹,可以看出,他们身上体现出来的特质,充分表现出乡村精英在推动乡村治理上的明显优势。首先，乡村精英了解农村、热爱家乡。他们从小生长在乡村，熟知乡村各方面的情况，熟知乡土人文，在乡村多年的成长使得他们更加珍爱自己所在的乡村，具有浓厚的乡土情结。由于他们对乡村的了解，他们在参与乡村治理的过程中能够"因地制宜"，更容易积累治理经验、发掘治理技巧。其次，乡村精英与一般群众相比能力更强。可能每一个乡村精英优秀之处各有不同，但聚合在一起可以形成推动乡村治理的合力。比如樱桃沟的老赵书记德高望重，兢兢业业为村里工作了 24 年，在村集体的工作中经验丰富；新书记朱德永，自发成长为乡村精英、致富能手，身为知识分子、年轻人敢闯敢拼，有责任心、事业心；五组组长刘龙伟在具体的工作中总能根据群众的实际情况琢磨出有效的工作技巧，善于搞群众基础、做群众工作；孝老爱亲的曾玉珍，德能作为非常重要的乡土元素能够在她身上自然舒展，并且挤出时间为村里忙活。可能他们综合素养不是很高，但村"两委"会将他们团结在一起，他们的目标是一致的，乡村精英们一起助力乡村治理时会产生事半功倍的效果。

乡村精英主导乡村治理，这种模式实际上是党的领导张力在基层治理中的一种体现。参与乡村治理的乡村精英们有不少是党员同志，像樱桃沟村的老赵书记，他认为自己是党一手培养起来的；新书记朱德永虽然是靠自己努力自发成长起来的致富能手，是乡村精英的新秀，在樱桃沟村发展的关键时期，能回到村里，为组织所用，积极地为樱桃沟奉献自己的才能；而刘龙伟和曾玉珍具有从事乡村治理工作的潜质，经过村委会的培养和重用能够积极成长，努力贡献出自己的力量，他们对党组织的靠近和信任是潜移默化的。生长在乡村的乡村精英和群众，可能没有对国事天下事有太高的觉悟，但在乡村，党和国家是他们的一种依靠、一种力量，尤其是十八大以后政治生态大幅改观，这种感受显得更加明显。

中国在制定国策方面的一个优势元素在于从国情出发，根据现阶段的国情，乡村精英主导乡村治理是有利而且可行的一种模式，当然可能存在更好的模式，但还有待探索。现阶段国情复杂，基层治理问题比较突出，基层民众的素质依然有待提高，人们的思想亦需要解放和提高，而乡村精英们恰好是进步最快的村民，自身作为村民也作为乡村治理主体能够更好地起到推动作用。

小　结

　　本章根据对樱桃沟村精英代表的走访，通过这些乡村精英的精神特质和发生在他们身上的一些典型事例，分析乡村精英在乡村建设和发展中的巨大作用。实施乡村振兴战略，推动乡村善治离不开乡村精英们的努力和贡献，在乡村治理的大舞台上，也需要更多这样具有奉献精神的精英人物。一方面，我们应该肯定和支持他们在乡村治理中发挥积极作用；另一方面，还应该积极引导他们激发自己的创造潜能，鼓励他们主动探索和创造更多适合乡村发展和治理的新路子。

第十章　樱桃沟村巨变折射出的后乡村治理特征

自中国步入"以工哺农""以工促农"新时期后，国家不断加强对农村的扶持力度。近年来，在乡村旅游方兴未艾的背景下，一些乡村旅游村发展迅速，有些乡村借此实现了跨越式发展，本次调研的樱桃沟村就是其中之一。该村从村民房前屋后自种樱桃树以补贴家用，到借旅游东风，在政府推动下积极发展樱桃旅游，不过短短数年，但全村面貌却焕然一新。乡村旅游所引发的樱桃沟村生产结构、生活方式、社会关系、社会阶层、居民意识等乡村社会形态的改变，使该村治理方式、治理对象、治理内容呈现出有别于传统乡村治理的新特征。基于樱桃沟村的这些变化，我们用"后乡村治理特征"加以概括。"后乡村治理"并非是对乡村治理的彻底否定，而是基于乡村社会形态变化，对乡村治理发展趋势的一种前瞻性探讨，其本质仍然是乡村治理。

第一节　治理结构：从封闭静态转为开放包容

开放包容是一种治理理念，也是该理念下所表现出的一种治理结构。包容性治理下的治理实践强调治理结构的开放、弹性、公平与共享。作为一种治理结构，其运作要求搭建一种"规范各种社会性力量最终以何种方式、在多大程度上发挥作用"[①]的治理架构。在这种架构下，每个村民或社会组织都有参与本村治理的机会和条件，并获得自我发展的平台。其形成是乡村社会形态变化的必然要求。

中国传统乡村社会遵循"鸡犬相闻，老死不相往来"的生产生活方式，乡村社会具有极强封闭性。改革开放后，在城乡发展差距的拉力下，越来越

[①] 沈佳文:《社区自治与基层行政"无缝对接"的逻辑理路：基于国家和社会二元分析框架下的微观考量》，《长白学刊》2013年第4期，第59~63页。

多的农民离开农村来到城里务工，务工经济成为乡村增收的主要来源。然而，这种社会流动在很长时间内表现为一种乡村精英外流的单向流动模式，其结果是乡村发展要素缺失，乡村治理面临性别结构失衡、产业空心化、人口老龄化、村庄荒芜化等多种难题。三产融合与乡村旅游为这些问题的解决提出了新路径。在"资源供给型"的乡村治理新时期，政府通过资源下乡、制度创新为农村发展不断注入新的活力。观光农业、生态农业和创意农业等新农业形态的蓬勃发展，大量返乡下乡人员的创业、创新活动促进了城乡资源从单向外流到双向互动的转变，包括樱桃沟在内的部分乡村旅游村呈现逆城镇化趋势。这与武汉市实施的"三乡"工程有异曲同工之处。武汉市于2017年开展的"市民下乡"活动，通过"鼓励能人回乡、企业家下乡、知识分子下乡、市民下乡以租赁、合作方式利用农村空闲农房创业创意、休闲养老养生，促进农村集体经济组织和农民增加财产性收入"。该系列计划吸引企业家、知识分子、本乡能人相继投身乡村，有助于城乡资源实现双向互动与合理配置。外资和外智的注入深刻影响着乡村原有生产生活方式、社会关系和思想观念，进一步打破了封闭、静止的乡村社会状态，使其更加开放、动态；同时也使城乡社会空间从相互区隔走向互动交融。这些变化都促使乡村治理从封闭单一转为开放包容。

一是治理对象多元化、利益诉求多样化的必然要求。即生产方式的改变使乡村治理对象从单一村民变为城乡居民、企业、社会组织等混合主体。在樱桃沟等乡村，旅游业的发展一方面增加了其成员构成的异质性，外来游客、个体商户、企业和社会组织成为乡村治理新对象。另一方面，乡村旅游促使了乡村社会阶层分化。在乡村经济发展模式从一产主打转为三产融合、农村土地制度从两权分离变为三权分置的背景下，乡村旅游的兴起促使村民群体自身进一步分化，形成个体商户和私营企业主、新型职业农民（现代农业经营者）、传统农民、农民工、村干部等乡村社会阶层，并由此产生不同的利益诉求。治理对象多元化以及各群体间的利益冲突迫使原封闭僵化的村治结构必须根据情势特征进行适应性调整，以便对多样化利益诉求进行协调与整合，使乡村社会运行秩序保持稳定状态。

二是多种观念碰撞的必然结果。在开放、动态的乡村社会环境中，城乡要素的双向互动不仅推动了本地经济发展，也带来各种思想碰撞与交融：乡土文明与城市文明、传统礼俗与现代法治、传统治理理念与现代治理观念同时并存于乡村社会。在樱桃沟村，乡村建设领军人物、清华清农学堂教授孙君老师以及北京绿十字专家进行乡村整体规划的同时，也给当地村干部和村民带来发展理念的变革,生态优先、"农民培训农民,农民建设农村"的乡村本位思想强烈冲击着以往经济至上、城市膜拜的治理观念。这种理念碰撞的结果是使乡村社会变得更加具有包容性和弹性,为开放包容治理结构的形成奠定了思想基础。

三是治理主体多元化的必然需要。乡村基层民主的发展、村民自治体系的完善,促使村民、村级自治组织、社会组织以及企业等治理主体积极介入乡村事务之中。乡村治理主体多元化改变了以往政府主导型的一元化治理结构,有助于形成政府、市场和社会三方协调的治理结构,有利于实现乡村治理中多元主体在政治、经济、社会、文化等方面的有效参与和分工合作。如在樱桃沟村,伴随旅游业发展产生的农家乐协会、樱桃协会、小水果协会以及电商协会等各种自治组织在乡村自治中的经济功能不断凸显,文艺表演队、乡村文艺传承中心、农民培训中心等在村民休闲娱乐、文化教育方面的影响日益显著。这些治理主体以其活跃表现推动了乡村治理从一元转向多元合作,建立合作共治的治理模式,为各主体参与乡村事务提供开放包容的社会环境成为大势所趋。

四是大数据运用推动治理结构扁平化。传统社会管理模式下的乡村社会治理结构表现为科层化的单一垂直治理结构,其管理方式表现为行政一元化和自上而下的单向运行模式。后乡村治理时期,快速发展的乡村信息化使大数据在乡村治理中的运用更为广泛和普及。大数据强调开放和共享,而"大数据的共建共享进一步要求现有政府机构间的合作与联动,拉平政府层级与部门分工"[①],这将改变条块分割、单一垂直的治理结构,促使其向扁平化方向转变。如樱桃沟村所在的十堰市,计划以网格化管理平台为基础,实现全市党务、政务、精准扶贫合一。村干部可以通过该平台及时反映基层需求,并获得处理结果的反馈。其建成将使乡村和基层政府部门间的信息共享和双向交流成为可能,并对现有层级管控和间接治理的乡村治理结构产生冲击。换言之,网络缩小了乡村基层与各政府部门间的距离,打破了基层事务处理中因部门隔离造成的治理资源碎片化、治理结构区隔化,为村民利益诉求提供了一个更加平等、开放的空间,也使"悬浮型"乡镇基层政权得到与村民和村级组织直接对话,进而扎根于乡村的契机。

总而言之,农民身份的转变、社会结构的分层、乡村异质性的增加、治

---

① 王向民:《大数据时代的国家治理转型》,《探索与争鸣》2014年第10期,第59~62页。

理主体多元化等乡村社会形态的改变，要求乡村管理者以更加包容和开放的心态去面对日渐复杂的乡村环境，也逐步学习以多元协商的方式进行利益协商和利益整合。同时，大数据在治理实践中的运用也削弱了传统治理结构的层级管控局面。这些都促使乡村治理从封闭静态转为开放包容，并形成一个对话、协商、竞争、合作的开放性多元治理格局。

第二节 治理重心：从经济建设到乡村经营

在后乡村治理时代，乡村治理重点从以生存为主的经济建设逐步转为注重均衡发展的乡村经营。即强调将乡村看作一个整体进行综合规划，注重乡村发展的全面性、差异性和可持续；其治理内容具有复合性特点，既包括物质方面，也包括人文发展，既有传统乡村治理内容，也包含因逆城镇化所产生的新治理内容，如与乡村旅游相适应的基础设施建设、村民素质教育等。

一、文化自信下的差异化发展

鸦片战争以来的百余年间，在西学东渐影响下，西方工业文明对中国传统学术思想造成冲击。当年的有识之士未能料到其推动中国近代工业发展和社会革命的爱国之举会造成当今中国传统文化的衰弱。城市文明冲击下农耕文明的式微，经济水平差距下对西方文明的盲目崇拜，造成许多传统文化习俗失去了生存土壤。由于不能正确处于城乡发展关系，在浩浩荡荡的城市化、城镇化运动中，乡村建设在很多地方异化为一场"去乡村运动"。无论是新农村建设还是美丽乡村建设抑或小康社会建设，在很长时间内，以城市为标准和参照物成为乡村治理的主导观点。其结果是乡村面貌千篇一律，沦为城市复制品，而原有乡土乡情、民风民俗难觅其踪。

与此不同，后乡村治理时期的乡村经营在注重经济发展的同时，重新审视发展中的传统文化功能，而不是将农村和乡村文化视为落后的代名词。我国传统文化内涵丰富、历史悠久。各地居民在长久的演化历史中不仅形成了自身特有的生存哲学，也造就了富有当地特色的民俗、饮食文化、建筑形态和手工艺。我们应该也能够从传统文化中找到实现乡村个性化发展的良方。这既是文化自信的表现，也是对乡村差异化发展需求的回应。当前，发展较好的乡村打破经济至上、大拆大建的原有治理观念，将重心转移至对当地资源禀赋和文化精神的挖掘，并以此为基础进行乡村发展总体规划，促进城乡要素合理配置。例如在乡村旅游村发展过程中，把握乡土文化要素，实现旅游经济体开发与土地、房屋等闲置资源整合，发展农产品采摘、观光、民宿、文创等新型农业经营活动。在樱桃沟村，其遵循"把农村建设得更像农村"的发展理念，按照"风貌古朴、功能现代、产业有机、文明复归"的原则，对全村进行环境整治、房屋改建、景观修复、生态产业、美食提升等全方位的规划建设。在这过程中，他们将现代化艺术技术加入到乡村建筑修复中，不仅保留了原有乡村风貌，还恢复和挖掘了多种民俗文化，重现了农村原有生活场景。如在旧房改造中，依据每户旧房的户型、地形地势设计不同造型，使"五零山居""六零院""七零黄酒坊""八零院"这些老房子变成具有乡土特色的标志性建筑。

这种由以城市为尊向以乡村为本的转变，是后乡村治理时期治理重心的一次重大转变，是乡村复兴中对自我的找回，也是对原乡村建设中理念偏差的反思：农村的工业化、产业化和信息化不是城市模式生搬硬套，乡村治理自有其特色和要点。当我们丢弃乡土文化，将乡村发展简单等同于城市模式后，其结果只能是产生更多的治理问题。

二、以生活质量提升为抓手

基于对乡村建设中"经济至上"观念的反思，解决温饱问题的乡村治理重心从单纯寻求经济发展，转为注重对生活质量的追求，文化、社会、生态等综合指标的作用凸显。

（1）坚持生态环保，拒绝垃圾围村。乡村污染面源广、监管机构无力、防治措施有限等导致我国乡村环境污染问题日益严重。部分乡村在引进工业发展经济的同时，也承接了城市的污染转嫁。一些企业直接排放未经任何处理的废水、废渣、废气，甚至为躲避检查，以打井的方式将废水排向地下，造成地下水源污染。某些地方出于经济利益考虑，在环保检查时，或走形式，或替交罚款。此外，过分使用化肥所造成的土壤板结化，农药超标造成的农药残留等农村环境恶化现象同样严重。归根结底，这都源于经济至上观念的影响。长久以来，乡村环保一直让位于经济指标，在乡村治理的各项任务中位居末尾。

在后乡村治理时期，村民环保意识、权益意识的提升，社会公众对绿色生活的追求，迫使治理者转变旧有思维模式，以适应新形势发展要求。特别是乡村旅游村，在发掘资源禀赋，实现"把设施当景点，把产业当景观，把农村当景区"的过程中，优美环境是吸引游客的重要因素，这也促使当地树立环保理念，主动开展环境保护。作为南水北调中线工程核心水源区，樱桃沟村围绕生态保护这一主题，积极调整产业结构，依托城乡接合部的区位优势，逐步形成了城乡融合的绿色发展道路，使"七山半水分半田，一分道路和庄园"的自然格局得以保留。在乡村旅游发展中，实行垃圾分类、循环利用，倡导"垃圾是放错位置的资源"。整洁的村容、美丽的自然景观吸引无数游客在樱桃花盛开的季节来到当地。

（2）探索乡村特色的社会保障供给模式。虽然我国已经建立起较为完善的农村保障制度，但该制度主要发挥兜底作用，保障标准的地区差异和城乡差异使村民对其呈现出又爱又怨的矛盾心态，希望提高保障水平，建立与现有生活状况相适应的保障模式。在后乡村治理时期，城乡一体化在乡村社会不仅表现为社会资源的均衡配置，也具体体现为不断缩小的城乡社会保障水平。逆城镇化的出现使城乡要素基本实现了双向流动，为村集体经济壮大和村民个人增收创造了良好条件。这种经济实力的增强使乡村探索建立符合本村实际的差异化社会保障供给模式成为可能，包括完善村民最为迫切的养老保险制度、医疗保险制度。在樱桃沟村，其针对本村村民构成和经济发展现状，成立了孝亲养老互助合作社。该合作社开展以老人互助养老为核心的资金帮扶合作，为社员提供生活困难救济、日常起居护理、心理咨询辅导和产业发展帮扶等服务。这种养老供给形式将村民养老服务与经济活动相结合，自助与互助相结合，实现了农村养老保障供给主体从一元化到多元化的转变，使政府、公民、社会共同分担社会保障职责，是探索建立差异化农村养老保障供给模式的一次有益尝试。

三、注重人的发展，适应乡旅村发展需求

乡村是村民组成的村落，离开人，乡村将失去活力。可以说，人是实现乡村可持续发展的关键因素；村民素质直接影响着本地乡村治理的方式、水平和能力。然而，农民教育处于被忽视状态，面临资源缺乏、内容单一的窘境，与日趋多样、开放、市场化的乡村社会发展需求相距甚远。在新庭院经济下，乡村治理面临村民利用乡村闲置资源实现增收的能力欠缺，乡村旅游村的农民尚未形成适应当前新职业身份的行为习惯、思想观念，集体观念弱化与个人主义抬头等新治理难题。可以说，在后乡村治理时期，人的发展问题日益成为治理重点，引导农民形成适应乡村发展需求的思想观念，使其掌握适应乡村建设需要的新技能，成为时代所需的新型农民等构成后乡村治理的重要内容。在樱桃沟村，旅游经济改变了其传统庭院经济模式和农作物栽

种习惯，农家庭院由农作物晒场向休闲型院落转变。一些农家院落栽种起紫薇花、葫芦、石榴等观赏性作物，枇杷、油桃、樱桃等作物的经济功能呈现弱化趋势，即兼具经济价值和观赏价值的农作物成为乡村旅游趋势下农户种植新选择。与此同时，村民在乡村旅游实践中，也遭遇农家乐升级、项目选择等困难，迫切需要有人对其进行专业指导。为适应这种发展新趋势，樱桃沟村不仅请北京绿十字专家给村民授课，树立起"生态优先"的新理念，还通过清农学堂的乡村建设规划高级研修班培训，提高村干部素质，使其成为推进乡村旅游发展的本土乡建人才。同时，整合资源与资金，进行文化阵地建设，完善本村文化设施。如该村于2008年率先建立了全县第一家农家书屋，并鼓励引导每户农家乐设立小型图书室。农民整体素质的提高，为乡村旅游的健康发展提供了人才支撑。

第三节 治理技术基础：从传统转为信息化

在后乡村治理时期，法治乡村建设的推进、农村市场化程度的提高、支农惠农政策的落地、乡村信息化的普及以及乡土文化的复兴，使乡村治理手段更具多样性。其中，大数据时代所带来的技术革新深刻改变着乡村社会，成为后乡村治理的重要技术基础。

如果说蒸汽机的发明将人类社会从农耕时代带进了工业社会，那么以计算机信息技术为代表的第三次工业革命则为人类打开了一扇全新的大门。互联网、信息技术的发展和普及给人类社会带来翻天覆地的变化。在中国，互联网以前所未有的速度席卷全国，并极大影响着人们的生产、生活方式以及思维模式。尤其是智能手机的问世，使手机取代电脑成为网络移动终端，这极大拓展了信息传播方式，颠覆了传统生活方式和社交形式。微信、微博、网络购物等成为社会生活常态。中国互联网络信息中心数据显示，截至2016年12月，我国网民规模已达7.31亿，互联网普及率53.2%，手机网民规模6.95亿；其中农村网民2.01亿，占比27.4%。尽管和城市相比，农村在网络硬件建设和互联网运用方面存在差距，但不可否认的是，在"宽带中国""下一代互联网""三网融合""宽带村通"等工程建设的推动下，农村网络基础设施日趋完善，加之智能手机的普及，互联网已逐步成为乡村治理中不可或缺的技术力量。它在推进村民生产、生活方式现代化的同时，也改变着传统社会关系结构和权威结构，将现代性注入乡村治理之中，并使传统治理手段和治理思维发生改变以适应新的时代要求。

一是治理手段现代化，治理更加便捷化、精细化。电子政务和电子商务在乡村的萌芽和发展是现代信息技术和互联网技术运用于乡村治理的主要表现形式。依托于网络下乡和政务平台建设，电子政务获得了在乡村发展的硬件条件和技术条件。如今，部分乡村在为村民提供一站式服务的基础上，将网络技术引入村务管理之中，使政务服务更加智慧化。如巴东县的"农民办事不出村"信息化项目极大方便了村民，成为山区治理的代表。在樱桃沟村，全村宽带入户率达70%~80%，WiFi比重50%以上，这为该村电子政务和电子商务的发展奠定了技术条件。该村依托郧阳区网格化管理平台，及时上报本村各类综治信息，缩短了问题处理时间；实行金融服务网格化管理，依托自助银行、网上银行、手机银行和电话银行等载体，对网格内农户、商户、个体户、企业及各类涉农主体提供便捷化的金融服务；村内多数农家乐开展了网上订餐服务，部分年轻人在淘宝开设网店出售农特产品。

E+技术的运用，在实现乡村服务便捷化的同时，也使其服务更加精细化。基层政府可以根据农民具体需求，提供个性化指导，帮助其实现农村生产方式的现代化转型。如对农作物实行实时监测的"智慧农业"，使农业种植更为科学；在《中共中央国务院关于深入推进农业供给侧结构性改革加快培育农业农村发展新动能的若干意见》的政策推动与互联网技术的支撑下，指导村民盘活农村闲置资源，使从生产到餐桌的农产品个人定制成为居民消费新选择；通过对乡村电商平台的管理，改变农产品的固有生产销售模式，实现"互联网+"与传统农业的融合。

二是数据思维逐渐形成，决策更加前瞻和准确。自维克托·迈尔-舍恩伯格及肯尼斯·库克耶于2008年提出大数据概念以来，短短9年间，大数据已成为社会各界关注的热点。2012年，美国奥巴马政府启动了"大数据研究和发展计划"，我国在"十三五"规划中提出"实施国家大数据战略，推进数据资源开放共享"，2015年国务院印发了《促进大数据发展行动纲要》。大数据在带来新社会业态的同时，也深刻影响着人们的社会生活。正如阿尔文·托夫勒在《第三次浪潮》中所预言的"如果说IBM的主机拉开了信息化革命的大幕，那么大数据则是第三次浪潮的华彩乐章"。就治理角度而言，大数据运用所带来的数据思维，冲击着传统治理模式和治理思维。大数据技术在乡村治理中的运用，使治理主体能够通过对生产生活、社会保障、社会治安、生态环保、农田水利、文化状况、交通现状、人口变化等数据的综合分析、挖掘和研判，进行科学数据决策，实现村民个性需求与共同需求得以平衡。同时，数据决策的思维方式有利于提高传统决策模式的准确性，弥补经验决策的弊端。如在对乡村主要社会问题进行动态监控的基础上，通过各类数据的相关性分析，将事后处理变为事前预防，改变"头痛医头、脚痛医脚"的应急处理模式，提高乡村治理的前瞻性能力。

小　结

近年来，在乡村旅游方兴未艾的背景下，一些乡村旅游村发展迅速，有些乡村甚至借此实现了跨越式发展，本次调研的樱桃沟村就是其中之一。该村在政府推动下积极发展乡村旅游，短短数年间，全村面貌焕然一新。同时，乡村旅游所引发的生产结构、生活方式、社会关系、社会阶层、居民意识等乡村社会形态的改变，使该村治理方式、治理对象、治理内容呈现出有别于传统乡村治理的新特征，包括治理结构从封闭静态转为开放包容；乡村治理重点从以生存为主的单一经济建设逐步转向注重均衡发展的乡村经营；以及大数据运用下的治理技术基础由传统趋向信息化，基层治理中数据思维逐渐形成，治理手段日趋现代化。对此，我们尝试用"后乡村治理特征"加以概括。"后乡村治理"并非是对乡村治理的彻底否定，而是基于乡村社会形态变化，对乡村治理发展趋势的一种前瞻性探讨，其本质仍然是乡村治理。

第十一章　后乡村治理需要破解三大难题

道不尽的乡愁，回不去的故乡。在二元体制、以农养工政策的影响下，中国农村似乎难以逃脱日渐萎缩的命运，一些村落甚至面临"村庄的终结"。不知从何起，凋敝、贫困、留守、空心化、城乡隔离等成为人们脑中乡村的固定印象。因此，许多乡村治理研究者将目光聚焦于此，并从不同视角对乡村问题加以研究，力图探寻其最佳解决之道。不可否认，这些研究使我们能够更好地了解农村治理现状。然而，纵观现有研究，对西方理论的膜拜和反思意识的欠缺使乡村治理研究的前瞻性不足，低水平重复性研究充斥其间，有些甚至落后于时代发展。此外，这些研究也不断固化着公众对乡村的刻板印象，使其忽视了乡村发展中出现的新变化。在后乡村治理时期，日益开放、异质化的乡村社会如何应对现代社会发展需求，形成与其相适应的治理能力成为其所面临的主要挑战。

第一节　大数据时代的风险治理

信息技术的进步在使人们社会生活更加便捷、舒适的同时，也给社会系统增添了新的潜在风险。在 21 世纪，网络与信息安全的重要性日益突出，成为风险治理的新重点。

一、信息安全形式日益严峻

大数据强调信息公开与共享。如何在保护信息安全与信息共享间实现平衡时刻考验着管理者的治理能力。目前，黑客攻击、信息入侵所造成的个人隐私外泄和国家机密泄露是社会所要共同面临的新安全风险。

在大数据时代，个人社会行为逐步网络化、数据化，个体成为构成数据王国的一个个数字。网购、微信、网络社交、网页浏览、移动支付、导航定位等数据足迹构成了与现实生活相联系又相区别的镜像世界。对这些数据的挖掘、整合与定位，就极易描绘出个人的生活轨迹，并推断出其个性特征、消费习惯、行为模式和生活水平等个人信息。这给了不法分子利用网络漏洞，盗取个人网络信息实施诈骗，商家利用网络技术进行消费行为分析和广告定向推送等商业化运作的可能。对于政府机构而言，网络攻击所造成的数据盗取、篡改和泄露，使国家经济、社会、军事等信息安全遭遇威胁，公共安全和公共利益遭遇损害。电视剧《黑镜》用其艺术化手法向我们描述了现代科技给人类带来便利的同时，也带来了一系列高风险，即科技通过对人性的利用、重构与破坏，颠覆着我们原有生活方式。美国"棱镜门"事件所曝光的"棱镜计划"，正是《黑镜》的现实写照，也折射出互联网和信息技术所造成的信息安全隐患。"在我国核心行业（如能源、金融、电信等 IT 基础设施领域），IBM、Oracle、EMC（IOE）分别占据了小型机、数据库、存储产品的市场垄断地位，这对我国的数据安全乃至国家安全都造成了极大威胁"①。《2016 年中国互联网网络安全报告》显示，据抽样监测，2016 年约 9.7 万个木马和僵尸网络控制服务器控制了我国境内 1699 万余台主机，其中来自美国、中国台湾和荷兰的控制服务器规模分列前三位；国家互联网应急中心（CNCERT/CC）通过自主捕获和厂商交换获得的移动互联网恶意程序数量 205 万余个，其前三位分别是流氓行为类、恶意扣费类和资费消耗类；全年累计感染用户超过 101 万；我国境内 16758 个网站被篡改，其中，2.8%为政府网站。为提高公民风险防范意识，公安部公布了我国电信诈骗七大重灾区及其手法，即河北省丰宁县的充当黑老大，福建省龙岩市新罗区的冒充淘宝客服，江西省余干县的假冒富婆重金求子，湖南省双峰县的利用照片 PS 行骗，广东省茂名市电白区的冒称"我是你领导"，广西壮族自治区宾阳县的通过 QQ 植入木马病毒和海南省儋州市的假扮客服机票改签；并梳理出 48 种常见的电信诈骗手法向社会公布。

在我国农村，生产经营和综合服务信息化建设的日益普及使基层信息体系的安全问题日益凸显。对于农民个人而言，一方面，网络娱乐类、网络金融类、商务交易类等应用的使用比例逐步增加，另一方面，由于许多农民安全防范意识不足，特别是老年群体，其信息安全防范知识的知晓率几乎为零。这为不法分子的犯罪活动提供了可乘之机。大数据技术的任何微小安全漏洞都有可能给农民带来财产损失和人身安全威胁。如电商网络平台中的交

---

① 唐皇凤、陶建武：《大数据时代的中国国家治理能力建设》，《探索与争鸣》2014 年第 10 期，第 54~58 页。

易欺诈、农产品信息泄露,网络金融类服务的个人信息泄露,日常生活中的电信网络诈骗等。据中国互联网信息数据显示,2015年,农村网民账号或者密码被盗占比为24.1%,16.7%的农村网民在网上遭遇消费欺诈。① 调研中,村干部对现在猖獗的电信欺诈深感忧虑,坦言这给农民带来很大的财产损失,也给其治理增添了新的难题。

二、政府风险管控能力欠缺

针对网络安全现状,2016年8月,中央网信办、国家质检总局、国家标准委联合印发《关于加强国家网络安全标准化工作的若干意见》。同年,最高人民法院、最高人民检察院、公安部、工业和信息化部、中国人民银行、中国银行业监督管理委员会等六部门联合发布了《关于防范和打击电信网络诈骗犯罪的通告》;全国人大常委会第二十四次会议通过的《中华人民共和国网络安全法》增加了惩治网络诈骗等新型网络违法犯罪活动的规定;国家互联网信息办公室发布了指导国家网络安全工作的纲领性文件《国家网络空间安全战略》。这些都有利于提高我国网络安全防范水平。然而,就基层治理而言,社会治理能力和水平尚不能满足大数据时代的治理要求。

一是大数据治理的思维模式尚待形成。当前,社会治理对象呈现出"现实社会"与"镜像世界"② 并存的双重属性。这对于习惯于以现实社会为治理对象的管理者而言,是一次治理能力大考验。大数据时代的数据收集、挖掘、整理和决策,现实与虚拟两种社会形态治理的平衡,时刻冲击着基层管理者的传统治理方式和思维模式。特别是在乡村治理中,不少基层人员习惯于经验性判断和决策,或根据已发生事件进行经验总结和应急处理,缺乏根据大数据进行分析、转化、预测的数据思维习惯,也不具备数据运用能力。面对网络运用所带来的各种变化,包括治理结构的开放性、交互性和扁平化,不少人缺乏足够的心理准备。

二是专业人才缺失,技术保障能力不足。目前,大数据基层治理尚处于起步阶段,专业人才远不能满足现实需要。薄弱的信息安全技术,差异化的信息基础设施使我国数据面临严重的安全隐患,也使大数据价值难以体现,

---

① 《2015年农村互联网发展状况研究报告》2016年8月29日,见http://www.cnnic.net.cn/hlwfzyj/hlwxzbg/ncbg/201608/t20160829_54453.htm。

② 鲍宗豪等认为,镜像世界的出现"反映出人类社会生存方式从单一的物质实体生存向物质实体生存及其镜像化生存融合的社会综合生存方式转变"。参见鲍宗豪、宋贵伦:《大数据对社会治理带来的冲击与变革》,《决策探索》2014年第12期,第12~14页。

以信息技术为支撑的大数据治理呈现出明显的城乡差异和地区差异。据中国互联网络信息中心发布的《2015年农村互联网发展状况研究报告》显示，截至2015年12月农村地区互联网普及率为31.6%，城镇地区为65.8%，城乡差异明显。在樱桃沟村，综治网格化平台管理员、电商管理员等全由一人兼任，且没有专业、专职的技术服务人员。

三是"信息孤岛"成为大数据治理的现实障碍。由于缺乏顶层设计和整体规划，不同部门与地区在信息化建设中各自为政、导致数据标准不一、难以实现兼容，"信息烟囱"和"信息孤岛"现象明显。目前，80%以上的信息数据资源掌握在政府部门手中，这造成基层治理中重复建设多但数据利用率低。在乡村，存在综治、计生、民政等三种各自独立的信息系统。每套系统都需要村干部进行单独信息录入，其中不少信息属于重复录入。这在增添其工作量、造成资源浪费的同时，也使基层政府难以对不同类别的数据综合分析，对已有或潜在乡村问题不能进行预判，数据治理优势被削弱。调研中，村干部表达出对建立统一综合信息网络的期盼。

针对信息孤岛现象，李克强在2017年全国深化"放管服"改革电视电视会议中提出，"要加快推行'互联网+政务服务'"，"鼓励开发利用政府部门和公用事业单位的信息数据，唤醒'沉睡'的大数据、释放数据红利"。① 在乡村，信息化建设仍然任重道远。基础设施建设、数据运用的城乡差距，在很长一段时间内将成为大数据运用的主要制约因素。然而，以信息技术为支撑的大数据治理乃社会治理的未来发展趋势。如何扬长避短，发挥大数据在乡村治理中的作用将成为后乡村治理现代化中需要直面的挑战。

第二节 资源下乡背景下的乡村自治挑战

国家系列惠农支农政策的出台，使中国乡村治理资源的来源方式发生了重大改变，即从以本地资源为主转向充分整合内外两种资源进行乡村治理。外部资源（主要是政府的各种项目资金）成为推动村庄发展的主要动力；村干部的"争资跑项"能力成为村民衡量村干部水平的一大指标。有学者将乡村的这种治理模式称之为"项目治村"，将这种把从中央到地方甚至基

---

① 《李克强为打通"信息孤岛"定下明确的时间表》，见http://www.sohu.com/a/149919662_114731。

层各级政府统合起来的国家治理体制称之为"项目治国"。① 资源下乡在给乡村发展注入活力和动力的同时,也引发了新的治理问题。

一、资本引入下的乡土文化断裂与治理环境异化

资本作为重要的发展要素,能够极大推动乡村经济建设。但是,资本的逐利本性和市场经济的金钱观、功利主义也冲击着乡村淳朴的价值观。乡土文化面临文化失真、技艺失传的危险,重义轻利、守望相助、互惠互助的传统价值取向被利益导向型的行为规范所侵蚀。农民与国家和集体之间固有的权利义务关系被功利主义至上的利益关系所取代。其后果是资源下乡引发乡村治理环境异化。一方面,村民集体归属感减弱,"以奖代补"的公益事业建设变为"给多少钱,办多少事"的简单金钱交易行为。民主协商性质的"一事一议"在实施中遭遇"事难议""议难决""决难行"的窘境。村民对公共事务的参与热情低,陷入越是集体的越无人关注的怪圈,甚至出现"谋利型上访户"②。另一方面,村干部不出事理念下的不作为行为,经济至上的牟利行为,使资源下乡中存在精英俘获现象,多数村民并未享受到资源所带来的利益。各类惠农政策在实际分配中被结成利益联盟的政治、经济精英、社会精英所分享或被作为一种治理资源,"村干部将其直接分给与自己有利益或血缘关系的群体,或是将公共资源当作安抚手段来摆平钉子户,甚或当作竞选的承诺资本"③。同时在文化建设中,"文化搭台,经济唱戏"的现象普遍存在。资本仅将乡土文化看作吸引游客的手段,对其挖掘简单地等同于文艺演出和娱乐活动等表象形式,缺乏对文化精神内涵的理解,进而导致乡村旅游村发展缺乏文化创意和地方特色,呈现同质化趋势。

二、资源供给与村民需求错位

农业税费改革后,国家以项目制形式向乡村进行资源输入和反哺。但实际调研发现,项目实施与村民需求的错位导致村民对公共服务建设的认可度

---

① 参见谢小芹、简小鹰:《从"内向型治理"到"外向型治理":资源变迁背景下的村庄治理——基于村庄主位视角的考察》,《广东社会科学》2014年第3期,第208~218页。

② 田先红:《从维权到谋利:农民上访行为逻辑变迁的一个解释框架》,《开放时代》2010年第6期,第26~40页。

③ 韩庆龄:《后税费时代农村基层的私人治理:发生机制与运行逻辑》,《广东社会科学》2017年第2期,第210~219页。

低。在财政资金专项化和项目建设市场化的资源输入过程中,各级政府部门成为项目运作的"业主",而缺乏诉求通道的村民既不能参与项目决策、实施和监督,也不能主导其运作。本是直接利益受益者和服务对象的村民在公共产品供给过程中反而异化为没有话语权的旁观者。这种绕开乡村基层组织,自上而下的供给方式使项目决策未能体现乡村个性化需求、项目实施缺乏社会监督、工程质量难以保障,出现乡村污水处理中管道难入户,土地整理中标准不符合村民生产需求等问题。这些国家投入大量资金进行的民生建设,本应深受群众欢迎,却因项目运作中村民与村委会话语权的缺失而变形为鸡肋工程。"国家好心,没有办到好事",调研中有村民如此评价。

综上所述,国家试图绕开村级组织与农民直接对话的公共服务供给模式不仅造成供给与需求的错位以及国家资源的浪费,也压制了乡村自治空间和权力。村级组织只能被迫扮演配合者角色,其乡村代言者的角色功能被抑制。这既不利于乡村发展,也不符合乡村自治的发展趋势。究其原因,以上乡村治理异化现象的出现根源于乡村自治的不足。在后乡村治理时期,当村民民主意识、主体意识提升后,自治从政府外力推动阶段进入村民自觉阶段,成为乡村发展的内在需求。其原因有三:一是乡村问题基层最有发言权。"十里不同乡,八里不同俗"。我国农村地域广阔,乡村类别多样,发展阶段各异。相对于外来人员,土生土长的本地村民更为了解当地资源禀赋、气候水文、地理状况,也更清楚本地区发展面临的问题、困难。因此,解决途径是否合适当地百姓心中最有数。即使是同一问题,由于具体环境的差异,其解决方案也会有所不同。如乡村旅游中,以自身资源优势逐步发展起来的旅游村和外力推动下急剧发展起来的村落,两者面对的困难和解决方案均存在差异。二是乡村发展需要村干部自主选择最适合本村的发展模式。如同千里马需要伯乐来发掘,乡村发展离不开领头人来指明具体前进方向,并带动、引导村民发挥建设积极性。乡村基层干部就扮演着这一重要角色。通过对国家政策的理解以及对本地优势资源的把握,村干部在本村发展规划的制定和实施中发挥着村庄利益代言人的关键角色。三是村民民主意识的提升,要求在乡村治理中获得更多的参与权。在村级自治的背景下,以民主选举、民主决策、民主管理、民主监督为主要内容的基层民主自治理念得到村民广泛认同。村民民主意识和自治能力的提升使越来越多的村民希望参与到村务管理中。这将使乡村治理实现政府本位、城市本位向乡村本位的转变,推进乡村振兴的实现。

然而,中央对于基层民主始终有所顾虑,担心农村陷入"一放就乱"

的怪圈。其在实际运转中往往表现为政策制定过细和直接干涉农村事务。如精准扶贫数字、人员、扶贫方式等政策的变化，使村干部疲于应对。有专家将此概括为"农业增产不一定增收，农业奖补不一定增效，规模经营不一定降低成本，三产融和不一定见效"。因此，后乡村治理时期推进乡村自治的关键在于政府进一步简政放权，变层级管理中的"指派模式"为"激励模式"，赋予财权和治权均不足的村级组织更多自治权，并建立多元化的村民参与渠道；重点在于在村级组织与基层政府、村民的利益博弈中寻求建立引起一种平衡机制，使三方权利和利益诉求都能有所体现和满足。

第三节 乡旅发展中治理新挑战

在城乡、三产融合推动下，我国乡村旅游蓬勃发展，给当地农民生活带来巨大变化，成为调整农业产业结构、促进农民致富奔小康，最终实现乡村振兴的推动器。借此东风，一些乡村实现了跨越式发展，由贫困村转变为小康村。然而，兴奋之余也需看到，乡村旅游村面临新的治理挑战。

一、利益主体多元化与利益博弈

乡村旅游的发展造成乡村利益主体进一步分化和多元化。除原有村干部、传统农民外，还出现了新型职业农民、旅游业从事者、旅游开发商等。这些乡村阶层的出现以及由此形成的多样化利益群体和利益诉求，使乡村利益格局更加复杂化。在乡村这片土地上，围绕着旅游开发所带来的利益空间，各方进行着一场充满竞争、协商、冲突、妥协的利益博弈。

就村民而言，在乡村传统权威式微、村委会治权和治责弱化，以及市场经济影响加剧的背景下，村民集体主义观念弱化，个人主义意识强化。村民形成了以利益为核心的新差序格局，并影响着其行为方式和价值判断。因此，在乡村旅游资源开发中，"搭便车"现象时有发生。村民在村务参与中，往往强调自身权利而忽视相应义务，并根据村务是否涉及自身利益而采取不同标准。同时，在村民内部，参与和未参与旅游开发的村民之间也因是否从旅游中受益而产生分歧。受益村民往往对旅游持积极支持态度，易在与开发企业的谈判中适当让步，也容易接受村干部围绕旅游采取的各项管理措施。未获益村民则更多将目光聚焦于旅游带来的负面效应上。如不平等的增收机会，土地资源被占用，游客大量涌入带来的交通拥挤，环境维护的成本问题等。对于企业而言，获取经济利益是其行为的根本动力。这种逐利型决策行为使乡村旅游的商业化气息浓厚，并破坏了乡村原有的风俗风貌。在某些地方，将乡村以景区建设模式加以开发的行为严重破坏了当地的乡土特色、资源环境，给居民生活带来极大影响。因此，其与村民之间的冲突也不可避免。对于村委会而言，其既面临对多重利益群体进行协调整合的治理任务，也需要满足村委会自身权威维护的利益需求。这些都需要由村干部对村民进行管理，与开发商进行协商。在此过程中，因利益产生的矛盾和冲突不可避免。樱桃沟村同样面临类似挑战。由于利益协调机制运行不畅，使该村旅游发展中显现出"民富村穷"特征。即乡村旅游业使村民能够通过农家乐、蔬菜水果采摘等项目实现增收；但对于村集体而言，由于不能进行旅游公共服务收费，旅游基础设施的前期建设与后期维护增加了村集体经济负担，甚至使其背上沉重债务。

二、乡旅村可持续发展问题

除上述问题外，乡村旅游还使乡村面临以下影响其可持续发展的难题，成为乡村旅游特殊背景下需要妥善加以解决的治理有效面临的新挑战。

（1）土地流转与旅游资源碎片化。乡村旅游的蓬勃发展在中国掀起一场新的下乡热潮。在三产融合的制度推动以及经济利益的驱动下，越来越多的社会资本流向乡村进行旅游开发。然而，个体化开发行为导致乡村旅游呈现资源碎片化、雷同化趋势。社会资本在乡村的"圈地行为"人为地将旅游资源割裂开来，同一区域内分散着各自为政的小型休闲农庄、旅游景点。若这些旅游开发项目具有差异性、互补性，将在该区域形成集群效应，并有助于提升其整体旅游竞争力，但就我国目前乡村旅游现状而言，乡村旅游区域性发展规划的缺失使乡村旅游项目雷同化现象严重。就樱桃沟而言，受其樱桃节火热的带动，周边张湾区黄龙镇、茅坪镇、方滩乡、郧阳区城关镇、杨溪镇、青曲镇等多地也纷纷推出相同旅游项目。在该村内部，不同村民小组间也缺乏个性化项目设计，同质竞争严重。此外，土地流转困境也制约了乡村旅游资源的整体开发。调研发现，现有土地制度赋予村民较大自主权，虽然村干部想进行整体旅游开发，但由于村民不愿意或已将土地流转出去，导致全村旅游资源整合计划流产。

（2）"潮汐式客游"下的平衡发展与公共资源管理。"潮汐式客游"主要表现为由于旅游产品单一，乡村旅游淡旺季区别明显，游客主要集中于某段时间内，其他时间则少有人光顾。包括樱桃沟在内的诸多乡村旅游村均面临这种境况。其产生原因有二：一是文创产业薄弱使乡村旅游同质现象严重。乡村旅游魅力不仅在于好山好水，更在于体验都市生活中消失的乡土文化。虽然旅游村注意到乡土文化和文创产业在增加旅游个性化、促进乡村旅游升级方面的推动作用，但由于乡村年轻一代对传统文化的认同感降低，舞龙舞狮、快板、剪纸、山歌等民俗文化面临后继无人的困境，乡土文化面临文化失真、技艺失传的危险。同时专业人才以及好创意的缺乏也使乡村旅游与文创产业未能实现深度融合，反而变异为简单模仿或盲目开发建设人造景观，其结果是乡村原有风俗风貌变质，资源环境遭遇破坏。二是旅游产品单一。部分村干部虽然致力于通过旅游开发带动本村经济发展，但在实施中旅游项目先期论证的不足，使项目呈现水土不服症状，乡村旅游缺少配套产业支撑，这些均制约了乡村旅游项目的多样化发展。在樱桃沟村，由于其旅游产品主要为樱桃、桃，其他项目发展动力不足，尚未形成完整的农旅产业链。旅游产品的单一化不仅削弱了该村乡村旅游竞争力，也使其具有强烈的季节性特点，呈现出"潮汐式客游"倾向。调研中，村干部和村民也认识到这一问题，并希望通过丰富项目种类和依托产业支撑扭转该局面，实现平衡发展。此外，"潮汐式客游"也带来公共服务设施的管理难度，不利于乡村旅游的可持续发展。和许多乡村一样，樱桃沟村基础设施建设的最初目的是满足本村村民生产生活所需。乡村旅游的发展使该村服务设施面临升级改造，以便为游客提供舒适的旅游环境，但"潮汐式客游"增加了这些设施的管理难度：在旅游旺季，住宿、餐饮、交通等配套设施紧张，远不能满足游客所需，但在旅游淡季则正好相反。盲目扩大设施建设只会增加管理成本和村集体经济负担，然而若置之不理又会降低游客旅游体验，如何实现两者间平衡考验着村干部智慧。

（3）蓬勃发展的乡旅与滞后的农民素质教育。伴随乡村旅游业发展，既有生产生活方式、乡村社会结构、价值观念等业已悄然转变。面临这种变化，农民既有对未来的期盼、兴奋，也有现实焦虑、迷惘。特别是主要依靠政策推动实现快速转型的旅游村，更是如此。相对于依赖自身资源优势，逐步积累、缓慢发展而成的旅游村，因外力推动而兴的旅游村村民面对的是急剧变化的乡村社会环境，其心理准备、知识贮备、技能培训等均不足，思想观念、行为习惯等面临考验和冲击，急需有人对其进行相关教育和引导。与此相对，我国旅游村村民素质教育却发展滞后，主要表现为以下两方面。

一是农民素质教育内容单一。在乡村旅游热潮中，相对于资本注入、招商引资、项目创意、惠民政策的火热，农民素质发展遭遇冷落。由于二元经济的影响，在很长一段时间内，劳动力转移成为许多地方农民教育培训的主要目的。教育目标与内容的错位，使政府将有限教育资源投入到以转移为目的的技能培训上，对农业实用技能培训，村民现代经营观念和能力的关注不足。伴随乡村旅游的兴起，乡村经济业态和生产生活方式日趋多样、开放、市场化，原有培训内容已远不能满足现代农村发展需求。对农民开展与旅游相关的文明礼仪、道德素养、旅游服务技能和经营管理能力培训；针对旅游村现实治理难题，使村干部形成适应乡村发展需要的治理理念和治理能力等，成为农民素质教育的新内容。调研中，村民也表达出希望有专家能帮助规划本村旅游业未来发展路径，指导农家乐、特色民宿和旅游项目实现转型升级。

二是市场化侵蚀与思想道德教育缺乏。与传统农村精英单向流动不同，部分发展程度较好的旅游村出现资本、人员等发展要素的回流。资本作为重要的发展要素，能够极大推动乡村经济建设，但资本的逐利本性和市场经济金钱观、功利主义也侵蚀着乡村原有价值体系。重义轻利、守望相助、互惠互助的传统价值取向被利益导向型的行为规范所取代；农民与国家、集体间的权利义务关系被功利主义至上的利益关系所替代。这在乡村旅游发展中表现为社会诚信缺失，道德失范现象增多。"搭便车"现象、坐地收费、物价虚高等行为将人性贪婪暴露无遗，使优美风景与完善设施变为没有温度的死物，弱化了乡村旅游吸引力。以上状况的转变不仅需要规范的制度管理，更需要加强经常性的思想道德教育。当前，在培育新型职业农民的政策推动下，政府和社会对农民职业技能教育的重视程度有所提高，对思想道德教育的关注度则相对较低。农村思想道德建设在部分地区陷入"说起来重要，做起来次要，忙起来不要"的尴尬境地，存在政府财政投入不足，经常性思想教育工作力度减弱，乡村道德自治组织发展空间有限等问题。

小 结

后乡村治理时期，社会结构的日益开放、城乡要素的双向流动以及成员构成的异质化使乡村治理面临更为复杂的社会环境。相较于传统乡村社会，后乡村治理主要面临以下三大难题：一是大数据时代下的风险治理，二是资源下乡背景下的乡村自治挑战，三是乡村旅游发展中所呈现出的治理新挑战。这对我国基层治理能力提出了更高要求，需要我们积极加以应对和解决。

第十二章 破解后乡村治理困境的思考

　　樱桃沟村在"逆城镇化"的经济社会背景下,秉承"把农村建设得更像农村"的发展理念,大力发展以樱桃产业为代表的水果种植、农产品加工、乡村旅游等产业,实现一二三产业融合发展,进而摸索出了一条符合当地实际、"以我为主"的乡村发展模式。这一发展模式无疑取得了良好的效果,也让樱桃沟村步入"后乡村治理"的新阶段。但随之而来的不仅是农村经济发展、乡土文化繁荣和乡村面貌巨变,一系列治理难题与困境也伴随着经济社会发展而产生,成为阻碍乡村善治的拦路虎。问题主要包括上一章论及的几个方面:大数据时代下的农村信息安全问题;基层政府、自治组织在信息社会环境下的治理能力和风险管控能力问题;资本引入背景下的乡土文化断裂与治理环境异化问题;农村公共产品和服务的供给与村民需求错位问题;农村多元利益主体间的利益协调难题以及因乡村旅游资源碎片化、"潮汐式客游"现象和滞后的农民素质教育而产生的乡旅村可持续发展问题。可见,樱桃沟村在把握乡村旅游产业兴起所带来发展机遇的同时,还面临着经济、社会、文化、安全等多方面的隐忧与挑战。综合运用相应的策略与手段有针对性地解决上述问题,是乡村善治与民生幸福的实现路径与必由之路。从樱桃沟村的实际情况出发,可以基于六个方面应对并解决当前面临的治理困境与难题,具体包括建立乡村信息与大数据安全保障体系、利用大数据促进产业发展与乡村治理、建立法治与德治并举的乡村自治体系、建立需求导向的公共品供给决策机制、建立完善的市场机制与利益分配机制、提升产业规划与经营的规模和科学性。

第一节 建立乡村信息与大数据安全保障体系

　　针对大数据时代中国农村面临的信息安全问题这一新的隐忧,一个可行的应对方案是在地方政府和乡镇层面建立信息数据安全保障体系。调研结果显示,樱桃沟村整体上有着较高的宽带覆盖率和互联网普及率,智能手机、电脑等终端设备成为人们工作生活的好帮手,在乡村治理和工作生活领域发挥了不可或缺的作用。然而互联网在给政府、企业和村民带来便利的同时,也带来了网络诈骗、信息泄露等网络和信息层面的危机与风险,乡村治理和村民生活因此蒙受损失。地方政府、村级自治组织和村民对互联网的接触和了解往往比较有限,对于信息技术层面的问题往往缺乏足够的应对经验。基于上述问题,本研究建议从信息安全宣传和建立网络安全保障体系两方面来应对。

一、加强信息与大数据安全宣传

自治组织和村民受到网络诈骗和信息泄露问题的困扰,除了互联网和运营商自身固有的不足与缺陷之外,用户缺乏信息安全知识,对信息社会的运作规律与特征不够了解是重要原因。超过70%的宽带入户率表明多数村民已经能够在不同程度上使用互联网与智能终端以满足日常生活所需,但拥有信息安全防范意识和手段则是一个相对更高的要求。因此,以自治组织和村民为对象加强信息与数据安全方面的宣传教育就显得尤为重要。具体而言,信息安全宣传可以以网络运营商、网络安全公司和文化精英为宣传主体,以基层自治组织、广大村民以及在村内居住的外来人口为对象,采取公开宣讲、知识问答、文艺演出等丰富多彩的形式进行宣讲并使之常态化,使其与农民生活融为一体,最大限度地在全村范围内普及信息安全知识,以提高信息风险预防和抵抗能力。

二、建立网络安全保障体系

建立网络安全保障体系是实现乡村网络安全维护常态化的制度保证与重要前提。一方面在村一级可以借助信息安全宣传的契机,与网络安全公司、电信运营商合作成立村级网络安全保障中心,以此作为信息安全宣传与保障的载体,实现信息安全宣传、监管与维护的程序化与常态化;另一方面,鉴于日益严峻的农村网络安全形势,应在县一级的公安机关或互联网监管部门成立网安大队,以承担保卫乡村网络空间安全、打击网络违法犯罪、保障虚拟社会运行秩序、维护乡村社会稳定的重要职能。通过县级网安大队和村级网络安全保障中心的相互合作与联动构筑多层次的网络安全保障体系,以此保障乡村的网络与信息安全,维护基层自治组织、乡镇企业、农村居民等网络用户的信息安全与权益。

第二节　利用大数据促进产业发展与乡村治理

乡村信息与数据安全保障体系的建立对政府和基层自治组织的信息风险管控能力提出了较高的要求，然而当前在乡村治理中恰恰存在网络风险管控能力不足的问题，这就需要建立基于大数据的乡村治理模式。随着科技进步与网络社会发展，大数据作为信息集聚与整合的产物进入了人们的视野，也成为技术的象征与时代的宠儿。在可预见的未来，大数据在城乡社会治理方面将会发挥突出作用，提高基层政府与自治组织借助大数据进行乡村治理的能力成为乡村治理的未来趋势和发展方向，而建立基于大数据的乡村治理体系则是推动乡村治理转型升级与跨越式发展的重要途径。另一方面，大数据对于一二三产业的融合与协调发展同样具有重要意义。樱桃沟村较高的网络覆盖率使得大数据的产生与收集成为可能，从而具备了基于大数据进行产业发展与乡村治理的必要条件。要充分发挥大数据技术的积极作用，需要从产业发展与乡村治理两方面着手。

一、建立基于大数据的产业发展模式

对大数据技术的充分利用是农产品种植、加工与乡村旅游产业发展的助推器，特别是有助于及时、充分获取产能、产量信息，防止生产不足或过剩；提高资本流通效率，降低资本流通成本；优化生产结构，提高生产效率；助力产业经营决策，提高决策效率。根据2016年10月由农业部印发的《农业农村大数据试点方案》的要求，应"依托本地区优势产业特色，开展单品种全产业链大数据建设，建立完善的数据采集、数据分析和数据服务机制，增强生产经营的科学决策能力"。具体到樱桃沟村的以樱桃种植为代表的一二三产业发展方面，应利用大数据技术集聚相关产业的全产业链数据，通过分析模型等分析技术，加强价格周期波动规律研究；还应整合产业资源数据进行数据挖掘分析，为生产经营提供服务；同时还应进行生产资料、生产环境、市场价格等各要素的数据采集，对数据进行分析与挖掘，以指导决策、服务生产、辅助经营。综合运用上述手段构建大数据视角下的产业经营与发展模式，将进一步推动产业转型升级，全面提升乡村产业经营的整体格局。

二、建立基于大数据的乡村治理模式

大数据技术不仅可以让产业发展获益,还能够助力乡村治理与经营。大数据对乡村治理的积极作用主要体现在促进乡村治理民主化发展、科学化决策、提升治理精细化水平和促进治理协同性趋势四个方面。要充分发挥大数据在乡村治理方面的作用,应当从以下几个方面入手:第一,基层政府应树立数据思维意识和理念,培养数据应用能力;第二,加强数据共享,搭建数据共享平台,打破"信息孤岛"现象和信息壁垒;第三,做好数据分析和挖掘工作,以数据引导基层政府的工作;第四,做好大数据相关技术人才培养工作,构建大数据人才体系,并促成大数据专门人才与农业种植、经营领域人才的通力合作,充分发挥相关人才的作用。[①]

第三节 建立法治与德治并举的乡村自治体系

"资源下乡"在给广大农村带来资本和资源的同时,也使得乡村自治面临着一定的挑战。一方面是传统的社会文化、价值观念、行为准则受到了冲击;另一方面则是一种异化了的利益观与金钱观侵蚀了人际关系、社会关系,乃至影响到基层与国家间的关系。面对这样的社会问题,必须对社会秩序维护机制和社会治理体系做出相应的调整,以适应新的社会现实。一方面要树立法治观念,强调依法治村;另一方面要倡导一种与传统农业社会基于"熟人"建立的伦理道德不同、适用于社会主义市场经济环境与公民社会的伦理道德。

一、培育法治观念,坚持依法治村

要在后乡村治理社会中实现依法治村,首先要在全村范围内普及法律法规并为法律的落实提供充分的条件。为实现上述目标,一方面要以城乡居民为对象开展法制教育,通过村民大会、广播宣传、公告栏宣传、专题活动等丰富多彩的形式普及法律常识,以此在全村树立法治观念,让法治精神深入人心。另一方面要在乡镇政府和村级自治组织建立法律服务平

[①] 张春华:《大数据时代的乡村治理转型与创新》,《重庆社会科学》2017年第6期。

台，为民众提供可靠的法律援助并在其进入法律程序时提供支持，降低民众借助法律手段维护自身利益的成本，提高法律法规的可行性。施行依法治村还要求乡村产业经营活动与市场运行必须依法进行，使农产品市场和旅游市场在法律框架下有序运转与发展，并依法严厉打击违法违规的市场行为，维护法律权威。

二、宣扬新时期的公民道德

法律法规在乡村秩序维护与治理中发挥着根本性作用，但这不意味着法律是唯一的维护乡村社会秩序的工具，公民道德作为社会治理的另一维护机制发挥着同样重要的作用。与传统农村的伦理道德不同，公民道德强调的是作为国家公民而不仅仅是村民所必须遵守和履行的道德规范，并在此基础上建立一种熟人乃至陌生人之间的和谐关系。当今社会中广为流传、深入人心的社会主义核心价值观就是社会主义公民道德的集中体现，党的十八大报告用"三个倡导"阐述了社会主义核心价值观，不仅体现了国家社会发展的根本价值诉求，更是积极关注公民道德生活价值观的体现。报告明确指出公民道德生活价值观是社会主义核心价值观的重要维度，科学地解决了长期以来关于如何凝练社会主义核心价值观的争论，是马克思主义道德价值学说的最新理论成果。因此，在后乡村治理时期宣扬以社会主义核心价值观为代表的公民道德准则，以此规范乡村秩序，是实现乡村善治的重要抓手。

三、提倡企业与经营者履行社会责任

樱桃沟村的新发展是以樱桃种植、乡村旅游等产业的发展为基础的，市场经济与产业经营在该村的建设中占据重要地位，因此保障市场经济有序稳定运行对于该村的经济社会发展具有重要意义。乡镇企业是市场经济的核心主体，在农产品相关企业、乡村旅游企业中宣传企业社会责任，引导企业通过合法经营、经济资助、修建公共设施等形式履行其对员工、社区、居民、政府等利益相关者应负的一系列社会责任，包括经济责任、法律责任、伦理责任和慈善责任等，从而保证相关企业规范运营与市场经济的有序运转。为提高企业的社会责任水平，一方面需要相关企业自身从企业战略与企业文化的层面重视社会责任问题，关注自身履行社会责任的情况，自觉将社会责任意识融入企业文化中去；另一方面需要建立企业社会责任评价机制，其中包括评价机构、评价标准、评价制度，以此作为企业自评、政府评估与第三方

第四节　建立需求导向的公共品供给决策机制

为农村社区及其居民提供公共产品和服务是乡村治理的重要内容，而公共产品供给与农民实际需求间的错位是以樱桃沟村为代表的"后乡村治理"面临的又一问题。这一问题的解决需要从农民的现实需求出发，建立需求导向的公共产品供给决策机制。目前我国农村公共产品与服务供给的有关决策主要由各级政府做出，借此领导乡村建设，村级自治组织从这一意义上说反而变成了政府决策的执行部门。这种通过行政命令驱动产品供给的"自上而下"的供给决策模式沿袭了人民公社时期政府强制命令式供给的特性，带有浓厚的计划经济色彩。② 以政府的公共品偏好取代农民的公共品需求偏好往往使得供给与农民需求不符，表现为建成的生活与文化设施并不为农民所需要，农民真正需要的产品或服务却并没有充分提供。这就造成供给与需求间的矛盾日益凸显，成为公共服务体系中的一对主要矛盾。欲解决农村公共产品供给与需求错位问题，就需要从两方面对农村公共资源供给决策机制进行调整与改进。

一、建立农民需求表达机制

供给与需求矛盾的解决首先要求开启农民与基层政府间双向沟通的窗口，建立可靠的农民需求表达机制。为了实现农民公共需求的完整表达，应构建多层面的农民需求传递渠道，使农民在政治、经济、文化、生活等诸多方面的诉求能传达到基层政府并对公共产品供给决策产生影响，从而让广大农民积极参与到公共产品供给体系中来。农民需求表达机制的完善不仅体现在反映农民需求的信息能够顺利地传达到公共产品供给决策部门，还体现在这一表达机制能够完整反映农民在工作生活各领域的实际需求及需求的具体内容。这种决策机制不仅要能够反映农民在"量"的层面上的需求，如

---

① 叶闻慎：《民营企业家社会责任观浅析》，《湖北社会科学》2015 年第 9 期。
② 蔡赟、徐珍源：《农村公共产品的供给现状、问题及原因思考》，《农村经济》2009 年第 7 期。

"需要什么""需要多少",还应反映出这种需求是真实需求还是"被迫性需求"①。由此使得公共品决策更有针对性,更能满足实际需求、解决实际问题。②

二、建立基于需求的公共产品与服务决策机制

人口结构复杂化与治理主体多元化是后乡村治理的主要特征,这也带来了利益与需求的多元化与异质化,传统僵化的公共产品决策机制不再适应这种复杂的需求状况。在这样的背景下,应建立基于需求的公共产品与服务决策机制,供给决策应当以不同利益主体的真实、具体的需求为导向。决策机制一方面包含对多元主体的利益与需求的完整反映,将民众的现实需求纳入决策体系中;另一方面引入需求与利益协调机制,在综合考虑、协调、整合不同利益主体的利益需求的基础上制定合适的供给决策,兼顾不同利益主体的诉求;还应建立针对民众需求满足情况的评估机制,通过科学客观的标准评估公共产品供给方案满足民众需求的程度和水平,为公共产品供给方案的调整与改进提供经验依据。

第五节 建立完善的市场机制与利益分配机制

后乡村治理的一个显著特征是人口结构的复杂化和利益主体的多元化,由此产生了主体间利益分配、利益博弈等一系列复杂的社会问题。而在资源与利益分配方面,市场无疑起到了决定性作用。可见,这些问题出现在步入了后乡村治理阶段的农村,不能仅仅被解释为缺乏与乡村社会现实相适应的利益分配机制,更是由于农村中规范、成熟的社会主义市场经济环境的缺位,导致资源与利益分配的失范。因此,利益分配与协调问题的应对一方面需要从生产关系入手,建立完善的社会主义市场经济秩序,另一方面需要建立合适的利益再分配机制。

---

① 被迫性需求:指一部分需求并不是真实社会需求的体现,而是在经济不发达、就业不充分的条件下"被迫"产生的需求。

② 周长城、叶闻慎:《需求视角下农村公共文化服务满意度及决策机制研究》,《湖北行政学院学报》2015年第6期。

一、建立完善的市场机制

市场经济秩序的建立是人口结构和治理主体多元化的必然要求，后乡村治理背景下的村庄处于从集体经济向市场经济过渡的经济体制发展阶段，主要体现为集体经济在资源分配中的作用逐渐减弱，市场经济的作用日益凸显。由此形成的不成熟的市场环境往往导致市场运作缺乏有效约束与监管，恶性竞争、低水平经营现象普遍存在。因此，规范市场秩序、建立良性的资源与利益分配机制就成为产业发展的必然选择。具体而言，应当从以下五个方面着手：第一，建立与完善社会主义市场经济运作体系，放开农产品等商品的经营，逐步将产品与服务推向市场；第二，完善乡村市场宏观调控体系，强化多主体市场监管，保障与产业发展和经济建设密切相关的产品与服务资源的稳定供给；第三，基于市场导向，调整农村产业结构与产品结构；第四，协调市场内各利益相关方的相互关系，建立社会化的市场服务体系；第五，完善市场经济相关法律体系，坚持"以法兴农""依法治市"。

二、建立合适的利益分配机制

市场在资源配置中起决定性作用，但这并不意味着市场是唯一的资源配置机制，一切资源配置以市场"指挥棒"为准。在完善乡村市场经济体制的同时还需要建立政府主导下的资源再分配机制，以弥补市场的固有缺陷特别是"市场失灵"问题。基层政府应以乡村经济的健康发展、乡村文化建设与繁荣、乡村社会生活改善和乡村生态环境保护为导向，将资源向有益于乡村经济、乡土文化、乡村社会、乡村生态的领域和产业引导与倾斜，优先满足上述方面的资源与利益需求，以实现社会效益的最大化和农村的可持续发展。这不仅是对市场经济体制的有益补充，更是乡村善治的必然要求。同时还应建立多元主体下的利益协调机制，让多种利益主体共同参与到资源分配中来，建立集中下的利益民主协商与协调分配机制。

第六节 提升产业规划与经营的规模和科学性

樱桃沟村乡村旅游产业发展的宏观背景和前提条件无疑是经济资本、人力资本等要素从城市流向农村形成的"逆城镇化"趋势，以及政府主导下的一二三产业融合发展和资源整合,而较大规模的资本投入必然需要宏观性、科学性的规划与经营与之相匹配。乡村旅游产业的经营主体往往是个体经营者、中小企业等规模较小的主体,其对于乡村旅游发展的考虑往往比较短视,规划、投资与经营的能力较为有限。也就是说,这种个体化的经营模式往往制约了乡村旅游产业的可持续发展,一方面导致了条块分割、各自为政的产业经营格局和乡村旅游资源的碎片化;另一方面导致了旅游项目和活动的高度同质化和旅游产业的季节性即"潮汐式客游",旅游经营缺乏创新性和对市场变动的灵活性。可见,"规划落后于资本"是乡村旅游难以实现突破式发展的一个重要原因。这就需要提升乡村旅游产业规划与经营的规模化与科学化水平,在统筹旅游资源特别是土地和住房资源的同时做到因地制宜地规划与开发。一方面需要积极稳妥地推动土地流转,在其中充分发挥政府的引导与媒介作用,完善流转服务体系,加强对流转过程的监督,以实现土地资本在乡村旅游领域的规模化利用,充分挥发土地资源在乡村旅游中的价值;另一方面积极扶植有创新能力、有文化底蕴、熟悉旅游市场运作规律的经营主体,提高这种新型乡村旅游经营主体在多元经营主体中所占比例,进而转变乡村旅游经营模式,使乡村旅游经营从碎片化经营变为集约化经营,激发旅游资本投入的规模效应。

  乡村旅游产业的规划、开发与经营并不仅仅是政府和企业的责任,同样需要作为经营主体的农民的参与和作用发挥。从农民的角度来说,发展乡村旅游的过程同时也是农村居民从过去的种植业者转型为新兴乡村旅游业的经营者与管理者的过程。这就需要将科学、统一的乡村旅游产业规划和产业发展思想内化于村干部、乡村精英乃至普通村民自身,提高农民的乡村旅游经营水平以及与乡村旅游相对应的传统文化素养。一方面,农民自身的转型是城乡流动加剧、城乡之间互动增多的必然要求,是乡村旅游步入新的发展阶段的现实需要;另一方面,农民提高传统文化与旅游经营素质也是旅游村实现可持续发展的不竭动力。为提高农民的文化与经营素质,可行的举措包括开办培训机构或培训班;引进效益好、成规模的乡村旅游企业并让他们对本地农民进行培训,借此引入成熟的乡村旅游经营体制与运作方案;充分发挥农村的文化精英、经营能人的作用,借助他们的力量带动青年农民投身乡村旅游产业,进而提高乡村旅游经营者、服务者的传统文化素养与经营水平。

小 结

　　樱桃沟村在充分把握乡村旅游产业兴起所带来的发展机遇，实现由特色产业带动三产融合与乡村振兴的同时，还面临着产业、信息、乡村自治等方面的隐忧与挑战。本章从樱桃沟村的实际情况出发，针对樱桃沟村在"逆城镇化"的经济社会背景下面临的一系列治理难题与困境，提出从六个方面进行应对。具体包括建立乡村信息与大数据安全保障体系、利用大数据促进产业发展与乡村治理、建立法治与德治并举的乡村自治体系、建立需求导向的公共品供给决策机制、建立完善的市场机制与利益分配机制、提升产业规划与经营的规模和科学性。乡村治理难题的有效解决与乡村善治的最终实现，需要基层政府、乡村自治组织、乡镇企业、乡村精英乃至普通村民等多元治理主体的共同努力。

后 记

《乡村旅游与后乡村治理》是湖北省社科院社会学研究所和湖北省社会治理体系研究中心 11 位科研人员的集体智慧结晶。湖北省社科院副院长杨述明研究员对该著的策划、调研、写作、统稿各个环节均给予了悉心指导。具体章节的作者为：程慧栋撰写第一章、第四章，马德富撰写第二章，叶宁撰写第三章，覃国慈撰写第五章，蔡玲撰写第六章，李静萍撰写第七章，许伟撰写第八章，刘涛撰写第九章，张明撰写第十章、第十一章，叶闽慎撰写第十二章。

本书的面世，要感谢湖北省财政厅、湖北省社科院科研处的大力支持，感谢湖北人民出版社责任编辑的辛勤劳动，感谢十堰市郧阳区党委和政府的支持，感谢郧阳区樱桃沟村"两委"会干部对调研的大力协助。此外，该著参考了诸多学者的研究成果，在此一并感谢！

樱桃沟村通过发展乡村旅游，在新时代农村社会治理现代化方面做了有益的实践和探索，但也反映了基层农村社会治理方面出现的一些新趋势。在全力实施乡村振兴战略的第一年，农村在产业兴旺的基础上，如何处理好发展与治理的关系，从而实现治理有效的目标——是我们不得不面对的问题。对此，我们在实践调研和理论研究的基础上，尝试提出了"后乡村治理""农村改革和发展第三次飞跃"等新观点，期望引起大家高度关注蓬勃发展的乡村旅游业给农村经济社会结构，以及对重塑城乡关系、促进城乡融合发展带来的深刻影响。这既是一个实践新课题，更是一个理论新视角。望学界前辈、同行和读者关注并对我们的不足之处予以指正！

编 者

2017 年 12 月